辽宁省中韩友好协会 （社）韩中文化友好协会 ◎ 编

辽宁篇
LIAONING PIAN

山东友谊出版社·济南

图书在版编目（CIP）数据

中韩缘史. 辽宁篇：汉文、朝鲜文 / 辽宁省中韩友好协会,（社）韩中文化友好协会编. — 济南：山东友谊出版社, 2023.9

ISBN 978-7-5516-2785-6

Ⅰ.①中… Ⅱ.①辽… ②社… Ⅲ.①中外关系－国际关系史－韩国－汉、朝 Ⅳ.① D829.312.6

中国国家版本馆CIP数据核字(2023)第141772号

中韩缘史 辽宁篇
ZHONG-HAN YUAN SHI LIAONING PIAN

责任编辑：刘艳霞　宋　冰
装帧设计：刘洪强

主管单位：山东出版传媒股份有限公司
出版发行：山东友谊出版社
　　　　　地址：济南市英雄山路 189 号　邮政编码：250002
　　　　　电话：出版管理部（0531）82098756
　　　　　　　　发行综合部（0531）82705187
　　　　　网址：www.sdyouyi.com.cn
印　　刷：山东顺心文化发展有限公司

开本：787 mm×1092 mm　1/16
印张：19　　　　　　　　字数：330 千字
版次：2023 年 9 月第 1 版　印次：2023 年 9 月第 1 次印刷
定价：198.00 元

目录

中韩缘史　辽宁篇

第一章　从人物角度看韩国与辽宁的因缘

003　将朝鲜文学传播到中原的
　　　中韩交流之象征
　　　许筠

015　留下《老稼斋燕行日记》
　　　金昌业

031　燕行录的精髓：《热河日记》
　　　朴趾源

043　李氏家族的半岛情缘
　　　李成梁

061　重新缔结明朝与朝鲜
　　　友谊的使臣
　　　刘鸿训

077　"万泉居士"与朝鲜使者的
　　　笔谈佳话
　　　张又龄

第二章　从文化角度看韩国与辽宁的因缘

100　蕴含在传承中的因缘
　　　燕行录中的辽宁和朝鲜

118　图片传递的因缘
　　　《奉使图》中的两国友谊之路

290　**作者介绍**

294　**后记**

备注

- （社）韩中文化友好协会与辽宁省人民政府外事办公室就中韩两国之间的一些见解上的差异进行了沟通与交流，为了充分反映笔者的立场，最后决定保留各笔者在原稿中使用的历史事件和历史用语，但对一些难以达成一致或有可能让读者引起不适的用语，在不改变笔者原意的前提下，尽量采用了中性的描述和措辞。
- 近代以前的中国的人名、地名和固有名词用韩语读音标注，近代以后则是用中文发音进行了标注。
- 书中引用的图片已征得版权所有者或收藏单位同意。

차례

한중연사 요녕성

제1장 인물로 본 한국과 요녕성의 인연

139 조선의 문학을 중원에 알린
　　한중 교류의 상징
　　허균

153 연행일기의 모범을 남긴
　　김창업

169 연행록의 정수, 『열하일기』
　　박지원

183 이씨 집안과 조선의 인연
　　이성량

205 조선과 명나라의
　　새로운 우호를 이끈
　　유홍훈

223 조선 사신과 필담을 나눈 만천거사
　　장우령

제2장 문화로 본 한국과 요녕성의 인연

250 전승에 담긴 인연
　　연행록의 요녕과 조선

268 그림으로 전하는
　　인연 〈봉사도〉에
　　담긴 한중 우호의 길

292 **필자소개**

일러두기

- (사)한중문화우호협회와 요녕성외사판공실은 한중 두 나라에서 견해의 차이를 보이는 여러 표현에 대해서 꾸준히 협의하였습니다. 그 결과 각 원고에서 표기한 역사적 사건, 역사적 용어 등은 필자의 입장을 충분히 반영하고자 필자의 표현 그대로 제시하기로 하였습니다. 다만 한중 두 나라 사이에 미묘한 견해 차이가 있거나 그리 좋아하지 않는 용어 표현 등은 원래의 뜻을 해치지 않는 범위에서 가급적 부드럽게 표현하였습니다.
- 중국의 인물명, 지명, 고유명사 등은 근대 이전의 경우 한자 독음으로 표기하고, 근대 이후의 경우 중국어 발음으로 표기하였습니다.
- 본 서적에서 인용된 이미지는 저작권자나 관련 소장기관의 승인을 득한 자료임.

中韩缘史 辽宁篇

第一章

从辽宁到首尔

从人物角度看韩国与辽宁的因缘

从 首 尔 到 辽 宁

许筠
1569~1618

李成梁
1526~1615

金昌业
1658~1721

刘鸿训
1565~1634

朴趾源
1737~1805

张又龄
生卒年月不详

中韩缘史　辽宁篇

将朝鲜文学传播到
中原的中韩交流之
象征

崔溶澈
高丽大学

许
筠

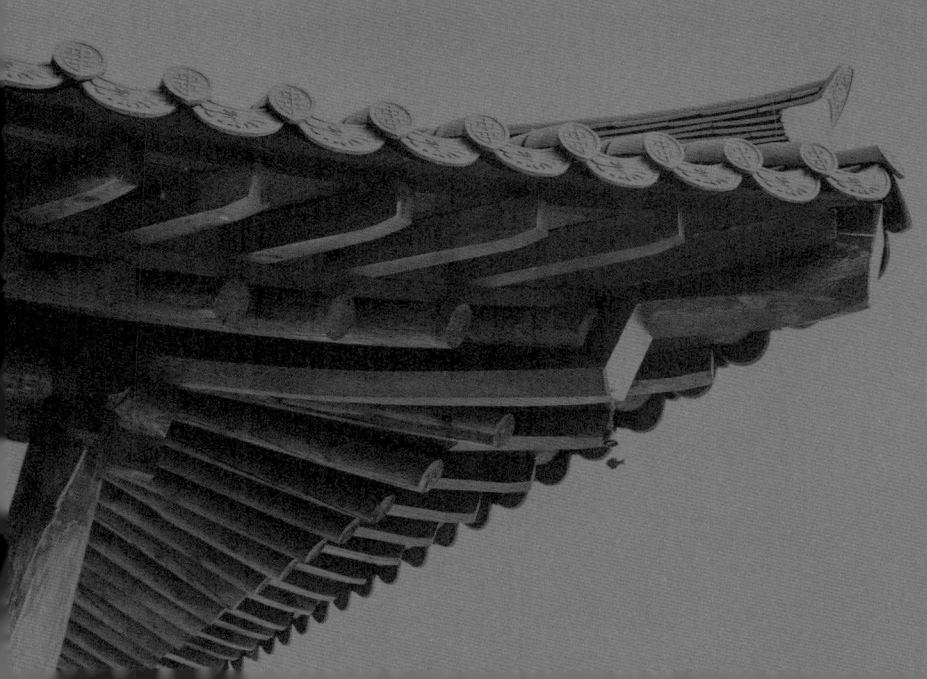

许筠

1569~1618

将朝鲜文学传播到中原的中韩交流之象征

许氏五文人

朝鲜中期的天才诗人许筠（1569~1618）于1618年被以谋反罪名处死。今年（2018年）是许筠逝世四百周年，但我们在哪里都找不到他谋反的证据。当时朝廷甚至连自白都没得到，就草草结案，留给后人诸多疑惑。而这也是一代弄潮儿退出历史舞台的最具戏剧性的一幕。当时，许筠才不过50岁，他不太长的一生充满了戏剧性。

许筠出身于名门望族。他曾在盛名一时的父亲和兄长们的呵护下，被寄予厚望，但最终却成为加速家族没落之人。然而，今天他却成为文学史上最受瞩目的人物之一，在朝鲜中期中韩文化交流史上树立了重要里程碑。

许筠是阳川许氏门中许晔（字草堂）之子，生于江陵外祖家，字端甫，号蛟山、惺所。据最近发掘出土的《乙丙朝天录》记载，许筠还曾用"烛斋主人"做号。

其父许晔（1517~1580）为文科甲科及第，历任大司成、庆尚道观察使。当时他是深受朝廷器重的文官，还被推选为由金孝元牵头的东人集团的领袖，著有《草堂集》。他与正室夫人生下儿子许筬和两个女儿，与侧室夫人生下许篈、许楚姬、许筠，膝下共有6名子女。许晔和儿子许筬、许篈、许筠以及女儿许楚姬都以诗文见长，被称为"许氏五文人"。

伯兄许筬（1548~1612）37岁文科及第，晚于弟弟许篈入仕，其

1　许筠故居，江陵爱日堂
2　许筠诗碑

仕途却比较平坦。尤其是当父亲和许䇛相继去世后，他不止一次为几度被弹劾的弟弟许筠奔走。他历任大司成和大司谏，又做过礼曹判书、兵曹判书、吏曹判书，后来成为宣祖王的顾命大臣，深受士林爱戴。虽然，宣祖王看中许筠的才干，重用他，但许筠每次奉命上任没过多久就会得罪很多人，最后都会遭到司宪府弹劾被免职。幸亏有时任判书的伯兄许筬帮助，每次都起死回生。但是，待许筬去世后，许筠再也没有人为其庇护，最终以谋反罪被处以极刑。许筬著有《岳麓集》。

仲兄许篈（1551~1588）22岁文科及第，历任赐暇读书和书状官，还出使过明朝。在任弘文馆校理时，因参与弹劾宰相李珥，被发配到咸镜道钟城，此后开始浪迹天涯，38岁卒于金刚山。他在流浪时期，将朝鲜前期野史编纂成《海东野言》。许篈也是许筠实际上的老师，对弟弟潜心做学问产生极大影响。许筠后来将许篈的诗文编纂成《荷谷集》。

长姐许楚姬（1563~1589），字景樊，号兰雪轩。她是朝鲜著名的女诗人，也是当时作为女性拥有姓名、字、号的很特别的人物。许楚姬婚后生活并不美满，27岁就早早离世。在许筠的努力下，她的诗被编汇成《兰雪轩集》。这本书传到中国文人手中后被广为流传，由此也受到朝鲜文人关注。她的作品中歌咏神界的游仙词较多，儿时写

下的《广寒殿白玉楼上梁文》尤为出名。

3　《许兰雪轩像》
4　许兰雪轩，《广寒殿白玉楼上梁文》

许筠的坎坷人生

许筠一生崎岖坎坷。12岁丧父，17岁参加汉城府初试及第，次年与内弟一同前往白云山师从仲兄许篈，还曾拜柳成龙（号西厓，1542~1607）和李达（号荪谷，1539~1612）为师，学习古文和唐诗。20岁时，仲兄许篈去世，次年长姐许楚姬去世。许筠将长姐的诗作编成《兰雪轩集》，邀柳成龙作序。24岁时，壬辰倭乱爆发，其夫人在战乱中生下儿子，但是母子二人都在这场战乱中不幸丧命。此后，许筠从咸镜道坐船前往江陵，在外祖家爱日堂住下，并把后山蛟山当作自己的名号；还访问洛山寺，与高僧谈古论今，写下诗文批评集《鹤山樵谈》。他年少失去骨肉，却没有一蹶不振，而是全身心投入写诗撰书上，把大部分的时间用在著述方面，尤其是在兄长和长姐去世后，许筠将把他们留下的作品编成诗集作为自己的使命。

1594年，许筠26岁文科及第，相比于仲兄许篈，他入仕算是比较晚了。当时许筠以承文院史官的身份第一次前往明朝。在丧母又被罢官之后，文科重试状元及第，任礼曹佐郎。当时丁酉再乱爆发，他以使臣随行人员身份访问明朝。在30岁接待明朝使臣时，许筠与明朝从军文人吴明济相识，赠予他朝鲜的诗文以及许楚姬的诗集，并嘱托其在明朝刊印。

此后，他还陆续接待过明朝使节。1601年明朝使节到访，时任海运判官的许筠，升职为刑曹正郎负责来使接待工作。1606年，38岁的许筠以远接使从事官身份接待明朝使臣朱之蕃，还将当时写的诗文汇编成《丙午西行录》。1609年许筠再度被推荐为远接使从事官，将其与使节交换的书信和诗文编成《己酉西行记》。次年，他被任命为千秋使，本应踏上出使之行，后因健康问题不得不辞官疗养。

许筠在接待明朝使臣的同时，也编纂了多部书籍。1602年在来往平壤和义州的使行路上编纂了《壬寅西行录》；次年游览金刚山后编写了《枫岳纪行》；1604年任遂安郡守时将许筠的诗汇编成《荷谷集》；1607年赴任公州牧使后，将历代诗集编成10卷《国朝诗删》，汇编《兰雪轩集》；1611年被发配到全罗道咸悦后，将历代汉诗评论集编成《惺所诗话》，还完成了本人的文集《惺所覆瓿稿》。他为自己、兄长和长姐整理诗稿，此举意义重大。如果当时许筠没有编纂这些文集，我们今天就只能看到他们零散的诗文。

发配归来后，许筠继续出使明朝。1612年和1613年曾两次被任命为出使明朝的成员，却因行程被取消未能成行。1614年夏天被任命为千秋使前往明朝。次年，在文臣廷试获第一名，任同副承旨后以冬至兼陈奏使的副使身份再次前往明朝。1616年春从明朝回来后，便编纂了《乙丙朝天录》。一直以来人们对这本书只闻其名，最近才在韩国国立中央图书馆发现了许筬的《朝天录》上卷和许筠的《乙丙朝天录》下卷。

1617年奇俊格参奏许筠谋反，次年许筠编纂师傅李达的诗集《荪谷集》，并重新修订了八年前编汇的《闲情录》。这是他生前最后的著述。同年8月，许筠在入狱前，将《惺所覆瓿稿》草稿和其他书的原稿寄到女儿家保管。光海君爱惜许筠的才能，不相信他谋反。但李尔瞻在未获许筠认罪口供的情况下，草草下令杀掉许筠。当时，许筠才50岁。

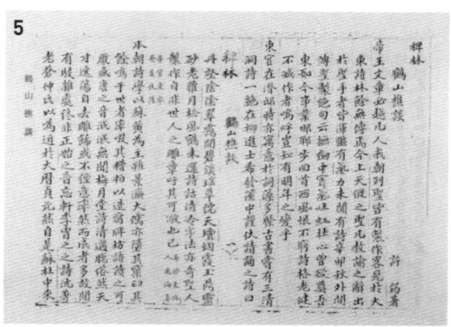

在壬辰倭乱中侥幸活下来的许筠大女儿，嫁给了领议政李山海之孙李士星。李士星夫妇生有三子。自许筠因谋反罪入狱，李家一直秘密保管其书稿文集，直到1670年他们的大儿子李必进附跋文将《惺所覆瓿稿》公布于世。而此前许筠因谋反之名被斩，不管是史书还是文集都无法正面提及他，他的著述自然也渐渐被埋没。但是苍天有眼，许筠留下的著述经其外孙之手终能重见天日。

许筠既是天才文人，也是风云人物。他自科考及第到被处极刑的25年里，经历宦海沉浮，一生波澜万丈。宣祖王和光海君一直都很看重他的才情，而他自由奔放、大胆破格的行为总是被人诟病，常常成为弹劾对象。许筠没有一次能够在一个官职做上几年，常被罢官、发配，但一考试就能考第一，又能重新上位。因此他一生历任堂上官、判书、正使、副使等职位，数次出使明朝。即使屡被罢免，但朝廷每每都需要他，因为他不但能够接待明朝使臣，还能与明朝使臣互赠诗赋，此非旁人所能及。当时，他与明朝文人吴明济和朱之蕃交流，并向他们介绍《朝鲜诗选》，借机赠送给他们许家的诗作，这成为中韩文学交流史上的一段佳话。

与中国文人的诗文交流

许筠14岁时拜兄长的朋友李达为师，学习唐音，学写唐诗。18岁时，前往流放回来后居住在白云山的仲兄许篈处，学习苏东坡的古

5 许筠，《鹤山樵谈》
6 许筠，《惺所覆瓿稿》
7 许筠，《乙丙朝天录》诗
8 许筠，《乙丙朝天录》序

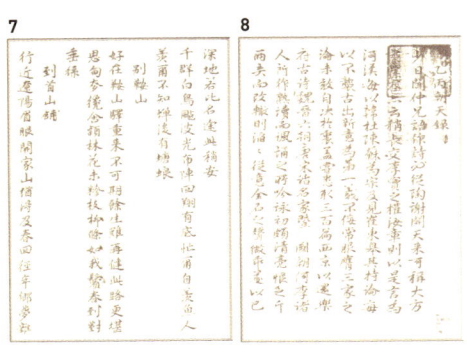

文,师从柳成龙学做文章,在诗文方面崭露头角。他从小努力学习,深谙中国文化,常与中国文人交流,一直渴望亲自前往中国。

文科及第后,26岁的许筠被派出负责外交事务。29岁时,他作为随行人员前往明朝写下《丁酉朝天录》。次年,负责接待来自明朝的将军与使臣的工作,还协助明朝从军文人吴明济编纂《朝鲜诗选》。当时许筠还将《兰雪轩集》的草稿赠予吴,嘱托他将《兰雪轩集》带到明朝广泛传播。

壬辰倭乱时,明朝派出援军到朝鲜,为朝鲜抵御外敌提供军事力量的支持。当时对朝鲜历史和文学感兴趣的明朝文人都喜欢收集朝鲜的汉诗。其中包括吴明济和游击将军蓝芳威。蓝芳威来朝鲜之前就已听说许楚姬,知道状元及第的许篈和许筠,并积极收集他们的资料。其中许兰雪轩的《广寒殿白玉楼上梁文》还被传到潘之恒那里,收录到《亘史》中。吴明济和蓝芳威两人主要是通过与负责接待使臣的远接使交流来收集朝鲜的汉诗。在这些远接使中,许筠是记忆力最好的,他背下数百首朝鲜历代的汉诗,吟诵给他们。吴明济寄居在许筠或李德馨(1561~1613)家中收集有关资料。回国后,蓝芳威和吴明济分别写下《朝鲜诗选全集》和《朝鲜诗选》。这两本书虽然书名相似,但内容有不同之处。前文说过许筠将长姐许兰雪轩的诗介绍给明朝文人吴明济,并且向他介绍朝鲜的汉诗。因此《朝鲜诗选》中收录最多的是许兰雪轩的诗。

38岁时,许筠以远接使从事官身份接待明朝使臣翰林院修撰朱之蕃,回答其对许兰雪轩诗文的问题,并当场赠予他誊写的诗集。朱之蕃请他介绍朝鲜最有代表性的诗文,许筠将自崔致远到宣祖王时期124名诗人的830篇诗文分成4卷赠予朱之蕃。当时明朝的正使和副使等给许筠带来各种礼物,包括《太平广记》《世说删补》等书籍。朱之蕃还为许氏家门的《阳川世稿》写序,为《兰雪轩集》写引言。许筠则将明朝使臣留下来的诗文编成6卷《皇华集》。

在接待明朝使臣过程中,与高官兼文人们互赠诗文,让许筠开阔了眼界。此外，许筠也通过他们将朝鲜历代的汉诗传播到中原。包括许篈和许兰雪轩及许筠在内的许家的诗文能流传至明朝，都是许筠不懈努力的结果。

中国行与《朝天录》的诗

当时，许家已是具备相当的国际视野的名门望族。许筠出生前一年即1568年，其父许晔便以进贺使身份前往北京。1574年许筠5岁时，仲兄许篈以圣节使书状官身份前往北京，回来后写下《朝天记》。1590年许筠21岁时，伯兄许筬以通信使书状官身份随黄允吉、金诚一访问日本，调查丰臣秀吉是否有侵略朝鲜的可能性，回国后报朝廷称日本有可能侵略朝鲜。

许筠26岁科考及第，29岁时以使臣随行身份去过北京。46岁时，以千秋使正使身份前往明朝。47岁时，以冬至兼陈奏使副使身份再次访问明朝。次年回到义州后写下《乙丙朝天录》，完成了他最后一次的中国行。《乙丙朝天录》不同于18世纪燕行录，全书都是诗文，而非散文，几乎在所有地点都留下了诗作。通过该书，可以回顾许筠的燕行路线，大胆推测当时他在燕行过程中发生的事情。

许筠的燕行之路从跨过鸭绿江开始，途经闾阳、十三山、大凌河、松山、杏山、塔山、曹庄、八里站、山海关。

当时，占据了满洲地区的努尔哈赤女真族势力正要建立后金王朝。数年后的1619年，萨尔浒之战爆发，国际局势发生急剧变化。许筠并没有途经沈阳，而是直接从辽阳西行，经广宁卫，跨过大凌河，进入山海关。

他在途中还就观看戏剧《西厢记》表演写成诗文。在北京读了李卓吾（李贽）的《焚书》后，就袁中郎（袁宏道）的文章写下诗句。还读了唐传奇《无双传》和王世贞的《剑侠传》及《后汉书·逸民传》，王安石的诗，还有《王昭君出塞图》，每每他都会诗兴大发,写下自己的感受。许筠天马行空的行为和好奇心在北京同样展露无遗。他不仅画下艺妓的美丽姿态,还在《元日有感》中写道"寻思二十年前事,却叹三千里外身";正月十五在北京观灯后,写下"归来不顾万户侯,五湖仙舟载西子";在回国路上途经辽阳附近的鞍山时,写下"好在鞍山驿,重来不可期。余生难再见,此路更堪思",可见当时他也预感这将是最后一次出使。此外他在《到首山铺》中写道"行近辽阳眉眼开,家山犹得及春回",以此思念故乡。在连山关附近写下《宿冷井》,文中写道"四衔君命入辽阳,八御征轮宿此庄"。由此可以看出许筠和辽东渊源很深。

许筠的作品与著述

许筠分别师从柳成龙和李达,学习写文章和写诗文。柳成龙是一代名臣,李达则因是庶出无法参加科举考试。因此,许筠对庶出怀着特别的怜悯之情,交了很多庶出的朋友,和他们讨论世间的不忿。他之所以写下《苏谷先生传》和《南宫先生传》等人物传记以及《洪吉童传》等小说也是因为深受上述影响。许筠虽不是庶出,却通过塑造像洪吉童这样的庶出天才英雄人物,向世人控诉世间的冤屈,对不合理的世事进行抗争,展现要改变世界的想法。

许筠不仅擅长中国古典诗文,还深谙古典小说。他读完《世说新语补》后,编撰《世说删补注解》,其序文尚保存完好。他还在《西游录》的跋中对不同类型的明代长篇小说进行了评论,大意如下:

我读了数十部小说,除《三国志通俗演义》和《隋唐两朝志传》外,《两汉志》前后不符,《齐魏志》稚拙,《残唐五代史演义》粗率,《三遂平妖传》疏略,《水浒传》充斥奸诈,这些全然不足以给读者教训,想到这些书出自罗贯中一人之手,难怪有人说他的子孙三代又聋又哑。

许筠对中国小说的广泛阅读对日后创作《洪吉童传》起了很大作用。他与明朝革新思想家李卓吾有很多相似之处,还特别拜读过李卓吾的《焚书》,当然非常清楚李卓吾对《水浒传》的批评。《洪吉童传》受《水浒传》和《西游记》的影响非常深。洪吉童并没有公开追求异姓革命,与一心要除掉朝中奸臣、创造新世界的宋江的想法极为相似,等到知道无法实现自己的理想后,洪吉童希望在海外建立栗岛国,打造一个世外桃源。事实上,《水浒传》中没有横渡大海在海岛上建立一个乌托邦的情节,到了陈忱的《水浒后传》才出现。《洪吉童传》中有李俊在暹罗国建立海上王国的情节,而陈忱比许筠晚出生,《水浒后传》也是到了康熙年间才写成,可见许筠的《洪吉童传》中出现乌托邦的情节要早于《水浒后传》。

许筠一生写了很多文章,不管是到地方赴任,出使中国在燕行途中,前往黄海道和平安道接待使臣,还是被罢职后游历金刚山等地,后回到故乡江陵,又被发配到咸悦时,他都不停地写诗,然后花时间将其编成书。晚年出的《惺所覆瓿稿》由诗部、赋部、文部、说部等组成。诗文收录在《朝天录》《西行录》《纪行》等书中,还评论了

9 许筠,《洪吉童传》

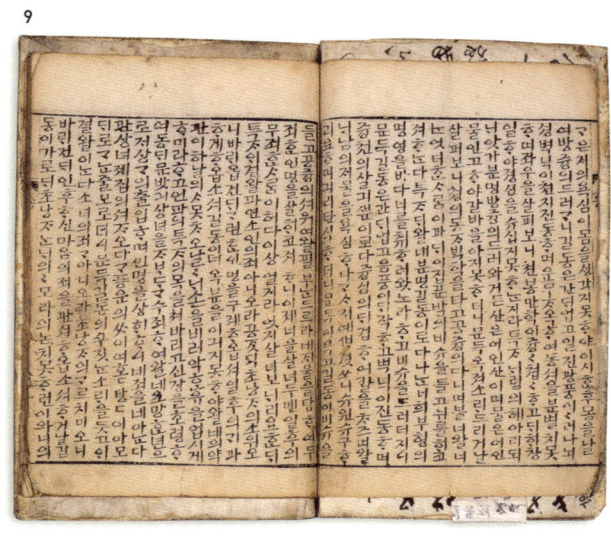

9

自新罗以来到朝鲜时期的诗文，《惺叟诗话》还提及了在扶安遇到癸娘（梅窗）的事。其辞赋在效法陶渊明的《归去来辞》基础上采用和韵作诗，还模仿王世贞写下《续静姬赋》。此外，许筠还留下序、记、传、书、论、说、辨、解、题跋等不同文体的作品。还有以介绍水果、海鲜、蔬菜等为主要内容的《屠门大嚼》，从中可以看出许筠广泛的爱好与出众的才情。

许筠出使北京时，购置了数千册书籍，而且涉猎各种文献。甚至还选录出自己喜欢的章节，重新编纂成书。比如在他被处死的那年，他编纂出《闲情录》。该书是他读完明朝使臣朱之蕃赠送的《世说删补》《玉壶冰》《卧游录》等和在中国购置的书籍后，按不同主题进行概括、增补后编的书。书中收录了不少陈继儒的文章，还包括袁宏道《觞政》提及的"作为逸典的《水浒传》和《金瓶梅》"的记载。这也是朝鲜最早有关《金瓶梅》的记录。

在世俗中写诗的时候，许筠总是梦想隐退后要远离世俗安静地过日子，而这种想法似乎是在《闲情录》中终得实现。他不满于社会的不公，就正面反抗，但最终失败，以谋反罪被处以极刑。然而他的梦想始终是回到故乡江陵爱日堂，在蛟山下眺望东海，做一个悠然隐居的读书人。

留下
《老稼斋燕行日记》

朴用万
韩国学中央研究院

金昌业

金昌业

1658~1721

留下
《老稼斋燕行日记》

踏上艰难燕行之旅的金昌业

金昌业（1658~1721）祖籍为安东，字大有，号稼斋或老稼斋。作为金寿恒的第四子，上有金昌集、金昌协、金昌翕三个哥哥，下有弟弟金昌缉。1681年虽进士及第，但并没有走仕途之路，而是隐居在汉阳的东郊松溪和抱川的永平山。金昌业一直遗憾没有机会直接接触中国风土人情。就在1712年，金昌业得到随时任正使的大哥金昌集前往燕京的机会，回国后写下了《老稼斋燕行日记》。《老稼斋燕行日记》被誉为历代燕行录之最，详细记录了中国的山川和风俗、文化制度以及与在旅途中结交的中国儒生、道士之间的交谈内容。金昌业不仅擅长诗歌，而且在书画上也有建树，他的这些才能成为与中国文人交往沟通的重要基础。

1850年以陈奏使身份到访过燕京的金景善，在《燕辕直指》的序文中是这样评价金昌业的《老稼斋燕行日记》的，大意如下：

去过燕京的朝鲜文人一般都会记录使行经过，其中最著名的有三人，分别是老稼斋金昌业、湛轩洪大容、燕岩朴趾源。如果把三人的使行日记喻为历史书籍，那么老稼斋的行文接近于平铺直叙、条例分明的编年体，洪湛轩则接近于典雅严谨的纪事体，朴燕岩的日记则犹如辞藻华丽、内容丰富的传记体。可以说三人自成一体，各有千秋，让他人望尘莫及。

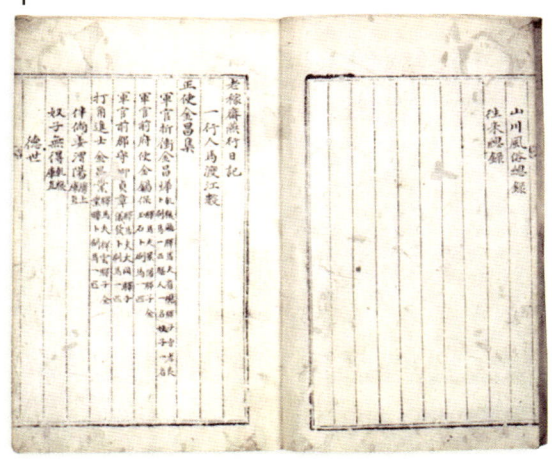

1 金昌业,《老稼斋燕行日记》

朝鲜使臣访问中国后,都会把使行原委、路程、见闻等记录下来。金景善把金昌业的《老稼斋燕行日记》、洪大容的《湛轩燕记》、朴趾源的《热河日记》评价为最具代表性的三部燕行录。在这三人当中,金昌业是最早到访燕京(今北京)的,因此他的《老稼斋燕行日记》被评为燕京纪行文典范。《老稼斋燕行日记》按照编年体方式,即日系月、月系年写成,具有文风平实严谨、条理分明的优点。

1712年,55岁的金昌业成为冬至兼谢恩使的一员前往燕京。金昌业不是以正使、副使、书状官等使行团重要身份前往,而是在大哥金昌集选为正使后,作为子弟军官随行的。当时,朝鲜文人都十分憧憬前往中国,接触中国的风土人情。时逢金昌集大病初愈,需要有专人侍奉他的起居,而子弟军官是一个比较自由的职务,无需担任使行重大任务,正好满足了金昌业提升文化修养和开阔眼界的需求。当时,金昌集的其他兄弟也都十分希望一同前往。正如金昌业的《老稼斋燕行日记·往来总录》中所提到的,"一时间各种嘲笑和责难接踵而至,大部分朋友也都予以挽留"(大意),但金昌业还是毅然决然踏上使行之路。

人们之所以反对金昌业随行，除了因为他年纪大以及当时正值冬季之外，更多的还是因为金昌业的家族对清朝并不友好。"丙子之役"斥和派代表性人物金尚宪是金昌业的曾祖父，江华岛沦陷后，点燃火药库被炸死的金尚容则是金昌业的从曾祖父。由此可知，金昌业家族对清朝的敌对意识极强。金昌集作为正使被派往清朝的事情是朝廷定下来的，金氏家族无法违抗，然而金昌业是否以子弟军官身份随行，则是完全由金昌业自行决定的。金昌业之所以参加使行，并不是盲目的敌忾之心使然，而极有可能是心中充满了对了解中华文化的渴望，或者想亲自到访清朝，用自己的双眼确认一下心中的敌忾之心。在《老稼斋燕行日记》中，金昌业对中国的立场是相对客观中立的，他的这种心态并非源自一个因素，而是在对先进文化的渴望和反清敌忾之心相互作用下形成的复杂心情。

与年轻的清朝友人频繁交往

金昌业参加的冬至兼谢恩使一行于1712年阴历十一月三日从汉阳出发，于第二年即1713年阴历三月三十日返回汉阳，结束了赴燕使行。从汉阳出发，抵达燕京并在此逗留后，再到重返汉阳用时长达146天，近5个月，而往返距离加在一起约为6028里。仅在燕京交友探访也有675里，其间友人赠诗达到402篇。

下方列表为金昌业在燕行路上结识的清朝友人。

时间	结交的友人	身份	地点
1712年阴历十二月十三日	王俊公	秀才	大凌河
十二月十五日	王宁潘	儒生	宁远卫
十二月十八日	郭如柏	庠生	山海关
十二月十九日	荣琮	汉人，寓所主人	榆关
十二月二十日	吴廷玘	秀才	永平府
十二月二十四日	康田	秀才	蓟州
1713年阴历一月三日	李廷宰、李廷基	知县	燕京
1月3日	潘德兴	序班	燕京

续表

时间	结交的友人	身份	地点
一月十日~十二日、十八日、二十二日、二十三日、二十七日、三十日、二月二日、三日、十日	李元英	一统志编修官	燕京 李元英的家
一月二十二日、二月八日、十三日	马维屏	商人	燕京 马维屏的家
二月八日、十三日	王之启	丙寅生，浙江绍兴府山阴人，王羲之24代孙	燕京 马维屏的家
二月八日、十二日~十五日	赵华	文官，满人	燕京
二月十三日	杨澄	赵华的老师	赵华的家
二月十九日	王化	秀才	沙流河
二月二十一日	李永绍、杨大有	胡人，自称秀才	永平府
二月二十三日	程洪	青年秀才	角山一寺庙
二月二十六日	王眉祝	王宁潘侄子	宁远卫 王宁潘的家
三月四日	郭垣	吴三桂的将领郭朝瑞的儿子	郭民屯

正如金昌业在《老稼斋燕行日记·山川风俗总录》中所记录的内容，不管是对中国的满族人还是其他民族的南方人或北方人，他都一视同仁、以诚相待。因为与金昌业交往的人大部分都是年轻的文人或秀才，他们对学术及文化的理解尚浅薄，所以金昌业在与这些人交往的过程中，并没有感受到他们有过人的文学才华或深厚的文化造诣，几乎没有机会与他们深入探讨文化及学术问题。这其实和金昌业的身份有关。不同于正使、副使、书状官这使行三使，子弟军官主要以增长见闻为主要目的，因此人际交往范围自然受限。在燕京，只有三使才能参加正式仪礼和宴会，子弟军官则无法出席使行正式日程。基于这一原因，金昌业未能结识在文化、学术方面造诣深厚的杰出人物，只能与年轻文人进行交流。反过来，这也使金昌业有机会了解当时清朝年轻文人的心态以及他们看待社会的观点。

2 金允谦，《胡兵图》

唱和可怜女性季文兰的诗歌

　　1712年阴历十二月二十二日清晨，在使行团离开汉阳前往燕京的途中，金昌业从沙河驿出发，来到一家名为榛子店的客栈吃早点。金昌业在客栈墙上看到一首诗，陷入了深深的感慨。

　　椎髻空怜昔日妆，
　　征裙换尽越罗裳。
　　爷娘生死知何处，
　　痛杀春风上沈阳。

　　戊午年，一位出身江西省、名为季文兰的女子强行被满人带到沈阳，途经此处便写下上述诗文，贴在客栈墙上。金锡胄（1634~1684）在使行途中，经过这里看到这首诗，便向客栈老板详细了解女子冤情后，将其原委记录下来。这首诗下方有季文兰写的小序，主要表达了自己的冤屈。季文兰原本是江西省秀才虞尚卿的妻子，丈夫被杀害后，自己被以白银70两贩卖给了叫作王章京的人。当时年方21岁的季文兰在被带往沈阳的途中，经过此地留下了诗文，写下家人的姓名，并在最下方留下了自己的署名。季文兰姿态容貌姣好，却身世凄惨，博得众人好感和同情。据说，季文兰性温如水是速写高手。她双手都能速写，先是用右手写，右手写累了，就换左手写。金锡胄是在1683年以谢恩使身份去燕京的。结合客栈老板所说的年份，季文兰所说的戊午年应该是1678年。丈夫死后，季文兰被卖到满人手中，其身世实属可怜。金昌业在离开汉阳之前，通过拜读金锡胄的书籍，早已知晓季文兰悲惨的故事。当他亲眼看到季文兰写下的诗句后，同情之心油然而生，于是写下下面的诗句，贴在墙上。

江南女子洗红妆，
远向燕云泪满裳。
一落殊方何日返，
定怜征雁每随阳。

汉诗的唱和，一般是生活在同一时代且相互熟悉的友人之间较为常见的对诗方式。但有时也像上述内容，遵循古人踪迹，假托自己的情感，表达对古人的感慨。被卖到陌生地方的季文兰回首望向曾经居住过的地方，因无法知道归期，留下酸楚的眼泪，并把羡慕之情寄托在飞翔的候鸟大雁身上。

金昌业在1713年返回朝鲜的途中，于阴历二月二十日正午再次来到榛子店。他发现在自己写下的诗句下面又有人以次韵方式写下如下诗文：

面扑风埃未解装，
逢人泣泪满衣裳。
道傍阅到伈离色，
那禁敲诗下夕阳。

另外，在次韵诗旁边注有"在客栈看到朝鲜客人写在墙壁上的诗，便留下此诗。（大体意思）滦州刺史"字样。对此，金昌业以"笔如诗拙"，对滦州刺史的诗与字给予贬评。金昌业向客栈老板打听，了解到滦州刺史在十几天前，也就是二月初经过此处留下了上面的诗句。金昌业认为对诗歌和字画毫无建树的滦州刺史之所以留下诗句，是为了借助众所周知的季文兰诗文，在朝鲜文人面前显示自己的才华。

此后，1720年李宜显（1669~1745）再次经过榛子店时，这首诗已经消失不见了。据李宜显《庚子燕行杂识》记载，在他到访的5~6年前因客栈重新粉刷墙面，原墙壁上的诗文被盖住了。

综上所述，季文兰的诗文应写于1678年，金昌业留下唱和诗文的年份为1712年，而因粉刷墙面造成诗文消失的年份，则是李宜显到访的5~6年前，也就是1715年左右。由此，大体可以推测季文兰的诗在榛子店客栈留存近40年。虽然无法再看到季文兰的诗，但此后的朝鲜使行文人经过榛子店还是能想起季文兰，于是留下了很多诗文。

源于求知欲，与李元英交往

李元英，号诵芬斋，字高阳，与金昌业相识时年龄为二十五六岁，当时任一统志编修官。他的祖父为清顺治帝的驸马，曾任礼部侍郎，其父亲则被封为一等伯爵，因此李家是清朝朝廷的显赫家族。对于很难有机会与清朝高官或有名人士结识的金昌业来说，李元英是其结交的为数不多的名门望族成员。1713年阴历正月初十，金昌业在探寻忠烈祠的途中，进入了一条被鸳鸯瓦所覆盖的高耸建筑胡同。这时，恰好遇上大宅府主人李元英。李元英盛情邀请金昌业进府交谈。关于对李元英的第一印象，金昌业这样写道："脸部虽带有麻点，但眉目中却泛着一股清流"。当时，李元英手拿一个木瓜，给金昌业看了一首七言绝句：

> 嘉品从教不耐春，
> 旧时香气尚清新。
> 怜他投赠非容易，
> 莫把琼琚别报人。

另外，李元英还给金昌业看了数十首律诗和绝句，其中有两张是用纸张印刷的，另有两张是当时名人赠予的跋文。金昌业看完这些诗文后，以"精巧"二字评价并记录在日记中。为表谢意，金昌业用带去的烧酒和美食款待了李元英。金昌业在李元英的住所还看到《佩文斋广群芳谱》，于是向李元英请求借阅。"佩文斋"是清朝康熙帝的别号，这本书完成于1708年。康熙帝不仅平定内政，而且奖励游学，留下很多著作和书籍。从老稼斋这一号中就可知，金昌业喜欢隐遁生活，对花草十分感兴趣。因此，他看到《佩文斋广群芳谱》这本书，便爱不释手。李元英应金昌业的请求，先借给金昌业部分捆扎的书卷，并承诺等他归还时，再把剩下的书卷借给金昌业。

此后，金昌业和李元英跨越年龄差距，密切交往。李元英因身居官位，两人无法经常相见，主要以书信方式致以问候或互送礼物。金昌业赠送的礼物主要是笔墨、烟草、粳米、糯米等，李元英则赠予金昌业红纸、笔、扇子等礼物。对于文人来说，文房四宝是必不可少的东西，因此给其他国家的人赠送文具便成为当时文人之间的一种时尚。在互赠礼物的过程中，两人少不了附上自己写的汉诗。这些诗文是展现自己以及本国文化水平的重要媒介，互赠诗文成为文人相交必不可少的过程。

一月二十二日，李元英第一次访问了金昌业下榻之处。金昌业用松子糕、药果、煎药（韩国冬至吃的一种糕点）、栗子等接待了李元英，两人主要探讨的问题是朝鲜美食。金昌业给李元英看了自己写的3

3 李宜显，《陶谷集》
4 《佩文斋广群芳谱》

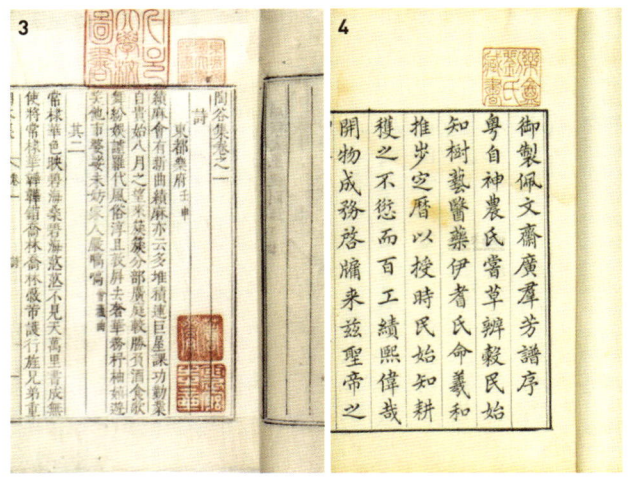

　　首七言绝句，主要是歌颂海棠花、梅花、菊花的诗文。李元英看后，表示可与唐朝作品相媲美。众所周知，唐朝是中国古代诗歌创作最为繁荣鼎盛的时期。由此可见，李元英对金昌业给予极高的赞赏。李元英还拜见了正使金昌集。金昌业和李元英约定一同观赏药王庙、观象台、太学、府学等燕京名胜，但因李元英公务繁忙，这一约定没能实现。但李元英能答应与其同游燕京，对于金昌业来说是莫大的荣幸。

　　二月三日，金昌业再次拜访李元英。这一次，李元英以打横礼节接待了金昌业。打横是满族礼节之一，多用于平辈间不用请安时，或者是对长辈已见过礼，表示礼貌和恭敬或不敢当之意。金昌业虽为没有官职的寒士，但通过交往，李元英十分赞赏金昌业的学识和人品，因此以礼相待。

　　餐前，李元英请求金昌业穿上官服，但听闻金昌业没有官职，于是拜托其穿上道袍。这可能是李元英想了解朝鲜的服饰款式。在用餐时，金昌业谨慎地询问了清朝文坛动态。李元英回答，当代清朝有十三才子，其中首屈一指的当数状元及第的扬州人王端，并表示自己也是王端的弟子。

　　二月十日，两人互通书信和交换礼物，之后就没有继续联系。当时，金昌业送的是1匹丝绸，李元英赠送的是1盒徽州墨。金昌业一行是在二月十五日离开燕京的。从两人交换礼物到金昌业离开燕京虽然相隔5天时间，但两人为何没有再联系，金昌业并没有在日记上交代。二月十日交换的丝绸和徽州墨不同于以往两人所互赠的礼物，可能两人在这一天以书信的方式互道了离别。

结识赵华和杨澄，为其诗集写下序文

对于金昌业来说，虽然没有像与李元英那样来往甚密，但能结识赵华和他的老师杨澄，同样具有重要的意义。1713年阴历二月八日，赵华派人请求相见，金昌业先询问了赵华的来历。赵华当时34岁，是一名满洲文官，从13岁就开始侍奉皇帝，可以说是皇帝的心腹。

二月十三日，金昌业访问赵华府邸的时候，在他家门前看到神奇的魔术表演。金昌业把这一魔术表演详细地记录在日记中。他看到的魔术有两种，一种是把一条系着铜钱的长线伸到两个袖子里再拿出来，发现长线上的钱不知去向的魔术，还有一个是将破碎的小碗恢复原状的魔术。金昌业深深被魔术所吸引，差点忘了拜访赵华一事，惹得旁边的随从一再催促。

赵华给金昌业留下的第一印象可以用大失所望来形容。金昌业是这样描述赵华相貌的：黝黑的皮肤，消瘦的体格，麻子脸，一个眼睛有点歪斜，单从外貌来看根本看不出是一个文人。赵华把自己写的文章拿给金昌业看，让其帮忙修改，但金昌业一一婉拒。金昌业在日记中写道，满族人一般忌讳"逆"和"虏"，因此在文章中尽量不用上述二字，但赵华却毫无顾忌地使用了上述二字，这给金昌业留下深刻的印象。当时赵华的老师杨澄也在场。杨澄，字泳水，号二橙，是浙江绍兴府余姚人。金昌业觉得杨澄是一位不同凡响的人。杨澄一直到50多岁都没有考中科举，于是放弃科考求官之道，开始以作诗饮酒为乐，过着悠然自得的生活。

由于不久便要离开燕京，金昌业和两人的交往并没有持续下去。金昌业在离开之前，把1卷纸、2把僧头扇、1包香烟以及在三忠祠写下的几首五言古诗和律诗送给了两人。赵华也把3张字画和绣囊作为礼物赠予金昌业。二月十五日离开燕京的当天，金昌业又给赵华送上2张朝鲜的宣纸。

金昌业和杨澄之间的交往内容，并未在《老稼斋燕行日记》中单独记录下来，但在李德懋的《青庄馆全书》卷35《清脾录·农岩三渊慕中国》中有这样一段有趣的内容，大意如下：

其弟稼斋先生随伯氏梦窝先生前往中国，游览险峻的大清山川，拜会著名人物、观看城池、楼台、风俗、仪文等，将其记录下来。回国后，收录其兄弟的诗歌，编制《金氏联芳集》，浙江儒士杨澄泳水为这一诗集写下序文。此后，金氏文章在中国也得到广泛流传。杨澄对农岩先生的诗大加赞赏，其中尤其对《关侯庙》这首诗给予了高度评价。

如果李德懋所说的内容属实，那么金昌业给杨澄看了收录兄弟诗文编成的《金氏联芳集》后，获赠杨澄为诗集写下的序文。金昌业和杨澄最早相识于二月十三日，不到3天的时间里，杨澄就读完诗集，并对诗集进行了评价。杨澄对金昌业的诗大加赞赏，尤其对《关侯庙》给予了极高的评价。一般文人之间都会互相拜读诗集后，为对方写下序文加以评价。金昌业和杨澄二人也遵循了文人之间的惯例，为朝鲜王朝文人和清朝文人以诗交流树立了典范。

始于对书画的关心，与马维屏、王之启分享书画

金昌业不仅对诗文有造诣，对花草和书画也有独到的见解。清朝友人马维屏和王之启极大满足了金昌业对花草和书画的饥渴。金昌业

5　　　　　　　　　　　　　　　　　　　5　李德懋，《青庄馆全书》

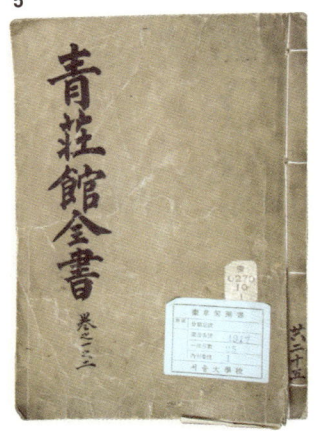

与马维屏、王之启主要是在自己下榻之处相会的。

一月二十二日，马维屏来到金昌业的住所。金昌业听说马维屏有着和自己一样的爱好，就是喜欢种植花草，而且在家中养了很多花草。为了款待受邀来访的马维屏，金昌业备置了烧酒、药果、松子糕、煎药等美酒美食。两人第一次相见，主要聊的话题是能否求得蜡梅花和朝鲜的饮食。两人虽然约好二月四日和五日再相见，但不知何故未能如期相见，而是在二月八日马维屏携王之启拜访了金昌业。

马维屏亲笔作画赠予金昌业，金昌业则以美酒与美食款待了两位。王之启字学山，是马维屏的好友，时年28岁。当时，王之启给金昌业写下了一首五言律诗：

贵国交情薄，
惟君迥异人。
话言从肺腑，
举动尽天真。
皎月同君度，
高山企我心。
何须金石谱，

金昌业　027

友道本彝伦。

王之启此前虽然也接触过朝鲜人,但对金昌业的评价极高,称其为奇人,评价金昌业言行之中充满天真,并表示虽离别无法相见,还是会时常想念。王之启自称王羲之第24代孙,答应日后愿与金昌业一起欣赏其珍藏的王羲之《兰亭集序》摹本。金昌业抵达燕京之后,一直想寻得一本《兰亭集序》摹本,但在《老稼斋燕行日记》中再未提及相关内容,因此无法确定金昌业是否真的目睹了《兰亭集序》摹本。

马维屏也表示,"(金昌业、王之启)两人来自东西两国,像浮萍草一样偶然相逢,如此珍惜友谊,真是千古难寻之事",还把这两人的相识称为千古奇缘。

金昌业则给马维屏看了郑敾、赵荣祐、李稚的山水画以及尹斗绪的人物画。这些画作都是金昌业在从朝鲜出发之前,为了给清朝文人观赏而特意准备的。为表心意,金昌业把郑敾的画送给了马维屏。2月13日,金昌业到马维屏府邸做客。当时,马维屏给金昌业看了很多画册,还让金昌业尽管拿走喜欢的作品,但都被金昌业婉言谢绝了。

超越形式,以心相交的友人

金昌业在燕行期间与清朝友人频繁交往。与和燕京友人的交往相比,他对在辽宁省交往的友人情况写得比较简单。金昌业和清朝友人交往,因语言不通,主要以笔谈的形式进行。李元英、赵华、杨澄、马维屏、王之启等人与金昌业不仅有着相同的喜好,而且都对诗文、书画、花草等十分感兴趣,因此可以说是以心相交的友人。

金昌业交往的大部分清朝友人都是未入仕途的年轻人。这样交往的原因,与其说是金昌业喜欢年轻人才,倒不如说是受到子弟军官身份的限制。虽然这些清朝友人并非官居高位或学识过人,但他们对于金昌业来说都是他在清朝逗留期间结识的难得的挚友。

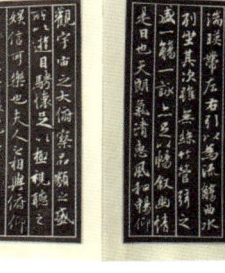

6 王羲之，《兰亭集序》（摹本）
7 郑敾，《庐山草堂图》
8 尹斗绪，尹斗绪自画像
9 宋时烈画像

金昌业 029

燕行录的精髓：《热河日记》

林映吉
成均馆大学

朴趾源

朴趾源

1737~1805

燕行录的精髓：
《热河日记》

朝鲜人对热河的最早记录

朴趾源（1737~1805），朝鲜后期学者、北学代表人物。他曾于1780年，为庆祝乾隆帝七十大寿，以使节团成员身份前往清朝，留下不朽著作《热河日记》。朴趾源跟随其三从兄、锦城尉朴明源，参加了燕京之行。由正使朴明源、副使郑元始、书状官赵鼎镇、首译洪命福等人组成的进贺兼谢恩使一行于1780年阴历五月二十五日从汉阳出发，六月二十四日跨过鸭绿江，途经栅门、辽阳、盛京（今沈阳）、山海关、通州等地，八月一日抵达燕京（今北京）。但是原定要参加在京望贺礼的朝鲜使节团，八月四日突然接到仪式定在热河（今承德）的圣旨，即刻启程前往热河。为此，包括朴趾源在内的75人从八月九日开始在热河逗留7天，去行宫避暑山庄谒见乾隆皇帝，还拜访了班禅喇嘛。朴趾源起初担心去热河会影响游览燕京，心里有些犹豫，但是这是一个千载难逢的好机会，他最终没有放弃畅游热河。八月二十日从热河回到燕京的朴趾源在京逗留一月有余，九月十七日从燕京出发，十月二十七日回到汉阳。回国以后，朴趾源将自己在清朝的所见所感写成《热河日记》。二十五卷《热河日记》出版后，以誊写形式广泛流传，极大地影响了朝鲜当代乃至其后的文坛。

在很多人眼中，《热河日记》是一部收录《虎叱》和《许生传》等被分类为汉文小说的作品，但它基本上属于对清使行记录的燕行录。它不仅内容新颖奇特，还采用不同于一般燕行录的文体与构思，是朝鲜关于热河游的最早记录，因此，在燕行录中占据独一无二的地

1 朴趾源画像
2 避暑山庄全景

3 **《热河日记》**
4 **《燕岩集》**

位。之前的燕行录大多采用日记、杂录或者记事形式，而《热河日记》将旅游的经纬忠实地按日期做了叙述，而对于重要的内容则单独拿出来以记或说等方式独立成篇，采用集日记体和记事体优点于一身的独特的形式。按照旅程，全书日记共有七篇，具体为《渡江录》《盛京杂识》《驲汛随笔》《关内程史》《漠北行程录》《太学留馆录》《还燕道中录》等；另外还将记录与清朝人交游和与其交换的笔谈编成《倾盖录》《黄教问答》《忘羊录》《鹄汀笔谈》等；按不同主题，将各种名所的见闻和所知统编成《行在杂录》《避暑录》《口外异文》《黄图纪略》《谒圣退述》《盎叶记》《铜兰涉笔》等诗话和杂录。在这些篇章中，有关朴趾源的辽宁游记详细记录在自渡过鸭绿江到七月二十三日抵达山海关期间的日记《渡江录》《盛京杂识》《驲汛随笔》中。

热情地与中国友人交游

朝鲜使臣的燕行旅程自现在的辽宁省境内栅门（今凤城市）到山海关东北部宁远（今兴城市）。位于两地之间的广宁、大凌河、锦州、松山、杏山等地都是明清交替时期的激战地。

辽宁是清太祖努尔哈赤的出生地，也是清王朝的发祥地。随着

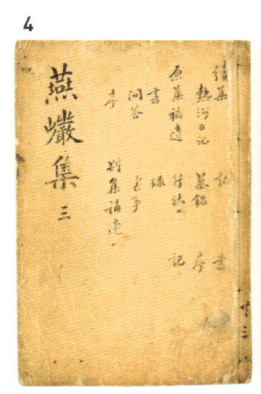

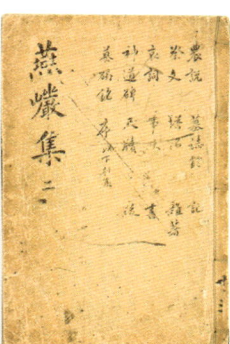

1621年后金掌控辽东一带，朝鲜使节团不得不临时绕路其他城市或选择海路，但到了17世纪后期清朝控制中原地区后，一直是按照与明朝相同的路线往来于汉阳与燕京。1625年后金迁都沈阳，沈阳不久被尊称为盛京，影响力越来越大。1679年开始，沈阳成为燕行路上正式指定城市。清皇帝东巡沈阳时，朝鲜还会特别派出沈阳问安使。

朴趾源也将辽东和沈阳看做军事要地，认为天下安危与这两个地方有密切联系。他在《渡江录》中七月九日写的《旧辽东记》《盛京杂识》以及《驲汛随笔》等多处回顾明朝和后金的战斗，切实感受明朝的灭亡，但是在与辽宁一带有关的日记中，朴趾源强调了对清朝的开放姿态。六月二十七日至二十八日，他途经栅门时想起洪大容说过的"大规模细心法"，即中国不仅规模大，且技术细致。朴趾源对此写道："周视铺置，皆整饬端方，无一事苟且弥缝之法，无一物委顿杂乱之形。虽牛栏豕栅，莫不疏直有度，柴堆粪痔亦精丽如画"，感叹"不意中国之若是其盛也"。

正如上文所述，朴趾源观察到辽宁四处市集繁荣，店铺大而华丽，还积极接受新鲜事物，秉承实用主义精神，主张"利用厚生"。六月二十八日在凤凰城，他还详细描写了民居结构和盖房技术、砖瓦使用法、筑城制度等。七月一日至五日因暴雨河川涨水，在通远堡滞留期间，他还记述了中国的轿子文化和铺火炕方法，认为这比朝鲜的更具优点。他来到地域辽阔的辽东感受到一种身心得到解放的喜悦和无法一展远大抱负的悲哀。两种感情达到极限，通过一场痛哭释放出来，记录在《渡江录》七月八日的日记中。

《热河日记》中多部名篇都是朴趾源在辽宁写的。辽宁对朴趾源来说已经从中国游的起点，成为走向更广阔世界文明中心的第一站，也是引发他对现实的认识和思维方式转变的特殊地方。整部《热河日记》在19世纪燕行录中被引用最多的是记叙辽宁部分的日记，这也佐证了辽宁的重要性。朴趾源在燕行期间始终大胆而积极地对待观光与交游。尤其，他对沈阳有着很大期待，在《渡江录》七月六日的日记

5 沈阳的老店铺（1912）

中就写到在连山关做的梦，这也暗示了他在前往沈阳前对此无比神往的心境，充满趣味。具体内容如下：

夜小醉微睡，身忽在沈阳城中，宫阙城池间阎市井，繁华壮丽。余自谓："壮观不意其若此，吾当归詑家中。"遂翩翩而行，万山千水，皆在履底，迅若飞鸢。顷刻至冶谷旧宅，坐内房南窗下，家问："沈阳如何？"余恭对："'所见胜于所闻'，夸美躛娓。"望见南墙外，邻家槐树阴，阴上有大星一颗，炫烂摇光，余奉禀伯氏曰："识此星乎？"伯氏曰："不识其名"。余曰："此老人星。"遂起拜伯氏，曰："吾暂回家中，备说沈阳，今复追程耳。"

朴趾源将自己亲身体验的"沈阳故事"单独写成《盛京杂识》。事实上，《盛京杂识》记录了自七月十日至十二日（三天两夜）朴趾源在沈阳逗留的日子以及十四日探访小黑山期间的见闻。其中在十三日和十四日记录的"欺霜赛雪"逸话是利用伏笔的构思和白话体的表达方式，以诙谐的手法描写自己误读词意的故事。朴趾源在新民屯一典当铺被邀题字，便将一路在多家店铺门楣上看到的"欺霜赛雪"四个字写出来。不知何故，店家看到后瞬间变了脸色。次日，他在小黑山的首饰铺又写下"欺霜赛雪"四个字，店家的反应和前一天典当铺老板一样。此时朴趾源才知道这四个字是面店的招牌，他之前还以为"欺霜赛雪"是天朝商贾自夸心地皎洁，生意童叟无欺的意思，不想竟闹出如此的大笑话。

朴趾源对沈阳的第一印象就是"郭内民物之繁华，市肆之侈盛，十倍辽阳矣"。在途中，他还和在沈阳任兵部郎中的满洲人富宁短暂对话。后随正使裨将朴来源、御医卞观海前往行宫，还偷偷潜入限制出入的宫殿，参观殿堂楼阁。然后他去了酒家，在顺便路过的名为"艺粟斋"的古董店和名为"歌商楼"的绸缎行结交当地商贾。为了和他们交游，朴趾源不顾宵禁偷偷从住处出来彻夜与他们进行笔谈。他将在艺粟斋和歌商楼的笔谈分别写成《粟斋笔谈》和《商楼笔谈》。这两篇可以说是《盛京杂识》中最经典的部分。

下面介绍一下《粟斋笔谈》和《商楼笔谈》中的主要人物：

上述八位商人中田仕可、李龟蒙、吴复、费稚、裴宽等表明了秀才身份，可以判断是有一定学识的人。朴趾源与他们就中国江南的情况、古董鉴赏、商人的生活等话题进行问答。其中，田仕可详细介绍了真伪古董的鉴别方法，将清代和宋代宫廷收藏的古董图画和根据《西清古鉴》《博古图》等书籍中的观点加入个人意见的鉴赏评语赠

田仕可	字代耕、辅廷，号抱闲，河北无终（今玉田县）人，29岁，是山西太原人杨登的合伙人，对古董博通经史，通内纬。
李龟蒙	字东野，号麟斋，四川绵竹人，39岁。
穆 春	字绣寰，号韶亭，四川人，24岁。
温伯高	字鹜轩，四川成都人，31岁。
吴 复	字天根，号一斋，浙江杭州人，40岁。

费 稚	字下榻，号抱月楼、芝洲、稼斋，河南大梁（今属开封市西北）人，35岁。书画和篆刻造诣深，善于谈论经典。
裴 宽	字褐夫，河北卢龙人，47岁，著有《蒻亭集》2卷和《青海诗话》2册。
马 镞	字耀如，山海关人，23岁。

送给朴趾源。朴趾源将田仕可赠送的古董目录编成《古董录》，写在七月十二日的日记中：

> 开铺货居，虽云下流所归，天开一部极乐世，地设这座快活林。泛朱公之扁舟，连端木之车骑，悠悠四方，都无管钤，通都大邑乐处是家，长檐华屋，身闲心逸，严霜烈日，自在方便。以此父母敦遣，妻子不怨，进退两裕，宠辱双忘，其视农官两业，苦乐何如？吾辈具有有朋至性，"三人行，必有我师"，"二人同心，其利断金"，天下至乐，无逾于此。人生百年，苟无有朋一事，都没佳趣，裏布啖饭的，总不识此味。

朴趾源在《商楼笔谈》问思乡心切的商人朋友，为何不回故乡务农照顾父母和妻儿，而来到千里之外追逐利益。李龟蒙回答相比于务农或做官，从商更加自由且闲适，故宁愿"独在异乡为异客"。对于生员是否能像书生一样生活的问题，他回道，士流亦有三等，上等仕而仰禄，中等就馆聚徒，最下干求假贷。平时，朴趾源对只注重繁文缛节，对经济发展和改善民生毫无建树的朝鲜士阶层持有批判态度。他在中国细心观察商业的繁荣，以积极的视角看待商人，上述沈阳商贾的话不仅确认了他对士阶级的批评意见，同时也成了重新定义士的角色和范畴的契机。

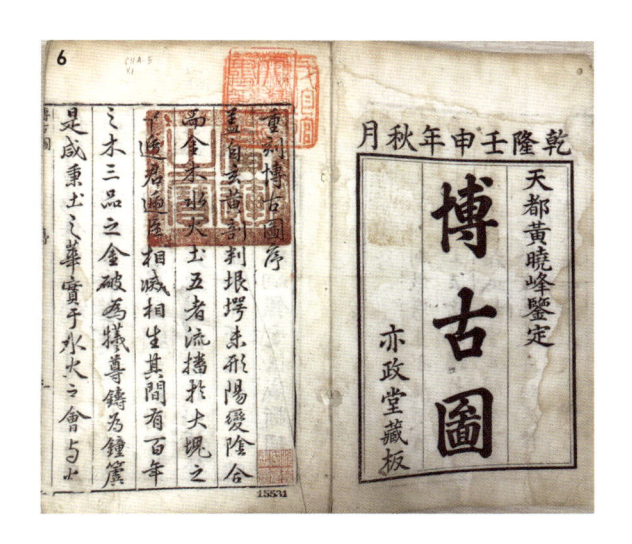

6 《重修宣和博古图录》
（乾隆十七年亦政堂刻本）

朴趾源渴望在中国结识知己，遂与身份不同的中国人能够亲密无间地做朋友，在陌生的沈阳与这群商人朋友的相处给了他很大的慰藉。在《粟斋笔谈》中，田仕可对朴趾源说道"相公虽生偏邦，气宇轩昂，文能识孔孟之书，礼能达周公之道，即一君子也。但恨人居两地，天各一方，寸心未尽，转眼即别，奈何奈何。"对此李龟蒙用"缠绵悱恻，实获我心"表示非常赞同他的话。这从侧面生动地描述了双方深厚的情谊。

真正的友谊

在沈阳开启与中国友人的交际后，朴趾源在燕京和热河扩大了交游的范围，上升为真正的文化"交游"。他首先通过早于自己访问过燕京的洪大容、柳琴、罗杰、李德懋、朴齐家、柳得恭等人已经对中国文士有了相当的了解，因此出发前就有拜访这些中国文人的计划了。另外，朴趾源从通远堡满洲人富图三格那里借抄了琉璃厂内鸣盛堂书店的书册目录，又从沈阳的田仕可处了解到在琉璃厂选古董时需要注意的地方，因此到燕京后当然首先要去琉璃厂看一看。

根据《关内程史》八月三日内容，朴趾源除了官方行程安排外，为拜访与李德懋相识的唐乐宇，他首先去了琉璃厂的先月楼附近。最终虽没有见到唐乐宇，但途中在杨梅书街（今北京西城区杨梅竹斜街）的六一楼（或六一斋）偶然结识了俞世琦、徐璜、陈庭训等人。从热河回来后，他再次通过俞世琦，在杨梅书街和俞太史（翰林院编修）、高棫生、翰林初彭龄和王晟、学人凌野和冯乘健等人进行了七次笔谈。此外，他还和田仕可引荐的太史许兆党有过交际。朴趾源将与这些人的笔谈写成《杨梅诗话》，部分内容保留至今，《避暑录》和《铜兰涉笔》中也有一些相关片段。

在热河时，朴趾源住在太学。在这里他结识了前大理寺卿尹嘉铨、贵州按察使奇丰额、山东都司郝成、广东按察使汪新、礼部尚书曹秀先、举人王民皞和邹舍是、经筵讲官敬旬弥和破老回回图等人，并与之进行数次笔谈。他在《热河日记》中另设《倾盖录》篇，简要介绍了这些友人的个人信息和面貌特征；然后将藏传佛教和班禅喇嘛的故事写成《黄教问答》；以结交最深的尹嘉铨和王民皞为主人公写下《忘羊录》和《鹄汀笔谈》。《忘羊录》主要收录了与尹嘉铨和王民皞围绕中国古今音乐理论讨论治乱和处事等内容；《鹄汀笔谈》则收录了与王民皞、尹嘉铨、郝成围绕文艺、历史、政治、风俗、制度、天文、历法等广泛的主题进行讨论的内容。如果再加上《太学留馆录》《避暑录》《铜兰涉笔》等收录的内容，可以充分了解热河交游在朴趾源的燕行中占据多大比重了。

鹄汀曰："故是三厄。"余曰："何谓三厄？"鹄汀曰："南唐时，张宵娘俘入宋宫，宋宫人争效其小脚尖尖，勒帛紧缠，遂成风俗，故元时汉女，以小脚弯鞋，自为标异。前明时，禁他不得，鞑女之嗤汉女缠脚，以为诲淫则冤矣，这是足厄。洪武时，高皇帝微行至神乐观，有一道士结网巾，便于韬发，太祖借他一着，照镜大悦，遂以其制令天下。其后渐以发网代丝，紧箍狠缠，伤痕狼藉，名虎坐巾，谓其前高后低，如虎蹲踞，又名囚巾，当时亦有讥之者，谓天下头额，尽入

网罗，盖多不便之矣。"笔指余额曰："这是头厄。"余笑指其额曰："这个光光，且是何厄？"鹄汀惨然点头，即深抹"天下头额"以下字。

　　王民皞批判汉族女人裹脚，认为世上有三厄，即足厄（裹脚）、口厄（吸烟）、头厄（网巾）。《太学留馆录》八月十日记录王民皞"三厄论"是19世纪燕行录中常常出现的内容。他还指着朴趾源调侃他额头上戴着的网巾，而朴趾源马上反驳王民皞的辫发又是什么"厄"。我们从中可以看出，朴趾源尖锐地指出比起固陋的朝鲜人，被强制削发垂辫的清朝人也强不到哪里。由于朴趾源结识的中国人大多是江南的文人，当谈论清朝的高压统治和压迫时就会撕掉或烧掉笔谈的纸张。这种情形加深了朴趾源对中国社会整体的了解。我们可以从笔谈中找到分析和洞察清朝现实问题的源泉。临别时，王民皞、尹嘉铨、奇丰额挥泪送别朴趾源。

　　在《热河日记》之后的燕行录中再无人谈及与朴趾源曾交游的中国文人。朴趾源在沈阳主要认识了从江南进京经商的有学识的商贾；在北京则结识的不是翰林院修撰或庶吉士，就是准备会考的文人；在热河广泛地与从中央及地方官员，再到具有一定学识水准的汉人、满人及蒙古人等各界人士交际。然而之后前往中国的朝鲜使臣却没能继续扩大这些人脉。虽然无法与18~19世纪朴齐家和金正喜那时的规模相比，但是通过《热河日记》流传的朴趾源在中国的交游活动给后辈文人做出了很好的榜样。他的孙子朴珪寿1861年以热河问安使使节团副使身份入燕，向京城文人介绍其祖父曾经与江苏的王民皞交游的事情，并打听了朴趾源当时的行迹。

　　在从年轻时开始学习"北学"的文人中，朴趾源是最晚踏上燕行之旅的人。他途经辽阳和沈阳，游至燕京和热河，在坚持朝鲜人自主性的同时，目睹了清朝的繁荣和先进文化。作为寻求使朝鲜摆脱贫困落后且行之有效的具体方案的过程，他的燕行具有宝贵的价值。

李氏家族的
半岛情缘

李泽绵
铁岭市李成梁研究会副会长

李成梁

李成梁

1526~1615

李氏家族的半岛情缘

在动荡的明万历朝，其边事一度颇有成效，这有赖于边关的两大名将：东南的戚继光，东北的李成梁。在当时，李成梁威名远胜戚继光。在明将吏贪懦、边备废弛的时代，李成梁纵横北方边塞四十余年，前后镇守辽东近三十年，屡破强豪，力压北方各游牧部落，拓疆近千里，一时间"李家军"声名远播。

李成梁家族与朝鲜半岛渊源深厚，《明史》中提到李成梁的祖先"高祖英自朝鲜内附，授世（袭）铁岭卫指挥佥事，遂家焉。"

李成梁一生共育有九子，个个骁勇善战，立下了赫赫战功。长子李如松在壬辰倭乱中带领明朝军队援兵朝鲜，击败倭寇，与朝鲜半岛结下深厚友谊。在此番征战中，李家后代及其亲军损失很大，事迹流传至今。

本文通过对以下几个问题的探讨，缅怀明朝晚期两大将星李成梁、李如松的荣光，追溯李氏家族与朝鲜半岛的情缘。

李成梁宗族来自朝鲜半岛

木有本，水有源。众多的历史文献和私家谱牒记载，李成梁宗族来自朝鲜半岛。但对于来自半岛的何地，迁徙铁岭的时间等问题，却众说纷纭。目前最具说服力的两种说法是星州李氏说和女真血统说。

1 位于铁岭的李氏祖茔石像生

星州李氏说

　　星州李氏是韩国三大李氏（庆州李氏、全州李氏、星州李氏）之一。其始祖是李纯由，新罗末期他与胞弟李敦由效命于朝廷，官至宰相。及至新罗灭亡，高丽王朝建立，兄弟二人信奉"一臣不侍二主"的信条，坚守气节，谢绝了高丽朝廷的高官厚禄。兄弟俩更名后，迁徙到京山府居住。京山府是星州的古号，即今天的星州郡碧珍面，也是碧珍李氏的发祥地。李纯由兄弟不但自己不入仕途，而且限制自己的子孙当朝为官。直到第九代方有李孝参出任地方低级官员——户长。此后，家族逐渐兴盛，成为高丽王朝有名的贵族。第十二代孙李长庚，被诰封陇西郡公。

　　李承庆（字仲善）是李纯由的第十四代孙。早年应试于元朝科举，乙科及第。曾出任元朝官职，授太子詹事和御史。因处理事务稳重而有决断，且有胆识，被晋升为辽阳行省的参知政事，并被元朝廷赐予贴木儿不花的蒙古名字。后因母亲病故，回国奔丧，滞留高丽未归。元顺帝爱惜其才，特派遣辽阳省事塔海帖木尔前去迎请。李承庆谢绝了元朝廷的盛情，被高丽恭愍王任命为门下侍郎平章事。元朝至正十九年（1359年），刘福通领导的农民起义队伍"红巾军"，兵分三路，大举北伐。李承庆奉命出任都元帅，率军击退了"红巾军"，回到西京，被授忠勤劲节协谋威远功臣。

李承庆有两个儿子，长子李英，次子李白。李英被公认为后来的铁岭李氏始祖。持此说者主要是星州李氏宗族，韩国史学界也已认同。

女真血统说

在康熙版本《李氏谱系》中载有李英的五位先祖名讳：李哲根穗、李哈山、李厦霸努、李把图理、李膺尼。由于谱序散失，五位先祖世次无考，因此，"未敢妄注也"。遂将李英列为第一世，为铁岭李氏始祖。

1940年，日本历史学家园田一龟在考察《李氏谱系》和其他文献后，写出了《李成梁及其家族》一文，刊载在《东洋学报》第26卷1期上。文中涉及这样一个问题——李氏有可能是女真血统。首先，五位先祖的名字不像汉人和朝鲜人，倒很像女真人。其二，从历史、地理和李氏骁勇剽悍的特点上看，也似出自鸭绿江右岸的女真人。园田一龟怀疑李氏是女真酋长李显忠、李满柱的同源分支。

世将之家的崛起

李成梁，字汝契，号引城，明嘉靖五年（1526年）七月十四日生于铁岭卫城。李成梁大器晚成，年届40才步入军界。在短短的8年时间里，升任钦差镇守辽东总兵官，晋爵太子太保宁远伯。史评李成梁"英毅骁健，有大将才"，"师出必捷，威震绝域"。李成梁虽然算不上李氏"军事集团"的缔造者，但他却将其完善，推向顶峰。

李氏是世将之家。早在明初，李成梁的天祖李膺尼（也作"鹰尼""膺你"）就以武功升任副千户。高祖李英"以军功授世铁岭卫指挥佥事"。曾祖李文彬袭指挥佥事。祖父李春美初袭千户职,后因铁岭八里庄和柴河战绩,升都指挥佥事,为正三品官,而后"奉简命瑷阳守备"诰封镇国将军。李成梁父亲李泾循例袭指挥佥事。

正当李氏军事家族初具规模之际,李春美因"坐贪墨"之故被朝廷革职。又逢其外孙金汝泉因渎职连坐,李泾"念姊氏孤寡,代姊子坐戍",带疾甘受军罪。如此一来,李氏家族的发展无疑遭受抑制。而受到影响最大的当数身为长子长孙的李成梁。

依照律例,李成梁应该袭职。但官场腐败,家道败落,李成梁无钱贿赂京城官员,他在40岁之前仍然是个无所作为的武生员。然而,就在嘉靖四十五年(1566年),李成梁的人生轨迹发生了转折。是年五月,巡按御史李辅奉命"将辽阳都司儒学见在文武生员量行考拔"。就在这次的考拔过程中,李辅发现了李成梁的才能,并查实了他的武功家世。考虑到国家正是用人之际,李辅慷慨解囊,资助李成梁入京,袭得其父指挥佥事之职。

步入军界的李成梁如鱼得水,才气和勇气很快得到发挥。不到一年,就因战功被晋升为新设立的辽东险山参将,管辖镇东的13个城堡。

隆庆元年(1567年),蒙古察哈尔部寇犯辽东永平地区。察哈尔即插汉部,是当时蒙古势力方张的部落。是年,察哈尔部长土蛮凭着手中的权力,驱使所辖铁骑劲旅,进犯辽东腹地。永平告急,李成梁率军疾速赴援,驱敌于边墙之外。这是史料记载的李成梁首次与蒙古人交锋。战后录功,李成梁升为辽阳副总兵,实际上就是驻防在辽阳城的辽东副总兵,管理6卫1州,兵员3000人。辖区东至鸭绿江老边墙,北到开原镇北关。

李成梁的真正伯乐,应该说是时任内阁首辅的张居正。"万历初,张居正当以法绳边吏,无所纵舍。独奖拔成梁逾于诸帅。成梁亦自奋。""盖辽人素称战,而李将军亦忠勇可用,故厚赏以劝之。悬利以待之,亦致士先从隗始之也。"张居正重用李成梁作为镇边大将,充分说明他在用人方面不仅理论上有创见,而且在实践中也能突

2 清朝李树德编印的《李氏谱系》

破既定框框、革新成规，做出表率。由此一来，张居正的锐意改革，整顿吏治、整军经武、巩固边防、抵御侵略的一系列新政，为李成梁施展才华提供了有利条件。

虎父无犬子，李成梁的长子李如松紧跟其父步伐，成为李氏家族下一代的佼佼者。

李如松，字子茂，号仰城，明朝辽东铁岭卫人。生于嘉靖二十八年（1549年），幼年之时就很机警聪慧，跟随父亲学习军事，16岁时开始随父亲与胡虏作战。李如松"最果敢，有父风"，骁勇善战，屡立战功。万历二年（1574年），古勒寨之战，他因大创王杲立下功劳。万历三年（1575年），李如松由武进士承父荫授都指挥同知，授勋宁远伯。万历五年（1577年）四月，蒙古土蛮部再次进犯，联营河东，并派遣小股骑兵在西部劫掠。李成梁率亲兵李如松、李如柏、李如桂、李如梧等，袭击土蛮部的老巢，得胜而还。同年，李如松因功擢备黄花镇。万历六年（1578年）十二月，李如松凭战功出任密云（今北京密云）游击，"升黄花镇守备李如松充总督蓟辽保定军门标下右营游击"。

万历七年（1579年），李如松因连续作战有功改任马水口参将。万历八年（1580年）八月，"上命宁远伯李成梁子如松，充勋卫例推用"。万历九年（1581年），李如松被加封都督佥事，升任副总兵。万历十一年（1583年），李如松出任山西总兵。李成梁、李如松父子由于镇守边关有功，而得到皇帝的信任，不断获得升迁，父子二人皆担任总兵，雄踞重镇，功勋卓著，成为手握重兵的封疆大吏。

北伐东征屡立奇功

朱明政权是在蒙元政权被推翻后建立的汉族政权，有明一代，从肇基伊始即与蒙古各部发生纠葛。先是北元残余势力对明朝边疆的威胁，之后又有兀良哈三卫等部落对辽东边疆进行袭扰。文献记载，从隆庆到万历年间，蒙古寇犯边疆次数最多的要数察哈尔部（插汉部）。插汉是故元朝小王子的后代、俺答等部的君长。嘉靖年间，小王子次子成为俺答主后，察哈尔部长土蛮要求封赏的心情日益迫切。谈判不成，他们就骄横不法，犯辽边，严重地影响了辽东人民正常的生产生活秩序。他们有时还联合毒部、朵颜部，举重兵向辽东边境进犯。在李成梁出任总兵官之前，辽东三任总兵官均亡命于他们的铁骑之下。

史料记载李成梁首次与兀良哈三卫的较量，是以配合策应的身份出现的。隆庆元年（1567年）十二月，"始虏入边关内，军多观望。辽东总兵王治道率参将王忻等入关接应，虏始北去，欲出边，知有备乃折东。我兵追至平山营，选锋前进，辽东巡抚魏学曾亦入驻山海关，遣参将李成梁、游击郎得功率兵与治道会，虏遂由义院口出。"这是一场围歼战，战斗场景很广大。时为参将的李成梁与辽东巡抚魏学曾密切配合，积极策应，最终取得了战斗的胜利。

隆庆三年（1569年）正月，李成梁以副总兵身份与泰宁部长速巴亥激战于雕背山（今调兵山）。是年四月，与张摆失、艾失哈等激战

050　中韩缘史 辽宁篇

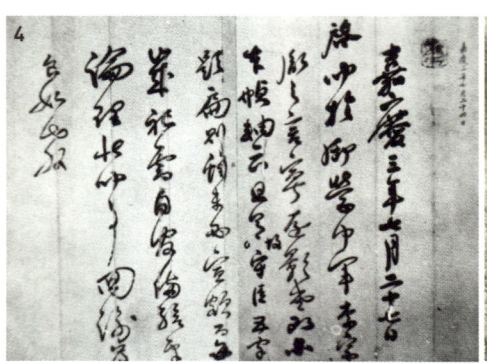

于夹河山城（今本溪辖区）。九月，与卜言兀等激战于锦州。是役，总兵官王治道阵亡。李成梁由此代理辽东总兵官。

从隆庆五年（1571年）至万历十四年（1586年），李成梁又经历了16场与蒙古势力的交战。加上前4场，有史料记载的战斗达20场。万历七年（1579年），李成梁因斩获泰宁部长速巴亥之功，被诰封为太子太保宁远伯。万历十四年以后，蒙古势力由于屡遭重创，侵略之心方有所收敛。

与女真部族的作战，情况则有些不同。蒙古部落深入辽东腹地，其目的是抢掠或阴谋抢掠。而女真各部除同样原因外，还有某强势部落企图吞并和挑衅其他弱势部落的因素。辽镇官兵为防止他们做大做强，必然出兵征剿，以削弱其势力。李成梁统率辽东官兵第一次与女真作战，便是针对建州部王杲的讨伐。

王杲是建州右卫都指挥使，此人精明聪慧，但桀骜不驯，不仅劫杀亲近明朝的女真同胞，还频频向明朝官员挑衅，杀副总兵以下、把总以上将领几十人。其中一名把总和一名百户遭其开胸剜心。针对王杲部落的猖獗，万历二年（1574年），明王朝对其停止了贡市，迫使建州女真的生活陷入困境。王杲不甘被动，于同年十月召集本部势力，并联合蒙古部落，谋犯辽沈地区。李成梁探得情报，遂调兵遣将，以伏击之计，阻击来犯之敌。当王杲率3000兵马刚刚进入五味子冲（今属抚顺市辖区）时，就遭到明军的猛烈袭击。大队人马被迫撤回王杲的驻地古勒城（今抚顺市新宾县上夹河镇古楼村北、苏子河北岸）。古勒城地势险要，有天然壁垒。王杲自以为固若金汤，怎奈李成梁以火器围攻，而且恰得风助，古勒城营垒尽遭火焚。王杲见势不妙，乘机逃出城外。此役共斩获女真人1204人。后来王杲在开原哈达部被擒，后被押赴京城处以磔刑。这股较早崛起的女真反叛势力遂遭摧毁。

李成梁初镇辽东22年，亲自指挥的战役（战斗）有据可查的"大战"就有50余次之多。在战斗实践中，他边学习边运用，把军事战略战术运用到了极致，起到了打击蒙古、遏制女真的作用，保护了辽东

3　李成梁像
4　朝鲜建宁远伯李成梁影堂赐额关文
5　辽东总兵李成梁作《镇国将军李君成林行状》

李成梁　051

腹地的安宁，维护了辽东地区的社会生产。李成梁以其卓越的军事才能，征战沙场，保卫边疆，维护了明王朝的统治，延缓了明王朝灭亡的速度。

纵观李成梁父子的军事生涯，在军事理论与实践上，偏重实践，军事理论总结较少，父子二人均是"实践型"将领。二人在军事防御与进攻上，崇尚进攻。在进攻战略与战术上，侧重战术进攻；主观上骁勇善战的性格与客观上"东制西怀"的战略，共同造就了二人"进攻型"将领的独特作战风格。

援朝逐倭威震半岛

万历十六年（1588年），日本关白丰臣秀吉统一日本，结束了分裂割据的战国时代，执掌了日本的军政大权。他企图占领朝鲜并侵略中国，取代大明王朝，以实现称霸东亚的野心。万历二十年（1592年）四月，丰臣秀吉派遣军队近20万人进犯朝鲜。倭寇从釜山兵分三路向朝鲜王京进袭，东路加藤清正，西路黑田长政，中路小西行长。

6 建于明代的李成梁石坊
7 位于铁岭境内的李成梁看花楼遗址
8 李如松像
9 李如柏像

李成梁 053

10

由于朝鲜李朝政府腐败，内部党争激烈，武备废弛，面对倭寇的进攻，君臣束手无策。两月之内，王京沦陷，两名王子被俘，朝鲜"八道几尽没，旦暮且渡鸭绿江，请援之使络绎于道"，朝鲜国王李昖逃往平壤，接连派出使者向明朝求援。面对危急形势，神宗皇帝决定派兵东征，援朝御倭。

明神宗下令兵部使辽东镇出兵朝鲜，并发银二万两犒赏朝鲜军队，拨银20万两用于辽镇备用。先锋史儒和副总兵祖承训先后率军渡江到达朝鲜，但由于不熟悉地形，加上轻敌，导致明军在平壤首战惨败，史儒阵亡，祖承训大败而归。朝鲜国王李昖逃到义州。

消息传到北京，震惊朝野。八月，神宗命兵部左侍郎宋应昌任经略使备倭。十月，神宗任命李如松为东征提督，率蓟、辽、保定、山东诸军43 000人马东征，并担任防海御倭总兵官。史料记载，李如松"骁果敢战。少从父谙兵机，天下名将也。征宁夏……成功，……为天下大总兵，十三总兵皆听命于如松云"。其弟李如柏（左军）、李如梅为御倭副总兵，一同前往援朝逐倭。

"会朝鲜倭患棘，诏如松提督蓟、辽、保定、山东诸军，克期东征。弟如柏、如梅并率师援剿。……十二月……，……誓师渡江"。万历二十一年（1593年）正月初四，李如松率军进入朝鲜境内。正月初六，李如松率明军抵达朝鲜平壤城郊外，当夜，倭寇出动袭击李如柏部，被击退。李如松指挥明军和朝鲜军队完成对平壤的包围。正月初八，李如松下令各部展开进攻，并亲自到城下指挥战斗。明军首先进行火炮和火箭攻击，借着猛烈的大风，烧毁了大量倭寇营垒，随后，各部将士开始攻城，倭寇在城上用大石等武器向中朝军队反击。明军将士在李如松指挥下奋勇冲杀，"提督（李如松）手斩怯退者，一人巡示阵前。提督挺身直前呼曰：'先登城者赏银五千两……'提督与左协都指挥张世爵等攻七星门。贼据门楼，未易拔，提督命发大炮攻之。炮二枝着门楼撞碎倒地烧尽，提督整军而入"。倭寇退入城内各营垒拼死抵抗，明军逐营攻杀，与倭寇展开激烈的巷战，明军伤亡重大，李如松的坐骑中弹而亡，但他仍指挥将士奋勇猛攻。在朝鲜军队的配合下，明军将士浴血奋战一天之后，歼灭了大量倭寇，收复了平壤城。李如松在此次战役中作战勇敢，指挥有方。

平壤战役，明军取得重大胜利，倭寇被迫渡过大同江，退守龙山。李如松乘胜追击，正月十九日，李如松、李如柏部收复了开城。明军相继收复了朝鲜黄海道、京畿道、江原道等地，倭寇退守王京。李如松为了侦察进攻王京的路线，于正月二十七日，仅率家丁轻骑1000多人向距离王京30里的碧蹄馆进发。由于轻敌大意，中了倭寇的埋伏，与敌展开激战。李如松部队没有火器和甲胄，只能与敌徒手搏战，他勇猛冲杀，亲自殿后，幸亏其弟李如梅等领兵杀入重围，李如松才得以脱身，但身负重伤。明军伤亡几百人，终于冲出重围。这次战斗，明军虽然受挫，但仍对倭寇予以重大打击。"虽碧蹄之战，我军已有损伤，然事在仓卒，（李）如松率将领奋勇血战，以寡击众，射死倭酋，欲杀倭众，彼实败退"。碧蹄之战败后，"言者诋其（李如松）和亲辱国，屡攻击之。帝不问"。可见万历皇帝对李如松非常信任。

10 《平壤城战斗》屏风中，描绘了中朝联军与日军交战的场面

11

在平壤和开城相继收复后，中朝军队迅速集结到朝鲜王京外围，准备下一步进攻。而倭将加藤清正部也已到了王京，与小西行长部汇合。为了切断敌人的后勤军需，三月，李如松秘密派遣副总兵查大受率军偷袭倭寇的粮草囤积之地，放火焚烧了倭寇在龙山的军粮数十万石，使倭寇军粮断绝，加速了其失败的进程。

四月，倭寇再次侵犯咸安、晋州，兵逼全罗道。李如松紧急派遣李平胡、查大受屯兵江原道；祖承训、李宁屯兵咸阳；刘綎屯兵陕川；分别扼之。倭寇果然进犯，明朝诸将多有斩获。四月十八日，在明朝相继收复黄海、平安、京畿、江原四道后，日本与明朝议和，倭寇送还了两位王子归朝鲜，余部向东南沿海地区逃遁。至此，除东南一隅外，汉江以南千余里的朝鲜故土得以全部收复，大局已定。

十二月，神宗皇帝下令从朝鲜撤军，李如松班师回国，只留下1万多人驻防朝鲜。李如松归国之后，神宗论功行赏，他被加封太子太保，每年增加禄米100石。

11　李如松手迹

诗书赠友人，半岛留美名

　　李如松是个足智多谋、能打硬仗、克敌制胜的军事天才。同时，他也擅长书画作诗，他这方面的才艺表现在与朝鲜友人的交往上。

　　由韩国国家博物馆收藏的李如松赠朝鲜领议政柳成龙的泥金成扇，被韩国确定为国宝级文物。其中一面写的内容是一首七律自作诗，"提兵星夜渡江干，为说三韩国未安。明主日悬旌节报，微臣夜释酒杯欢。春来杀气心犹壮，此去妖氛骨已寒。谈笑敢言非胜算，梦中常忆跨征鞍。"

　　扇子的另一面是李如松画的一幅竹枝图。可以说这件行草书法扇叶，帖气十足，明显受到"二王"一路帖派书家的影响，与明前期的"台阁体"有千丝万缕的联系。用笔沉厚果断，稚拙朴茂，无"台阁体"的轻佻严整，这又是他作为武官不拘泥于成法的可贵之处。他的书法运笔比较讲究，如"悬、报、谈、笑、胜、梦、忆"等字，草法自然、标准，不在书法传统碑帖上下一番苦功，是难以做到的。

　　再说这首诗，可以说诗的立意很高，表现了一名朝廷将士为国效力、忠心报国、不计个人生死得失的崇高精神，与林则徐"苟利国家生死以，岂因祸福避趋之"有异曲同工之感。另外，作为近体诗中最

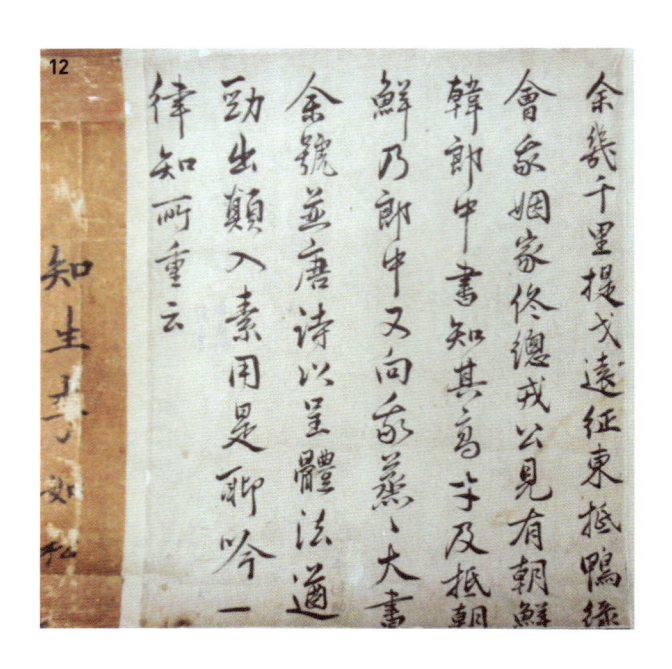

难作的一种诗体，这首七律对仗工整，平仄和谐，绝非一般功力者所能为之。整幅字，从内容到书写水准，都是难得的佳作。

此外，韩国金石文研究会的一位李氏后人还收藏着李如松的一件《赠友人诗稿手迹》。这件作品也是用行草书书写的，内容同样是一首七律自作诗。前边有诗序，内容是："余几千里提戈远征，东抵鸭绿，会我姻家佟总戎公。见有朝鲜韩郎中书，知其高才，及抵朝鲜，乃郎中又向我蒸蒸大书余号并唐诗以呈。体法遒劲，出颠入素，用是聊吟一律知所重云。"

正文书写内容为"营屯细柳大江喷，露下驱驰为尔君。草绝穷山饥万马，烟寒三日馁三军。刀头饮血心偏壮，阵里看图势不分。须促行粮千里馈，一时鼓勇灭妖氛。"落款是"仰城松题临津江上"。

这幅作品和《赠朝鲜领议政柳成龙》题扇诗用笔大不相同，但也是"二王"路帖派作品，尤其可见赵孟頫结字和用笔之意，行笔畅达自然，轻快而不失沉稳，提按使转交待清楚。在大敌当前的战场上，能写出这样工稳的诗歌，能写出这样温文尔雅、不激不励的作品，足以看出李如松临危不惧、举重若轻的大将风度。

从以上两件作品看，李如松无论是书法还是诗歌创作都达到了一定的境界，绝非偶然为之，也非附庸风雅。他的诗歌朴实而豪放，直抒胸臆；他的书法端庄秀丽，文气十足。可惜他的书法和诗作流传下来的太少，所以难以评价他在明末书坛和诗坛的地位。但是窥一斑而知全貌，李如松的书法和诗歌放在当时的武将之中，绝数上品，放在文人圈里也是品位颇高的。这两件作品既是李如松书画、诗艺水平的见证，也是中韩友好关系的印证。

李如松对朝鲜友人赤诚相待，朝鲜友人也对李如松念念不忘。朝鲜李朝时期的正祖李算（1752~1800），清乾隆四十一年继位朝鲜国王，在位24年（1776~1800）。此人学识广博，多有著述，传世有《弘斋全书》。其中有8篇文献涉及李如松等人，分别是《提都李公祠堂记（戊申）》《提都李公如松定不祧之典，购第建祠日致祭文》《提都李公如松庙致祭文》《皇明总兵李如梅致祭文》《李提督如松孙源擢授兵阃教》《李提都祠堂侑祭文》《李提督后孙熙章唱第日除职教》《李提督生年月日》。在这8件文献史料中，涉及李如松的有5件，涉及李如梅、李源、李熙章的各一件。这些文献记载了李氏家族在辽东、朝鲜半岛的活动经历，是了解李氏家族与朝鲜关系的珍贵资料。

李如松在朝鲜期间，与朝鲜姑娘琴凤花结婚。李如松回国时，欲将琴氏带回府中，可琴氏留恋故土与亲人，不肯与之同行。李如松懂得这是人之常情，遂将自己的护身宝剑赠予琴氏夫人作为纪念，依依不舍地告别了怀有身孕的妻子。琴氏后来为其生了第三子（长子世忠，次子性忠，俱武氏所生），取名天忠，后易名天根，官至资政大夫、兵曹判书。

从文献上看，朝鲜不仅视李如松、李如梅为恩人、神人，对他们的子孙也恩宠有加。正如《皇明总兵李如梅致祭文》中所说："有孙东来，尚葆冠带。""尚葆冠带"即封官赏爵、世代永葆之意。

目前对李天根及其子孙的情况还知之甚少，但从《星州李氏大同谱》上得知，李氏后孙已经繁衍了十几代人，而大多数后孙至今仍然定居在韩国巨济岛地区。李源就是后孙之一。据《李提都祠堂侑祭文》中"召案勿伐，矧兹云孙。勖女思本，赐名曰源"的表述，他的名字为国王所赐。国王赐给李如松后孙名"源"，其含义在于勉励李源牢记根本，寻求源头，即记住祖先李如松的业绩功德，并在朝鲜发扬光大。

重新缔结明朝与
朝鲜友谊的
使臣

毕宝魁
辽宁大学

刘鸿训

刘鸿训

1565~1634

重新缔结明朝与朝鲜友谊的使臣

刘鸿训（1565~1634），字默承，号青岳，山东长山（今属山东淄博）人。明万历四十一年（1613年）进士，授翰林院庶吉士，不久升为编修。

明万历四十八年（1620年），神宗、光宗相继驾崩，丧乱之中皇长子朱由校继皇位，是为明熹宗。天启元年（1621年）春末，熹宗命刘鸿训为正使、杨道寅为副使，经由辽东出使朝鲜，颁泰昌、天启登基二诏。

大明王朝从景泰元年（1450年）到崇祯六年（1633年），多次派遣使团出使藩国李氏朝鲜，正副大使多数选拔学富五车而文思敏捷的文臣充当，到朝鲜后与朝鲜文士诗文唱和，你来我往，大有以文会友的味道。使命结束后第二年，这些作品便由朝鲜方面结集出版，称作《皇华集》，前面再冠以当年干支。明正德元年因唱和诗文太少无法结集而并入弘治六年（1493年）的《壬子皇华集》。这样，一共24次的唱和作品被集结为23部《皇华集》，这真是中国外交史上的盛事。

1621年明天启元年，岁当辛酉，这年出使朝鲜的正副大使分别是刘鸿训和杨道寅，朝鲜方面迎接的正副大使分别是李尔瞻和李庆全，这四个人都是学养深厚、才高八斗的文人，唱和诗文近五百篇。《辛酉皇华集》在所有《皇华集》中也数上乘，可惜的是第二年后金攻打明朝辽阳，辽东地区受到很大震动，加之后期又有其他原因，此书在朝鲜半岛荡然无存。

此后三百余年，朝鲜其他《皇华集》都保存完好，唯独此书不

1 刘鸿训
2 李庆全,所著《石楼遗稿》

传。而流传下来的其他记载,或因两国间微妙的政治关系,全力扭曲刘鸿训等人的形象,或因明朝内部激烈的宫廷斗争,而对刘鸿训此次行程极尽诋毁,尤其以"贪墨"的形象为著。

中韩建交以后,韩国一位文史学家——首尔大学的朴泰根先生在中国发现了在韩国失传300年的《辛酉皇华集》,他邀请辽宁大学外语系的学者对这部作品进行注释,这样我就对刘鸿训的此次行程有了更深的认识。

应当说,通过两国学者共同注释的《辛酉皇华集》一书,可以窥见当年明朝与朝鲜在变动中,依然坚守的情缘,以及随之开拓出的海上友谊之路。此书的出现具有独特的价值,对于研究当年朝鲜和明朝乃至女真后金的历史,都具有不可替代的文献价值。

《辛酉皇华集》背后的中韩情缘

斗转星移,缘起缘落。2012年春天,一个偶然的机会,使我邂逅《辛酉皇华集》,正是这个神奇的邂逅,使我对于华夏文化的博大精深有了深刻具体的印象，对于双方友谊有了具体而形象的认识。

应该指出，《辛酉皇华集》是在特殊背景下产生的明朝与朝鲜上层文人诗歌唱和的总集。其特殊背景包括三个方面。一是当时明朝和朝鲜王朝都处在多事之秋。万历后期，明朝内外交困，形势很紧张。关内政局混乱，风起云涌，关外女真势力不断强大，公开对抗朝廷。二是在1592年，日本悍然发动侵略朝鲜的战争，占领其绝大部分领土，朝鲜国王避难于义州，向明朝求援。明朝派守卫东北的总兵李如松率领宁关铁骑跨过鸭绿江援救朝鲜。李如松在平壤附近与日本军队大战，战况极其激烈，最后彻底打败日本，日本宣布投降，撤出朝鲜。朝鲜王朝对于明朝的援救之恩甚为感激，因而对刘鸿训等人便格外尊重。三是刘鸿训到达朝鲜后不久，辽阳被后金军队占领，回路阻绝，只好开辟海上通路。

《辛酉皇华集》共收作品490篇，其中诗歌479首，小文11篇。其成书过程以及主要人物，在该书的《序言》中写得很清楚：

天启元年夏，翰林院编修青岳刘先生、礼科都给事笋江杨先生，奉新皇帝之命，来宣泰昌若天启登极二诏敕。斯又旷世所未有之盛典也。伴送使李尔瞻回自西路，厘次《皇华集》一帙，以进我殿下，受言嘉之，惟远传是图，即令书局印之。命臣为之序。臣窃得以卒业焉。是集，即两先生所赋诗若文，也间亦窃附东方人唱酬之作。古者有采诗之官，国风取曹桧，周诗编鲁颂，今其述此意也耶。至如观于太学招诸生，赐书籍与纸，诸生献启以谢。是则前代《皇华集》之所无也，吁亦盛矣。

两先生或盛之玉堂，或立于殿陛，职亲禁地，官以谏名，居则赞皇猷，出则扬休命者，乃其职也。况其流风余韵足继前人者乎。今兹至于斯也，肃敬将礼，周旋中规，东人动色，快睹凤凰。

及其竣事而还也，衮衣不可见，甘棠不复憩。东人怅望，莫絷白驹。我殿下欲报皇恩，则昊天罔极，欲留使华，则宾不顾矣。其所殚心而致力者，只在广布《皇华集》，使两先生诗若文，出于游戏翰墨、形于咳唾霏屑者，长留于宇宙间，以为东人咏叹景慕之地，宜殿下若是其拳拳也。

臣窃念，两先生出疆之时，已有警入国。之后辽沈失守，道路不通。仙槎之返，不于鸭绿而于清川。龙节前导，海波安流，河伯冯夷，拥卫后先，越辽海抵登州，如履平地，以达天阍。庶不负孔圣"使于四方，不辱君命"之训是。岂但以发于性情而为治世之音，鸣大雅之盛而已者哉。将见敷奏明庭洞达边情，使威风震叠，疆场晏然。则两先生使乎之称愈益彰于天下后世矣。

在这篇朝鲜重臣柳根奉命撰写的序言中，追述了双方友好关系的渊源，扼要介绍了刘鸿训一行在朝鲜进行外交活动的经过，高度评价了他们为加深友好关系所做的杰出贡献，字里行间渗透着朝鲜半岛人民对中国人民的深厚感情以及对刘鸿训的崇敬之意，可以说是研究双方关系史的重要文献。

《辛酉皇华集》由朝鲜的国家书局精选良纸刊印，广为发行，一时间在朝鲜万人阅读、传颂。由此可以看出，刘鸿训不仅圆满地完成了自己的政治外交重任，还成功地扮演了文化使者的角色，扩大了双方之间的进一步文化交流。

刘鸿训使团的辽宁行踪

天启元年（1621年）春末，时任翰林院编修的刘鸿训临危受命，被"赐一品章服"。刘鸿训作为七品文官着一品朝服，以正使身份奉命出使朝鲜，而且，第一次出使朝鲜便担当起了重新构建朝鲜和明朝关系的重任。

《辛酉皇华集》记录了刘鸿训、杨道寅一行从接到圣旨从北京出发，一路颠簸经过山海关、兴城、北镇、辽阳、海城、鞍山等地后，

066　中韩关系史 辽宁篇

到达丹东，过鸭绿江到达朝鲜境内，受到热情款待的经过。

3 努尔哈赤
4 柳根

从北京出发，刘鸿训写的第一首诗是《辛酉二月奉使朝鲜出都》。内容如下：

晴云瑞日下丹书，
麟服新垂白玉琚。
为指开城宣正朔，
暂辞清禁向扶余。
双纶捧出天颜喜，
五月归来臣力渠。
惭愧终军同济里，
忍较奴气未全除。

这是作者奉命出使离开北京时作的第一首诗，抒发自己奉命出使的喜悦心情，歌颂皇帝的英明，表达要完成使命的信念，预测五月份将完成使命归来。刚刚出城就设想归来的日期，也委婉传达出作者留恋乡国的情怀。同时他以古代著名外交家终军为榜样自勉。

历史上，开城曾是朝鲜半岛上第一个统一国家高丽国王朝的首都。今日开城地处朝鲜半岛军事分界线西部的北侧，紧临停战村板门店，与韩国咫尺相望，是朝鲜著名旅游景点区。

刘鸿训等人到达丹东前，在一个叫小石门的地方偶然遇到朝鲜派往明朝的使臣，刘鸿训在《小石门逢朝鲜使臣》一诗中记录了这次邂逅。诗文如下：

春衫白斗笠，冲泥迎我车。
戚容婉致词，雅似汉襟裾。
雨中禁长跪，相视何容与。
云为先皇来，启口道勤渠。

刘鸿训 067

前行负岩侍，后载屏荒庐。
二子疑职官，敛衽独向余。
行行意已挚，礼节宁云疏。

刘鸿训在往中朝边境行进途中，在即将到达丹东的时候偶然遇到朝鲜派往北京去的使臣，对方非常恭谨，礼数周全。他通过交谈了解到，朝鲜使臣是到北京去吊唁两位过世的皇帝的。双方相互尊重，刘鸿训对于朝鲜使臣的礼仪周到恭谨表示欣赏，这也表现出他作为大国使臣的风度。

在渡江进入朝鲜境内后，刘鸿训写了《三月十日渡鸭绿江》一诗，记录了他当时的心情。诗文如下：

今日登舟问海涯，敢云星使到仙槎。
滔滔江水分三渡，落落堪舆自一家。
纹箪初平青雀舫，春风欲老白杨花。
谓看馆吏郊迎处，压岸旌旗尽彩霞。

这是刘鸿训渡鸭绿江时所写，作为朝廷正使，诗中充满了自豪感和使命感。通过最后两句的描写，可以看出当年朝鲜人民对于明朝使臣热烈欢迎的气氛，以及两国友谊的真诚与深厚。

两国友谊的重新缔结

当时，后金势力迅速增大，朝鲜和明朝的关系略显微妙。此次，刘鸿训一行出访朝鲜，朝鲜方面虽然依旧按照以往的礼仪接待，"大小事一依旧例"，但从《朝鲜迎接天使都监都厅仪轨》的记述来看，此次迎使中存在大量不实、减员、未备、不足、不理、不敬等措词，给人留下深刻印象。"接待不如前日"等话语，更自明使口中说出；而朝鲜的史书《朝鲜王朝实录》中也有关于明使"贪墨无比"的记载,从中可以看出当时中朝关系的不和谐。

这一方面反映出明朝外交地位的下降,另一方面也说明朝鲜朝野对刘鸿训使团是不信任、不欢迎的。但刘鸿训虽然官职卑微,却不失明朝使臣威仪,举止有措,雍容大度,"肃敬将礼,周旋中规",使"东人动色,快睹凤凰"。

根据《辛酉皇华集》记载,刘鸿训在朝鲜期间,曾到太学去参观,召见诸位太学生,赠给学生书籍和纸张,诸位太学生献启文表示感谢。这则记载是前代《皇华集》所没有的内容。

与此同时,刘鸿训等人"裁约享馈,章示规绳,是使卉服之,长冠带而问诗书,穷岛之人啁嘈而赞仁义"(刘鸿训《皇华集·附传》),以非凡的外交风度和出色的个人才华,取得了朝鲜朝野和各阶层人士的信任,使他们接受了明朝的抚慰,坚定了同明军联合抗击后金的决心。

这次迎使,朝鲜虽曾由于种种不周之处,触怒过明使,但是经过"凡天使所为之事,馆伴远接使以死周旋,弥缝矣"。终于,在两国友好人士的共同努力下,四月十二日,朝鲜举行了盛大的宣读圣旨仪式。

在刘鸿训的《开读纪事》中,记载了在朝鲜宣读国书时的隆重场面和盛大的欢迎仪式,既有戏剧般的叙事,更有史诗式的场面描写,颇有历史价值。通过这些珍贵的文字,可以想象当时的喜庆场面和人们那种高昂的精神面貌。

朝鲜负责接待明朝使团的远接使李尔瞻次韵刘鸿训的同题诗作同样具有极高的美学、史料价值。该诗在渲染整个仪式庄肃热烈的基础上,还重点歌颂了在这样隆重而有纪念意义的仪式上刘鸿训的风度和气质。其中有如下意思的诗句:两位大使如同宗庙的瑚琏,是治国之才;如同杞树和梓树,是建造大厦的栋梁。学问上能够探究奥秘颇有创见,文学上能够力挽狂澜而有华章。美好的声誉令我们这些官员倾

5 开城善竹桥
（两国使者经常居住于善竹桥两侧的旅馆中，刘鸿训一行也曾途经此桥。）

心敬佩，高雅的名望令三公等高官们心仪向往……

综上而言，刘鸿训与朝鲜相关使臣的共同努力，终于弥合了明朝与朝鲜的分歧，取得了朝鲜方面的信任，圆满完成外交使命。

影响东北亚的使路开拓

刘鸿训一行早在进入朝鲜境内、尚没到达汉城之时，就获悉辽阳陷落，陆上使路断绝，他们无法从陆上回国。于是，刘鸿训等致函朝鲜国王，敦促其建造船只，给他们从海道回去做准备。副使杨道寅在给朝鲜远接使李尔瞻函中说："烦足下驰启贵国王，迎诏宜速。我二使即兼程至王京，勾当此重事，而后图所以护送使臣，归报阙庭。"

洪武末年朝鲜使团改走陆路以后，明朝在绝大部分时间里推行海禁，允许通运的时间很短，如嘉靖后期为缓解多年不遇的饥荒，万历壬辰战争期间向朝鲜半岛运输军粮等原因，才临时允许通运。此次明朝使臣突然改走海路，无论对明朝还是对朝鲜，都存在着诸多困难。

朝鲜方面，光海君意识到这是重开海上使路的机遇。

此前海道已多年未行，航道尚不清楚，且明朝海禁甚严，何处被允许登陆，朝鲜也不清楚。此次有刘鸿训、杨道寅作伴，较易获取明朝政府的信任，故而是个非常重要的机会。光海君遂派崔应虚为谢恩正使、安璥为书状官；权尽己为陈慰使、柳汝恒为书状官，两批使行随同前往。

当年五月二十日，刘鸿训、杨道寅等从清川出发，一行共22条船，浩浩荡荡，向登州进发。回国途中，遇到了大量在战争中逃难的中国军民，刘鸿训不顾随员的劝阻，"沿途收难民"，致使"舳重而坏"，六月初四夜，他们在旅顺口遇到灾难，明朝使者所乘的船只全部沉没。在陪同的朝鲜使者所著的《驾海朝天录》中，对此次海难有更为细致的描写："诸船皆泊于此，夜半狂风大作，雨注浪急，浦口甚狭，船皆相击，尽为沉败，人死者甚多。刘使（刘鸿训）漂水，仅赖

水汉之拯,赤脱登岸,泥涂满身。"

值得注意的是,《满文老档》也记载了这次海难,可见当时的后金国对此次行程的高度关注。"六月初七,听到尼堪(当时后金人对汉族人的称呼)的翰林院给事中的官员们送去赏给朝鲜王的衣服,朝鲜的二总兵官和一侍郎送行,乘二十二艘刀船,在海中行驶,不得顺风,到金州这边岛上来。爱塔率三十人去时,官员们有乘独木船的时间,所以没被逮住,俘获没有来得及乘船的朝鲜人五十二人,尼堪九十人……"(大意)爱塔名为刘兴祚,时为后金努尔哈赤的爱将,为后金镇守金州,此次闻风而动,完全有俘获刘鸿训的可能。

刘鸿训事后写过一首诗,述说他遭遇旅顺口船覆的痛苦感受:"病以丙而生,乃自沃焦起。楼船海外来,一活先九死……"最终,刘鸿训在小船上漂泊了三天三夜,最后到达了山东登州海岸。脱险后他马上修书给光海君说,"行到旅顺地方遇异风,不肖训犹幸不死,自候

天意，非关水手不用力……贵国种种佳意（指朝鲜回赠的物品），十九付洪波，而明德中戢，终不可谖也。"解释此次海难绝非水手不用力，同时解释所赠物品付诸东流。

史料多载刘鸿训的贪婪，但从上述记载可以看出事实并非如此。刘鸿训是一个以民为本的官员，如果当初他不接收难民，就有可能顺利到达明朝海域，不会有被后金军队擒获的危险，也不至于使得朝鲜国王所赠送的物品几乎都沉没入海。而他在刚刚脱险之际，首先想到的是国家的利益，想到的是维护明朝和朝鲜的友好关系，这不可能是一个贪墨者所能做到的。

此次航行虽经历艰险与波折，最终胜利地完成了使命。据《朝鲜王朝实录》记载，刘鸿训于天启元年（1621年）"六月十六日登州到泊"，而其他朝鲜使臣一行于六月十九日到达登州。二十一日，登州兵巡道衙门令人持标示于朝鲜使臣舟中，前来查禁，称外国人驾海来,一切禁断,犯则以贼论。其间,朝鲜方面的呈文打动了前来查禁的官员,加上刘鸿训、杨道寅两使的证明,明官员即开门引入,加以礼遇。几日后,刘鸿训一行从登州前往北京,完成使行任务。

刘鸿训在国家危难之际冒着生命危险出使朝鲜,为海上丝绸之路古航道的开通做出了自己的贡献,成就了中国与朝鲜半岛关系史上的一段佳话。明廷于当年八月"改朝鲜贡道,自海至登州,直达京师"。

也就是说,从刘鸿训这次回国开始,明廷决定"改朝鲜贡道","自海至登州,直达京师"的古航道,再次成了双方官方联系的通道。

流传至今的友谊情缘

朝鲜收有各种《皇华集》23册,其中记录了与明朝交往的184年间的24次外交活动,但是唯独漏掉了记录天启元年刘鸿训出使朝鲜的外交活动的《辛酉皇华集》。

《皇华集》由朝鲜编印,中国国内存留很少,所以在中国也就很难看到这方面的完整资料。这除了上述所说的兵火之外,还可能与当时朝鲜国王李珲的历史地位有关系。刘鸿训回国后的天启三年(1623年)四月,朝鲜"国人废珲而立其侄绫阳君倧以昭敬王妃之命权国事"。实际上,李珲掌权之初就未得到王族和主要王公大臣的同意,被推翻之后,更不作为国王载入史册。而中国方面,刘鸿训归国后,因母亲去世而归家守丧,因此由副使杨道寅返京复命。后来,刘鸿训曾经出任礼部尚书、东阁大学士,官至内阁首辅。后在复杂的政治斗争中遭受贬谪,卒于戍所,享年69岁。因此,这部《辛酉皇华集》在国内也不见诸史料。

中韩建交之后,韩国文史学家、首尔大学的朴泰根先生在中国发现了在韩国失传的《辛酉皇华集》。他如获至宝,一心要把此书翻译注释出来,但感觉功力不足,便辗转寻找中国学者合作。于是,中韩

7 《光海君日记》中有许多刘鸿训"贪墨"等记录,但是与《辛酉皇华集》等史料对照,会发现或许会有夸大的成分
8 刘鸿训编著的《玉海纂》记载了这次海难
9 自古以来,旅顺一带海域便多有龙卷风等海难发生。图为朝鲜燕行使所绘,一支船队在旅顺附近遭遇龙卷风的场景

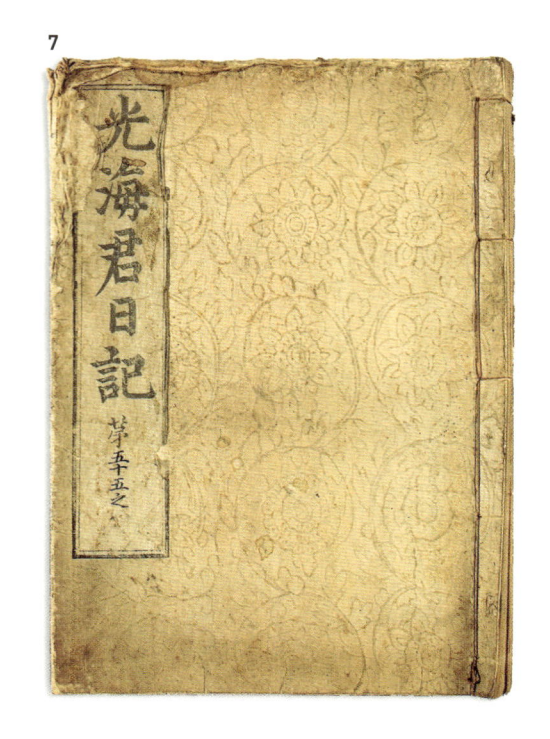

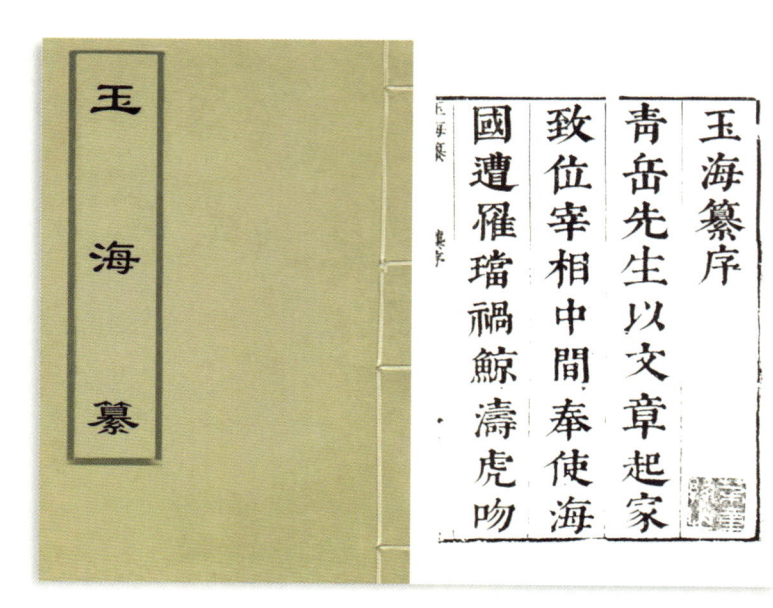

自鹿島西南距石城島玉百里　自石城南距長山島三百里　自長山島西距廣鹿島二百里　自廣鹿島西距三山島

两国的4位学者（包括我在内）开始了翻译整理工作。

此书在中国也仅有两种版本传世，学者很难看到。当时，朴泰根先生跟我约定，由我负责对全部《辛酉皇华集》的翻译、注释和评析，待完稿后他负责出版，并准备同时出版中文和韩文两种版本。

天不遂人愿，两年前我忽然接到信息，朴泰根先生病逝，他撰写的五万余文字以及其中涉及朝鲜地名和人名的全部注释都不知散轶何处，而出版则更渺茫无期。

但不管怎么说，这部因为种种原因没有付梓的《<辛酉皇华集>释译注释》一书背后，凝聚着中韩两国数位有责任感的学者之共同心血，它注释了一段被误解的两国友好过往，是双方世代友好的一个绝佳见证。

"万泉居士"与朝鲜使者的
笔谈佳话

张杰
辽宁大学

张又龄

张又龄

生卒年月不详

"万泉居士"与朝鲜使者的笔谈佳话

在与清朝的交往中，朝鲜王朝极其重视文化交流，燕行使（前往中国的朝鲜使者）自然承担了文化互动的使命。特别是18世纪后期，朝鲜北学派学者担任燕行使时，力图通过清朝学者深入地接受中华文化，促进朝鲜王朝的文明进步。他们将在中国旅途中的见闻，详细地写到日记中。这些日记中的内容，如今已成为中韩两国研究当时历史和两国友好交流史的重要资料。

当时的沈阳城尊为盛京，既是清朝发源之地，又是清朝入主中原后的留都，也是朝鲜王朝使者必经的重要城市，彼时盛京给朝鲜使者留下了深刻的印象。

对盛京繁华热闹的场景描绘，在朝鲜使者日记中俯拾皆是。朴趾源曾称辽阳"繁华富丽十倍凤城"，来到盛京，又深感"民物之繁华，市肆之侈盛，十倍辽阳矣！"此外，蔡济恭的《盛京行》有云："别起牌楼十字街，列肆济济分西东。高揭标号金作榜，锦绣珠玉堆玲珑。天覆地载生万货，光怪昼夜霏彩虹。"洪奭周有诗云："越帛荆金满眼繁，蹄轮竟日市声喧。"徐长辅有诗云："市珍山积联金榜，殿瓦云飞屹玉栏。"金允植《盛京》诗云："储胥风云护旧畿，万家金碧映朝辉。"

在朝鲜使者中，有很多是当时朝鲜王朝的知名文人，除了关心清朝的时政变迁外，结交中国文人也是他们的一大喜好。

乾隆四十八年（1783年），乾隆皇帝东巡祭祀祖陵，朝鲜王朝派出以左议政李福源为首的"圣节及沈阳问安"使团，前往沈阳接驾。

1 盛京宫阙图

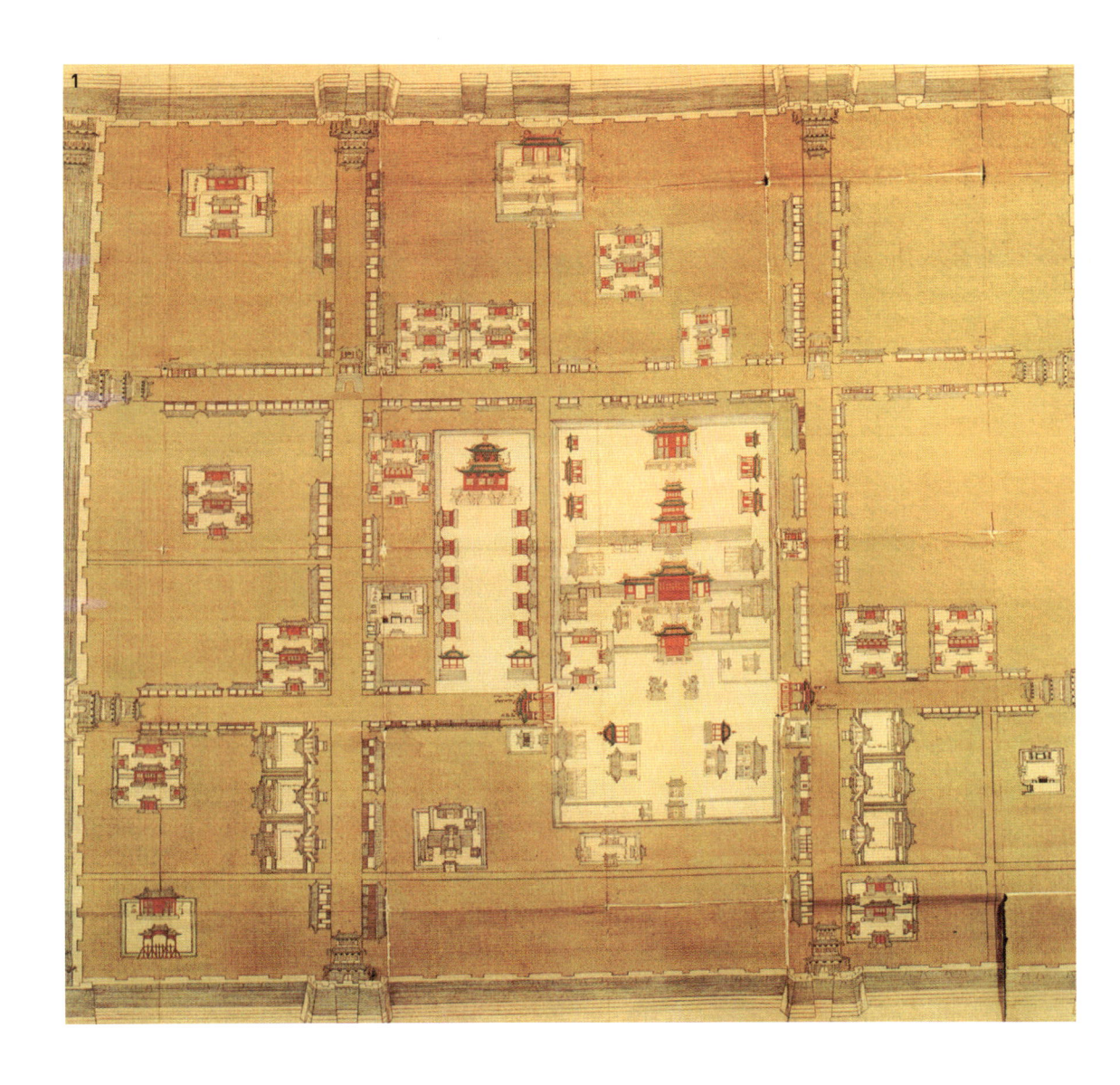

李晚秀（字成仲）是朝鲜使团正使李福源的次子，考取了进士尚未补官，以李福源随员的身份前往沈阳。同行的李田秀（字君稷）则是李福源的侄子。就在这一次中国之行中，朝鲜文人李晚秀、李田秀与沈阳"万泉居士"张裕昆（本名张又龄，字裕昆，号万泉居士）结为莫逆之交，通过笔谈进行了一番番深度交流。

据考证，在现存所有清代官书与东北地方文献中，都无法找到张裕昆这个名字。如果没有李晚秀、李田秀与之结交，并写下《入沈记》这部书存世，我们怎么也不会相信，乾隆晚期的盛京城中还有这样一位奇才。下面是朝鲜人李晚秀在《裕昆真赞并序》中写的一段文字：

余观万泉翁三十岁写真，韶颜英风，蔼然芳华，方其品题图书，分列花石也，必有词朋墨徒、高释道流为之左右，如兰亭之群贤、竹溪之六逸也。又若梧桐月上、芰荷风来，鹤避烟而鱼吞墨也，必有玄谈穷道德之妙，佳句得风雅之余者矣。乃不使东海李成仲置身其间，而见翁于二十七年之后，入其门，寒花老柳，不耐风雨，床头数部书，一任尘埃。平生旧要，如潘清远苦吟死，何宁一作吏山东，宣作谋局促人。宾馆皓颠索居，世无复知万泉翁者。

文中将30岁的张裕昆赞美为"兰亭"群贤中的王羲之,"竹林"七贤中的阮籍。

张裕昆祖先在清初时编入汉军旗。因父亲早逝,张裕昆为维持家庭生活,弃学从商。从李晚秀的上述文字可知,张裕昆在30岁时已经过上了"品题图书,分列花石"的富裕生活。由于张裕昆一没有科举功名,二没有出仕做官,三没有留下著述,以至于朝鲜李氏兄弟与他相见,都颇费周折。

2 《盛京缅圣图》局部,盛京四平街繁华的景象
3 《盛京缅圣图》局部,朝鲜使臣拜谒场景

访名士诚心可鉴

乾隆四十八年(1783年)七月三十日,朝鲜使团正使李福源率领全团248人到达距离盛京城约60里的十里河堡住宿。使团住地前面有一座关帝庙,李田秀"闻有过往官人来歇,故陪仲兄往见"。这位过路的清朝官员姓史,九品官,李田秀在与他交谈中注意到其手中扇面上有一幅风景画,"临水为阁,阁外作小桥、长江、远山,微茫可爱"。画旁边还有一首七绝题画诗,其诗曰:

朝来空翠湿云根,幽径无人破藓痕。
缚个茅亭通水阁,满山红叶未全髡。

诗后面的落款是"慕庵五兄出九佛山作画云云,古艻弟查桐书"。

李田秀通过笔谈方式,得知"古艻是号,查桐是姓名,而查大受之后,亦在沈阳,慕庵是山东人云"。在李田秀看来,查桐所写的这首诗,内容与书法都很雅致不说,且最后结尾"未全髡"三字,尤其深有寓意,很可能是暗中反对清朝的剃发政策,遂与他的兄长李晚秀约定:"入沈日,首访此人焉。"但经过几日的探寻,兄弟二人了解到查桐在辽阳做官,不能来沈阳接驾,也无法与他们见面了,兄弟二人倍感失望。

八月二十一日，李田秀又有了新线索。有位从海城来的单姓生员，来朝鲜使团住地给李田秀带来一册书，名为《梅轩遗草》（又作《潘梅轩诗集》），说是一位已故的盛京人的作品。李田秀翻开此书，发现作者名叫潘松竹，字清远，号梅轩，年仅30岁便去世了，故其书被称作"遗草"。书中有诗稿百余首，词句清雅可爱，书的卷首有宣作谋、何广生两人写的序文，卷尾还有张又龄、周锦、陈昆、郭瑾四人的跋语。从序文和跋语中可知陈昆、郭瑾是山海关人，余下四人皆自称盛京人。李田秀进一步向单姓生员了解这卷尾四人的具体情况，得知张又龄字裕昆，不知其家，只知道周锦家的住址。李田秀和单姓生员约定，第二天一起去拜访周锦。

八月二十二日下午，李田秀如约与单姓生员前往周锦家。周家住在地载门外，主人周锦自屋内出迎，与来客相揖而坐后，问客人为何来访。李田秀答说："偶会单生，得见《梅轩遗草》，下有先生之跋文，故爱其文章，特来寻访。"随后，李田秀请求用纸砚作笔谈，然而对他所提出的问题，周锦的回答十分勉强。李田秀问周锦是否见过张裕昆，回答说他没有去过张裕昆家，但知道张家的大概位置，并告诉了两兄弟。

"万泉居士"大隐隐于市

八月二十三日早饭后，李田秀根据前一天周锦提供的线索，与兄长李晚秀从使团住处西上北转，在一个小胡同的路左找到广发号当铺。当铺的人告诉他们："出铺门东行数武小桥边黄土墙，墙内数十株绿杨，门向南开的便是。张先生为营生业，常常往来小东门内北街，上长春号铺里，今日敢是不在家。"由此可知，张裕昆的身份是一个商人，所以周锦才告诉李田秀，去当铺就能打听到他家。

按照当铺主人的指点，李氏兄弟顺利找到张家，其家："门临万泉

4 朝鲜使者
5 沈阳地载门瓮城券门

张又龄 083

河，十数间屋子，仅蔽风雨，可知寒士生涯。"这段文字说明张裕昆家的房子非常普通。院中有一老妇人，对来客说主人不在家。李田秀请她取来纸笔，给主人留一个拜帖，以便再次前来。老妇人进入屋内去取纸笔，却没有马上出来。过了一会儿，只见一位"颁（斑）白颜发，中人身材，颇有林下气"的男子走了出来，这是张裕昆留给李田秀的第一印象，似乎很平常。

张裕昆时年57岁，看来平常不愿见陌生人，所以老妇人对朝鲜客人说了谎。因为李田秀要留拜帖，张裕昆为其诚意所感动，才出来相见。李氏兄弟被请入内室左边的房间，"四壁下放古今书籍，多是书铺所未见者。几硕茶香，净洒可喜"。整个房间里面到处是书卷气息，李田秀对张裕昆的印象开始转好。

主、客落座寒暄数语后，李氏兄弟以"不娴汉语"为由，请张裕昆拿出纸、砚，双方开始笔谈。李晚秀书曰："仆等东海鄙人也，初入大邦，愿一与沈中名士会面……昨者，有人袖示《潘梅轩诗集》，卷中有先生跋文，真好文章，读其文，不能不慕其人，今日特来相访。"这段文字既表明了来意，同时也解释了来拜访张裕昆的原因。

张裕昆看后，连连拱手，以示不敢当，并且提笔写道："仆系布衣，并非名士。"李田秀见张裕昆一再谦称自己是"布衣"百姓、经商"市人"，又少年废学，未能读书应考获取科举功名。而他兄长为进士，自己是秀才，且出身书香世家，不由得怀疑张裕昆的学识，便开始进行试探。

他先写下"徐乾学"，然后问张裕昆这是何人？张裕昆便在徐乾学三字下面写"健庵"二字，作为回答，即徐乾学，字健庵。李田秀又写"朱竹垞"，张裕昆在其下书"彝尊"，即朱彝尊字竹垞。李田秀再写"顾宁人"，张裕昆此次多写了几个字："炎武，学问最博。"顾炎武字宁人，为清初最著名的学者。几番笔谈对答，李田秀渐有敬意。

张裕昆已经看出朝鲜客人在考查他的学识，便主动发问："贵国有闺秀许素樊，八九岁能咏诗，果然否？"李晚秀在"素"字之旁写

6 20世纪初店铺琳琅满目的沈阳中街
7 万泉河畔

一"景"字，说道："乃是景字之讹，而何以知其人也？"张裕昆答称："鄙所藏此文集矣。"

而就这一问，足以让李氏兄弟知道，张裕昆绝非等闲之辈。试想一下，当时中国号称是"大中华"，朝鲜自认是"小中华"，以学习中国为文化潮流。商人出身的张裕昆知道朝鲜有一个八九岁能咏诗的女诗人，而且家中藏有朝鲜文集，恐怕一般的进士也达不到他的饱学程度。所以李氏兄弟不再发问文坛常识，双方进入真正意义上的文化交流。

李氏兄弟眼界初开

李田秀看见张裕昆的书案上有朱彝尊编的《明诗综》，取过来浏览时发现书中收录的"朝鲜诗"中，有其七代祖李廷龟所作的五律诗，并在李廷龟的名字之下注有"号栗谷"，便将此事告诉李晚秀。李晚秀马上用笔写下："此是仆之七代祖，号曰'月沙'，而此卷误书'栗谷'。栗谷亦吾东大贤，姓李名珥，似因姓相同，错认人录矣。"张裕昆看到后，便在书中李廷龟的名字下面，注上"月沙"二字，随后问道："尊先祖与栗谷姓同，籍亦同否？"李田秀书答曰："非也。仆之祖先，本是中国人。始祖唐中郎将，从苏定芳平百济，封延安伯，子孙仍籍焉。"张裕昆忙写下"可谓世奕公卿""仙

李蟠根大"两句话，对客人与中国李氏的关系大加赞扬。因为李渊建立唐朝，其子李世民又是中国历史上的著名英君，所以民间有"仙李蟠根大"之说。张裕昆又书问："贵国王是铁岭人么？"李田秀书答曰："我们主上本籍是完山，兴王于咸兴，铁岭是咸兴近地，似是错认矣。"

张裕昆问他们两人居何官职？李晚秀回答说自己是进士，兄弟李田秀是秀才。张裕昆于是说朝鲜的科举制度强于清朝："贵邦则闻以论策取士，必有古意之余存。而此中人泪没于八股中，更无可观，浩叹浩叹。"他又拿笔写道：

现今官途甚难，学人出任，等三十年，犹难作州县官。词林出身虽清高，非家道殷富培植不可。某退居林下，教子务本业，亦足自娱，何必慕名士之虚名，而不能副其实也。

这段文字非常有用，实际上是张裕昆巧妙地对李氏兄弟解释了自己不参加科举考试的原因。清代科举考试八股文，有固定的格式要求，很难体现应考者的真才实学，故张裕昆不屑为之。此外，即使侥幸中举的士人也很难出仕做官，他说等三十年还做不成州县官，的确是当时的真实情况。"词林出身"指中进士后做翰林院庶吉士、侍读、编修等文职官员，这些人收入微薄，甚至难以养家糊口，只有家中有钱之人才能耐心地等待升迁。所以，张裕昆选择了经商教子，过着隐士的生活。

8 张裕昆与李氏兄弟交流场面（现代画家郭德福绘制）

话说至此，李田秀顺势向张裕昆提出："先生必有诗文华稿，请一玩。"张裕昆答称多年笔砚荒疏，没有留下存稿，何况即使有也不敢呈览，以免贻笑大方。李田秀一再劝他不必过谦，诗与文虽见只言片语，足知全鼎，千万出示，以见厚意。张裕昆诚恳地表示：如有存稿，正好奉请斧削，实在是未有。李田秀仍然不肯放弃，郑重地用笔写道："倾盖如故，政谓今日，盛稿如委实无，则愿得一首琼琚，以警俗眼。"表示他能得到一首诗也很满足。张裕昆答称："少年虽学步邯郸，今已忘其故步。"随后，他写下"吾妻见"三字，问李田秀是否见过此书？李田秀笔答："这是日本国史书，只知其名，未见其书。"张裕昆说他本人也没有见过这本书，只是见尤展成（即清初文学家尤侗）先生咏外国诗中，引用过此书。

当李氏兄弟向张裕昆告别时，双方都为能够再次会面做了必要的铺垫。张裕昆向客人提出："贵邦有书画名笔，亦小幅一二纸，未知允否？"李田秀回答："仆等并无带来者，归问同行诸人，有即呈览。"他反过来向张裕昆借王士禛的《香祖笔记》带回去看，张裕昆不仅爽快答应，还主动把《梅轩遗草》也借给他，并且写道："此集尚多讹误未校正处，幸以大笔，随览赐斤。"李田秀并没有推辞，而是高兴地接受下来。双方最后约定：以后张裕昆如果有时间，请到朝鲜使团住地相会；张裕昆如果不在家，则请朝鲜客人到后边广发号当铺，或到城里长裕号、长春号店铺找他相叙。

9、张裕昆的书法作品

为人谋而不忠乎 乃难也 此转辗异难 此中他甚小遇合皇上首鬻存于至洞耶七日谋徒开华似文馈我赞仪敬分上君右伏冀此存 此非不义之物故敢斗胆分惠此偷一夕之暇知先行士去毋见郤为祷 明日早晨约诸公同过舍一叙 此讧

公兄业长先生

甲子春 书

从张家出来后，李田秀在当天的日记中写道：

数十日东寻西找，终未见一人。此子虽未见大可意，亦自肮脏。略少城市态，谈说亦频频可喜，即其室中图书，足令人开眼。是日与仲兄相顾怡然。

李田秀说张裕昆的学识"令人开眼"，只说对了一半，至于"未见大可意"则完全错了。在以后的频繁交往中他才知道，商人张裕昆的学问，远远超过那些有举人、进士头衔的所谓名士。

由笔谈进入神交

据张裕昆自述，由于家里无人照顾生意，不能出外远游，他一生基本上都待在盛京城中，不仅没有去过江南，没去过北京城，甚至连千山（长白山支脉，位于辽宁鞍山境内）都没有去过。他所受的教育主要是由私学所授，老师是旗人，姓英，而英老师的学问，则得之"林四老"。"林四老"名林本裕，是康熙、雍正时期盛京城内著名的文人，《辽载前集》一书的作者。故张裕昆可以被视为林本裕的再传弟子。

八月二十六日，李田秀计划去拜访张裕昆，然而，老天不作美，未等出门已经下起雨来。正当他闷在房中心情烦躁之时，忽然听说张裕昆前来看望，将其迎入屋内，略作寒暄后，仍用笔谈。李田秀先用"忽蒙光顾，何等欣荷"八字表达自己的喜悦心情，接着问张裕昆是否认识小东门外刘克柔教官，其人文章写得如何？张裕昆答说：见过此人，刘的家中收藏一些书籍，但是不知道文笔如何。李田秀笔问："方今天下，谁为第一文章？"张裕昆笔答："愚困守家庭，实不知谁为第一，不敢妄答。"李田秀进一步笔问："天朝以朱彝尊为文宗，果然否，毛西河淹博不减古之学者，而所论多与宋儒相反，今之君子以为何如耶？"

因为朱彝尊和毛奇龄去世不久，故张裕昆笔答曰：

"国初作者，咸推魏叔子（禧）、侯方域（朝宗）、施愚山（润章）、王渔洋（士祯）、汪钝翁（琬），竹坨者著作虽多，实不逮此数公。毛西河好诋朱子，平生第一病痛。"

在张裕昆看来，朱彝尊著作虽然很多，而文笔不如魏禧、侯朝宗、施润章、王士祯和汪琬诸人。毛奇龄知识渊博，而生平喜好攻击宋朝儒学大师朱熹，因此影响了个人的声誉。张裕昆又补充写下："魏、侯两人文集现在犯禁，故不传。"

魏禧和侯朝宗两人参加过抗清斗争，思想上不承认清朝的统治，并在其作品中有所表现。乾隆帝借编纂《四库全书》之机，大兴文字狱，在全国范围内收缴销毁有反清思想的书籍，所以张裕昆说"两人文集现在犯禁"。

乾隆时期，随着清朝考据学的兴起，官方推崇的程朱理学受到学者的冷落。李田秀作为朝鲜学者，敏锐地察觉到了这个问题。所以他向张裕民提出疑问："我东则专尚朱学，而近见本朝文集，或有讥訾之论，未知中国学者多用陆氏否？"得到张裕昆"尊朱不尊陆"五字作答，大体上是正确的。李田秀又笔问："近日西学大行，先生曾亦讲此否？"张裕昆书答："耶稣天主教耶，未见全书，而讲道理与《中庸》《大学》有同处。"由此可见，张裕昆也读过天主教的书籍，认为宣传的道理与儒家书籍有相同之处。

当日李田秀在日记中再次写下感受：此日所与讨论者，不过膜外说话，不足尽其所有，而即其数转语也，觉透露面目，显有暮年穷庐俯仰感慨之意。古今书籍亦可知涉猎颇广，谁谓沈中无人士也。

九月初三日，李氏兄弟再次拜访张裕昆。由于近来双方互访多次，彼此已经十分熟悉，所以李田秀把话题由古人诗赋转向询问清朝的具体情况。

乾隆中期，清朝统一天山南北地区，设立伊犁将军统辖，号称

10 《四库全书》

"开疆展土二万余里"。李田秀表示不相信这种说法:"开疆若至二万之远,则西域诸国当尽入内服,恐是传闻之过也。"张裕昆肯定地回答道:"此系实事,并非传闻。建立安西府,新设州县甚多,有《王会图》可考。"乾隆三十八年(1773年)起,清朝开始在天山北路巴里坤设镇西府,在乌鲁木齐设迪化直隶州,其他地方分别设阜康、昌吉、绥来、宜禾、奇台等县。这些民治机构新设立不久,朝鲜人并不知情,但僻居东北的商人张裕昆对万里之外的机构设置十分清楚,既对朝鲜客人宣传了清朝的强大,又展现了他丰富的地理知识。

双方谈兴正浓,眼看到了吃饭时间,张裕昆"设小酌以待"李氏兄弟。张裕昆多喝了几杯,变得更加健谈。李田秀见张裕昆情绪兴奋,趁势提出:"弊邦僻陋,文籍鲜少,贵案上《经义考》及《楞严经》若蒙见惠,当以土宜数种为回礼。相契颇厚,冒羞奉浼,可许之否?"张裕昆当即痛快答应下来。

顺利得到《经义考》和《楞严经》两书,李田秀还不满足,又向张裕昆请教书中的问题。他提笔发问:"'首楞'是何义?"张裕昆答:"佛三十二相,不见首相,不过最上义。"李田秀又书问:"乞食是何道理?"张裕昆十分幽默地写道:"佛书檀施系一义,无所不施也。二先生要此数部书,仆独不施乎?"说到这里,三个人大笑起来,愉快地结束了这次会面。

九月十一日,朝鲜使团正使李福源旧患眼疾复发,经使团医生针灸后不见好转。李氏兄弟听说通州所产眼药有奇效，让使团译官于城中到处购买，却一无所得。情急之下，李田秀去见张裕昆，请他务必帮忙。晚饭后，张裕昆便带来通州眼药，是真品不说，而且还抄录了"洗眼方以示，意甚辛勤，良可感也"。

李田秀再三表示谢意之后，问起了张裕昆的家世。张裕昆书答曰："先明为山东登州籍，明末，随耿藩来沈，拨置内务府汉军，代以耕读为业……先严谢世甚早，余孤，幼失学，且因家贫，不得已握筹营产，以为糊口计，如今幸有薄产，始逃宿孽。"从这段文字可知，张裕昆父亲早逝，幼年失学，长大后承担起养家重任，是一个成功的商人，他的知识主要是在经商之余自学的。

李氏兄弟由此更加佩服张裕昆的学识，李晚秀说："先生于佛书、医理、诸子百家，无所不通，又能深究数学，真通才也。子平之法，亦必讲到，试观贱命如何？"张裕昆听后，遂即写出"四柱曰：丁未岁、辛亥月、癸卯日、壬戌时"。李氏兄弟见了"不觉绝倒"。

赏画"终识"画中人

商人出身的张裕昆，把他对文化的热爱倾注到书画的收藏之中，他用经商赚取的财富，购买了许多古代著名书画家的作品真迹，成为当时盛京城中罕有的收藏家。

八月二十七日，李氏兄弟第二次回访张家，当李田秀询问张裕昆家中"有何佳品笔帖"时，张裕昆出示了部分书法收藏珍品：淳化帖右军父子卷，玄秘塔，董其昌临黄庭经、松雪帖，皆非常品，玄秘、黄庭尤佳。

"玄秘塔"即《玄秘塔碑》，是唐朝著名书法家柳公权的作品。柳公权（778~865），与颜真卿并称"颜柳"。他所书写的《玄秘塔碑》是《大达法师玄秘塔铭》的简称，唐会昌二年（842年）立碑，裴休撰文，内容主要是宣扬佛教，以及描述大达法师端甫受到当时统治者的宠遇。柳公权的书法遒劲有骨力，受到历代书法家的推崇。

11 《玄秘塔碑》碑帖

鉴赏了张裕昆收藏的这些书法绝品后，李晚秀艳羡不已，提笔写下：

"玄秘塔"难得佳品，而此帖不失颜公面目；董太史（即董其昌）笔来东者亦不少，而赝本甚多，此帖独得晋人笔髓，尽难得矣。

《玄秘塔碑》碑帖是唐代书法家柳公权的作品，而李晚秀误认为是颜真卿之作，张裕昆不想让客人有自卑感，并未纠正，而是转移话题，书问："贵邦时尚何人笔法？"李田秀书答："敝邦有士人李匡师，笔法号数百年来罕有，年八十，犹临钟、王，可惜今也亡了。"

九月初八日，李氏兄弟与朝鲜使团官员柳景明同去张裕昆家做客。因为柳景明是朝鲜使团中的书法家，张裕昆通过李田秀得其书法作品，所以邀请他前来做客。张裕昆将他们迎入屋内，他们发现张裕昆做了精心准备："东、西壁挂着数幅名人字画，南壁揭今皇帝御笔。几砚炉碗，列觉净酒。"在张裕昆的书案上头，还摆着一座古色香炉，上有明朝宣德年间的款识。仅就名人字画、乾隆御笔、宣德香炉，足显张裕昆收藏之富。

柳景明已经从李氏兄弟处得知，张裕昆家中藏有不少书法珍品，"请见米元章、沈石田、赵松雪、仇十洲书"。然而，这一次张裕昆却回答说："惟有沈画，赵则最多赝本矣。"

12

张裕昆拿出沈石田的两轴画来，一轴是"淡墨山水图"，另一轴是"锦荵图"，供朝鲜客人欣赏把玩。对于那幅淡墨山水图，李氏兄弟和柳景明一致认为这是沈石田的真迹，而且是他绘画中的佳品。对沈石田的锦荵图则意见不一，张裕昆认为有可能是赝本，李田秀则表示即使不是沈石田的原作，也出自名家临摹，绝非"俗笔锦荵"。

12 郭德福绘，《张又龄画像》

品评完沈石田的两轴画后，张裕昆又出示了戴梓的《樵夫问经图》。戴梓（1649~1726），是清代享有盛名的武器制造专家，其制造的火炮"威远将军"曾随康熙帝"亲征噶尔丹，用以破敌。"康熙三十年（1691年），戴梓受到宫中侍卫和西洋人合谋陷害，被流放到关外，靠卖画谋生。由于戴梓的流人身份，李氏兄弟是从张裕昆那里才听说他的名字，故李田秀仅留下"戴是自行车主人，笔法似是北宗矣"的印象。

张裕昆见客人对戴梓的画作反响不很热烈，又向他们展示一轴傅雯的《渔翁图》，这是一幅罕见的"指头画作"，"笔势苍然，极有古意"。三位朝鲜客人见到这幅珍品，惊喜交集，全部目光都凝视在画面上：

一渔翁披破布衣、穿麻鞋，右手持贯鱼，左手荷钓竿，须眉欲动，依然有山泽气味。上书"闾山傅雯写意"。

张裕昆最后展示给客人的是一幅横轴：

中有一人，年可三十许，眉宇清秀，荫碧梧，手持一卷书而坐，前有太湖石一坐，杂花数朵，又其前朱栏俯池，荷花盛开，小鱼绕行，荷间一童方洗砚池水，坐后一童吹火煮茗，有鹤拳一足，回顾刷毛，其人颜貌依稀可认。

三位客人欣赏这幅画的时候，越看越觉得画中的主人颜容体貌似曾相识，却想不起来在哪里见过此人。他们把这个疑问提出来后，引得主人大笑起来："此仆之三十岁行乐图也。"客人也随之笑了起来，原来画中人就是张裕昆本人。

客人欣赏品评之后，张裕昆请求李氏兄弟："数轴画中，二公就一佳本题诗文，俾燕石增价，如何？"李晚秀当场表示：他特别愿意为张裕昆的"行乐图"题写诗文，用以抒发他们之间的友情，也就是本节最前面提到的那篇《裕昆真赞并序》。李晚秀题写的这篇诗文，使两百多年后的沈阳人，能够想象当年"万泉居士"的风采。

朝鲜文人李晚秀、李田秀与沈阳"万泉居士"张裕昆情意相投，心灵互契，在很短的一段时间内，即突破了国籍、身份、语言等交流中的障碍，彼此莫逆于心，视对方为知己、知音，互访达到19次之多，创造了两国文人交往的纪录，留下了一段友好交流的佳话。

第二章

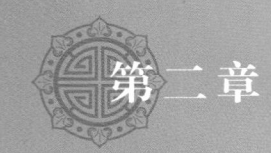

从辽宁到首尔

从文化角度看韩国与辽宁的因缘

从 首 尔 到 辽 宁

蕴含在传承中的因缘
燕行录中的辽宁和朝鲜

图片传递的因缘
《奉使图》中的两国友谊之路

蕴含在传承中的因缘

张日圭
东国大学

燕行录中的辽宁和朝鲜

记载朝鲜和辽宁的燕行录

和过去很多王朝一样,朝鲜在建国后,一直向中国派遣使臣。朝鲜将派往明朝的使臣称为朝天使,派往清朝的使臣称为燕行使。朝鲜使臣把在中国的所见所闻记录了下来,朝天使主要编写了纪行诗,燕行使主要编写了纪行文。燕行使撰写的纪行文被称为"燕行录"和"燕行日记"。

朝鲜使团每年大概访问中国三次,一共访问了1800次。1374年,朝鲜使臣开始走陆路,他们越过鸭绿江到达北京后,再沿着运河抵达南京。从1619年,后金的努尔哈赤占领辽阳后,到1637年,朝鲜使团改走海路,把从辽东半岛经过庙岛群岛到山东半岛的海路当做使团路线。明朝灭亡后,从1644年开始,朝鲜使团再次恢复了越过鸭绿江抵达燕京的陆路。朝鲜使臣往返陆路和海路,把辽宁一带和燕京一带的情况详细地记载在燕行录中。

现在所传下来的燕行录中,金昌业(1658~1721)的《老稼斋燕行日记》,洪大容(1731~1783)的《湛轩燕记》,朴趾源(1737~1805)的《热河日记》被评为"朝鲜三大燕行录"。

《老稼斋燕行日记》是金昌业先生1713年所撰写的纪行文,也称作《稼斋燕行录》和《燕行埙篪录》,现有9卷6册的汉文手抄本和6

1　金昌业绘，《秋江晚泊图》

卷6册的韩文手抄本。金昌业随其长兄——冬至使兼谢恩使的正使金昌集赴燕京，从1712年阴历十一月三日到1713年三月三十日，共146天，往返路程共6028里，以日记的形式撰写了《老稼斋燕行日记》。

洪大容从1765年阴历十一月到1766年春天，跟随叔父洪檍，三节年贡兼谢恩使书状官，访问了清朝，回国后把访清的所见所闻写成了6卷6册的手抄本《湛轩燕记》，内容结构不是以日记形式撰写的，而是以自己感兴趣的内容为主题编写的。

《热河日记》是朴趾源在1780年撰写的燕行日记。朴趾源跟随其三从兄，也是庆祝清朝乾隆帝万寿节的进贺使兼谢恩使的正使朴明源来到清朝，他记录了从燕京到热河的全部日程。行程为五月二十五

日到十月二十七日，约为5个月。《热河日记》参考了日记形式的燕行录和各主题形式的燕行录，以日记的形式记录了往返于燕京到热河1400多里的全过程，并以个人印象为主题写下了随笔。

朝鲜王朝时期使臣所流传下的燕行录到目前为止一共有600多种。大部分都是访问过清朝的使臣的记录。燕行录不仅描写了500名左右使团的组成及活动，还如实地描写了朝鲜王朝与明、清朝的外交关系以及辽宁和北京一带的文明和风俗。燕行录中还记录了朝鲜使臣与路上行人交流的内容，这些行人中大部分是燕京人，也有不少是辽宁人。

在辽宁寻找朝鲜的痕迹

从鸭绿江到燕京的路途非常艰辛。朝鲜使团虽然是翻山越河，但就像金昌业所描述的那样，有时"爬到山顶往回看的时候，100里弯弯曲曲的小路全都能映入眼帘"，甚至还要经过广阔的田野。他们强调称"没有山，饱受狂风的折磨，幸好天气温暖，没有受太多的罪"，可见他们是在与寒冷作斗争中完成了使行任务。

金昌业在从燕京回来的路上，与同行的人分开，访问了医巫闾山

2 千山
3 金弘道所绘《燕行图》中朝贡场面

清安寺和观音寺。他在此地见到了1537年作为使臣访问朝鲜的龚用卿在游览清安寺时刻下的"碧流"的石雕。还在观音寺附近立的石碑中发现了刻着龚用卿和吴希孟名字的石碑。从鸭绿江到汉阳的路是连接两国的重要通道,所以能够发现明朝和清朝使节团留下的痕迹。金昌业在开城的朴渊瀑布下流找到了明朝使臣许国在沿途中所写下的回澜石三个字,还在平山的玉溜泉见到了朱之蕃和刘鸿训题写的"听泉仙榻""玉乳灵泉""灵岩玉溜"等文字。

  洪大容离开新广宁到达小观音窟,看到岩石家墨迹完好无损的朝鲜人名字,有种见到老朋友的感觉。朴趾源在日记中写的,"前使节到这儿时,裨将一定要在石碑上刻上某日某时从关里出来,某日某时路过此地"揭示了留下文字的理由。

  朝鲜使臣在沿途中各个公站的朝鲜馆里休息,按照之前使团的踪迹留下了新的痕迹。当时的辽宁人对朝鲜使团的行程很感兴趣。孩子们看到沿途中的朝鲜使臣便高喊"高丽",老百姓们也很清楚使团队伍的行程。

  辽宁人之所以了解朝鲜的情况是因为辽宁省一带到处都留下了朝鲜人的踪迹。通过一个案例具体分析一下。《老稼斋燕行日记·壬辰年十二月十五日甲子》中有记载,大意如下:

燕行录中的辽宁和朝鲜 103

4　严诚绘，洪大容肖像
5　医巫闾山
6　辽东原野

　　老婆婆走上前说道："我父母是朝鲜人，丁丑年沦为俘虏来到辽宁、生下我。我现在69岁了。我母亲原生活在汉阳（今首尔）藏义洞，父亲是光州山城人。我丈夫出生于永安道，很久前就去世了。我现在和孙女一起相依为命，靠卖朝鲜特色的沈菜和大酱维持生计。"本来听到朝鲜语就很意外了，又听到了藏义洞就更让人感到吃惊，因此，他们送给了老婆婆药、纸还有扇子。老婆婆在之前使团的沿途上也经常出现了。他们晚饭吃的水萝卜泡菜和朝鲜传统味道相似，是从老婆婆那里买的。

　　金昌业走过宁远城的时候见到了老婆婆。老婆婆的父母是朝鲜人，后来沦为俘虏来到辽宁。老婆婆的丈夫出生于朝鲜永安道，很早就过世了。老婆婆虽然已经69岁了，但每次有使团经过的时候都会出现，所以在使节团内提起这位老婆婆，无人不知无人不晓。平日里，她靠做水萝卜泡菜卖给从异国来的朝鲜人为生，她做的味道和朝鲜的差不多。金昌业听到"藏义洞"这个熟悉的地名后倍受感动，还把从

燕行录中的辽宁和朝鲜 105

7

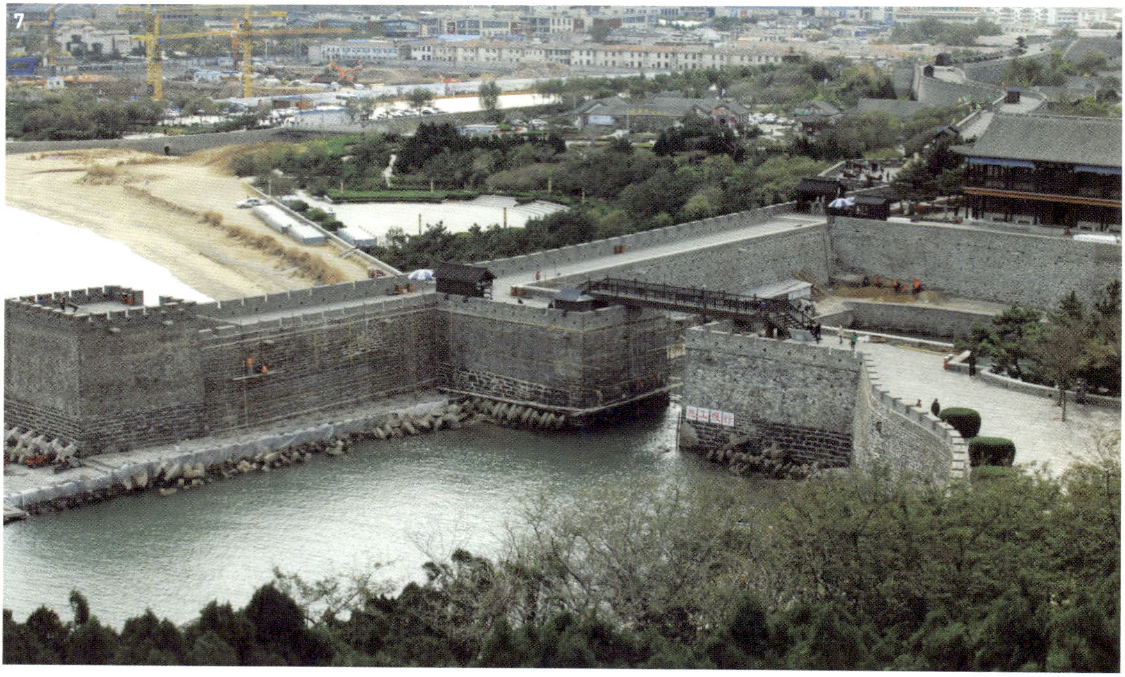

朝鲜带来的东西送给了她。

金昌业还在凤凰城见到了正在北京做通官（译官）的文二先的妻子。文二先是金本的儿子，金本是朝鲜的通官，所以文二先要求儿子把自己埋葬在离朝鲜较近的凤凰城。就这样有很多来自朝鲜的人在辽宁省聚在一起生活。

朴趾源记录了在路上见到的朝鲜后裔。见到朝鲜通官乌林哺的儿子护官双林，停留在热河的时候还见到了担任贵州按察使的朝鲜人奇丰额。朴趾源还特别记载了奇丰额帽子后边挂着被中国人视为宝贝的"高丽珠"。在热河一带扎根的部分朝鲜人还当了官员，有的人也像腌制水萝卜泡菜的老婆婆那样，制作甘冬虾酱来卖。

辽宁与朝鲜的自然、风俗比较

朝鲜使团越过鸭绿江正式开始了使团行程。他们见到了大山、江河、田野和大海交融的辽宁大自然。经过"郁郁葱葱的树木和重重叠叠的山岭"时，使团同行的人不禁感叹"辽阔的辽东地区"。金昌业凌晨出发时，在路上看着太阳升起"阳光四射就像波光荡漾的大海，可能是田野辽阔才有这番美景"，对犹如大海无法遮挡阳光的田野感到吃惊。洪大容感叹称："从辽东往西方走300里，大陆就像大海一样无边无际，太阳和月亮从田野里升起，从田野里落下"，朴趾源称："太阳升起的景观千变万化，每个人观赏的角度都不同，不一定要只从大海的角度去欣赏，我在辽东田野上每天都看太阳升起，天晴无云时太阳看起来并不大，坚持看了十天，每天还是不一样。"以此来描述辽东田野的辽阔。他还描写到：没有山，由天与地相衔接的辽东原野，是"大饱眼福的地方"。

辽东地区的原野非常辽阔，山势也非常险峻。金昌业在路过中后所前屯卫时，说道：除了倾斜向下延伸的土山，还有一个碧绿的山峰，在几百里之外也能看见。朴趾源把"十三山"描述为在辽阔的原野中犹如用13块大石头组成的山峰横空出世一样，他还惊叹称："就像夏天天空的云朵山峰一样。"

熟悉了辽宁的自然环境后，使团同行人士对朝鲜和辽宁的地理环境进行了比较。金昌业离开九连城来到松鹘山，觉得这儿比冠岳山更加奇特秀丽。凤凰山的大小不亚于朝鲜的水落山，但其陡峭的山势与朝鲜的哪座山都不像。接下来，他还把山海关附近的山峰及山势和朝鲜汉阳的道峰山、襄阳的洛山、通川的丛石等相比较。他对辽宁省山势的关注一直延续到前往燕京时，甚至是回国时。路过昌黎县附近时，他透露称："看到既神奇又宏伟，由千条悬崖组成的山峰时，有种登上金刚山毗卢峰，眺望九龙渊的溪谷的感觉。"看到千山的山势时，他认为其高度虽然赶不上三角山，但听之前经过此地的朝鲜使臣月沙李廷龟（1564~1635）说："三角山和道峰山合在一起才有千山大"，便又将两者进行了比较。

洪大容和朴趾源惊叹于辽宁的地理环境，并将其与朝鲜进行了比较。洪大容仰望凤凰山称赞道："关门内外两千里唯有昌黎的文笔峰才能相较上下，我国的道峰山、金刚山、青梁山等因奇特险峻而有名，但还是比不上凤凰山。"朴趾源还对辽宁省的地势赋予了特别的含义，大意如下：

仰望凤凰山，犹如用石头堆起并耸立在平地上似的。就像在手掌上竖起的手指、花蕾含苞待放的荷花、天空中出现的夏天云朵、用斧头砍断耸立的山峰一样，溢于言表。但缺少清新润泽的气韵。我曾说过汉阳的道峰山和三角山比金刚山好。有人说："光和风在空中凝结会产生旺气，旺气其实就是王气。"朝鲜汉阳其实有着亿万年龙盘虎踞的山势。那神妙明亮的气氛当然不同于一般的山势。现在凤凰山的山势层峦叠嶂、高耸入云，比道峰山、三角山壮观，但其带有的色彩不如汉阳的几座山。（译自《热河日记·渡江录·六月二十七日甲戌》）

8 凤凰山

朴趾源也像金昌业和洪大容一样，把凤凰山和朝鲜的道峰山、三角山、金刚山做比较。但朴趾源在分析辽宁地势的同时还刻意强调了朝鲜王朝的"王气"。他认为，由众多山峰组成的金刚山比不上道峰山和三角山，因为道峰山和三角山位于汉阳，拥有亿万年龙盘虎踞的山形地势，而汉阳就是散发王气的地方。也就是说，在朴趾源看来，凤凰山的山势虽然很奇特但还是比不过汉阳的多座山。

朝鲜使臣在惊叹于辽宁的地理环境之时，也通过对比的形式刻画了朝鲜的地势风貌。这表现出了他们对朝鲜文化产物有强烈的自豪感。

"柔薄儿"和我们的霜花饼差不多，是用面做的。像朝鲜的饺子一样，边部皱巴巴的。其实就是过去的饺子。其馅儿是用猪肉和大蒜做的，是这个地方最好吃的食物。把面粉做成面饼，放进猪油或羊油里煎上，就像我们的江米块一样，轻脆易碎。正宗的是用糖搅拌成的。质量上虽然多少有些不同，但商店里卖的都是这样的。白糕就算想吃也没有。宁远县和丰润县都有水萝卜泡菜，和朝鲜的味道差不多。但丰润县的味道更好。北京通官家里做的泡菜也是模仿了朝鲜的做法，味道非常不错。除此之外，哪儿几乎都有芥菜泡菜和白菜泡菜，味道有些咸，但偶尔吃一次有的也很好吃。还有各种各样的酱菜，但味道都不怎么样。（译自《老稼斋燕行日记·山川风俗总录》）

金昌业在路上看到许多食物时，都提到了朝鲜的食物。还把辽宁的"柔薄儿"、夏天油炸酥饼、水萝卜泡菜、白菜泡菜、酱菜和朝鲜的饺子、打糕、水萝卜泡菜、江米块、白菜泡菜、酱菜等食物相比较。还详细地说明了"柔薄儿"、油炸酥饼、水萝卜泡菜、白菜泡菜等味道非常好，但酱菜一般般。除此之外，他还拿柿饼、白鱼、重唇鱼、鲻鱼、豆腐等和朝鲜的进行比较，尤其是特别喜欢类似于朝鲜的豆酱、八宝饭、煎药。

另一方面，金昌业去了几所寺庙后，把清安寺和朝鲜金刚般庵的水落圣殿或道峰山回龙寺进行比较后，记载道清安寺面积更大。朴趾源抵达三江（爱刺河）时，看见河上停了两艘船，评价称："类似于我国的游乐船，长宽虽没那么大，但结构设计做得很到位。"朴趾源在提到鸦鹘关和偶尔在村子里见到的白牌楼时，还仔细地记载了清朝人的葬礼和朝鲜人的吊丧过程。

勾勒朝鲜未来蓝图

朝鲜和明朝、清朝的使臣都具备儒学素养，擅长文艺，是当时杰出的知识分子。他们也是解决国政难题的主要官人。使团路上所经历的经验不仅可以应用到外交上，还可成为克服现实难题的最佳解决方案。这些流传下来的文献和故事让朝鲜使臣对明朝、清朝的建筑和文物产生了很大的兴趣，他们确认相关事宜后，把观察到的内容详细地

9　金弘道所绘《燕行图》中朝阳门
10　中式砖瓦建筑
11　中国纺车
12　中国砖窑

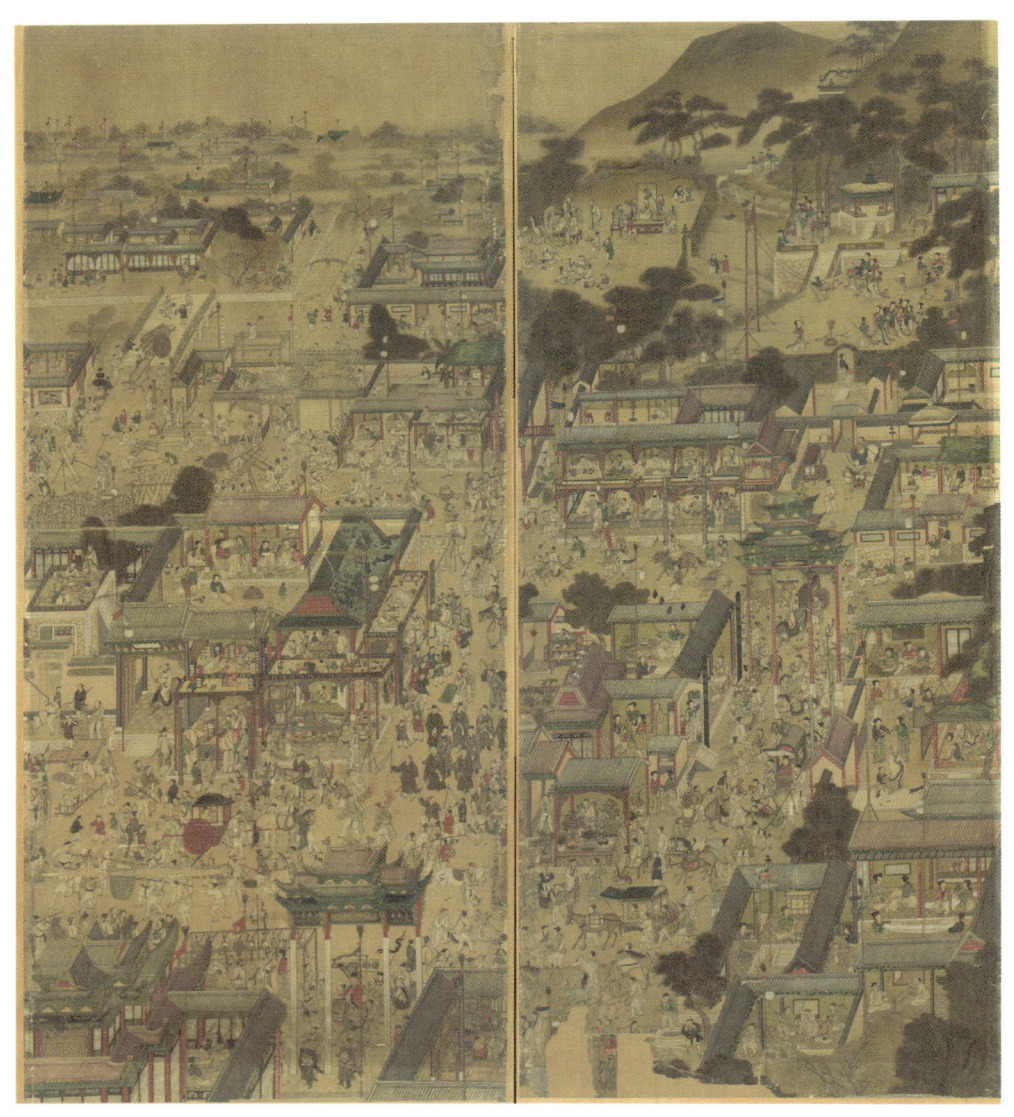

13

记载到燕行录中。

　　金昌业知道中国的筑城制度和朝鲜相似，沿途中没少关注周边的设施。尤其在看到长城后，他具体描述了清朝的军事防御基础设施。"长城的高度为一丈（3.33m）左右，和朝鲜的城墙一样是用杂石堆砌的，只是女墙（宇墙）是用砖块堆砌的，部分悬崖峭壁险峻之处没有筑城墙，城外的斜坡处都设立了烽烟台，就连很小的山谷也都能看见，让敌兵无法隐身。设计得雄伟壮观，又因地形，用险制塞。"

　　金昌业在行途中看到两头牛并排耕地，发现这里的农耕机械和朝鲜山村用的一样，感到非常吃惊。他问道，山海关外还留存着高丽的传统风俗吗？另外他还分析了缝纫机、纺车、轧棉车、线轴等纺织工具，还详细地说明了哪种工具类似于朝鲜的，但比朝鲜的大；哪个机器的结构和朝鲜的差不多但看起来更加便利。看到两匹骡子在磨荞面时，他写道"机器便利奇特，在短时间内就可以磨出很多的面，这相当于朝鲜10个人的工作量了"，再次强调了机器的便利性。

　　朝鲜杰出知识分子——洪大容和朴趾源也对清朝文物非常感兴趣。洪大荣以丰润县的二层阁楼为例赞扬了用砖块砌成的墙壁的坚固性。他说："阁楼的所有拐角处貌似都调整为直角90度，直得就像是用墨线画出来的一样，没有半点儿倾斜之处。"他还访问了生产大部分朝鲜官帽的作坊，见到作坊的帽匠敏捷的动作后，说"虽然是基层的技术人员，但他们勤劳、严谨的工作态度是朝鲜人赶不上的"，惋惜朝鲜的现状。

　　朴趾源也像金昌业一样，强调中国的三轮磨车的便利性，即使移动的功率很小，也依然能磨出非常多的面粉。洪大容还特别记载了用一个四方形模具就可以生产出一万块砖块的优点。朴趾源还提及用打磨后的大石头筑造的朝鲜城郭、用泥土搭建的朝鲜火炕，为了扩大抽力消耗了很多松树、牺牲整座山构建朝鲜窑，虽然烧出了很多重重的瓦片，但房屋却无法抵挡狂风，因为能挡风的树木都快被砍光了。因此他对便于搬运和堆砌的砖块赞不绝口。另外他还提到了清朝老百姓

13　《太平城市图》（局部）
　　朝鲜社会所向往的理想社会与中国城市风貌相似，虽然服饰、房屋等都是中国风格，但把风俗和器具都描写成是朝鲜的。

的生活面貌，就连生活在穷乡僻壤的山沟里的人也使用雕刻着花花绿绿图案的器皿，要是摔裂了也不会扔掉，会打上铁钉儿继续使用。他还提到因为朝鲜不能自己生产，每年都需要从盛京购买毛帽子，每年得花费10万两银子，对此他感到十分惋惜。为了消除这样的弊端，朴趾源建议要做出以下几点努力：

①卖东西的商贩虽然高呼这是便宜货，但卖清布的商贩摇晃着手里拿着的小鼓，剃头的敲打着白铁皮，卖油的商人敲打着瓶钵等。声音一直不间断，小孩儿们从家里跑出来的话，还会叫他们。其实就算不大声叫卖，只听见敲打的声音就知道是卖东西的。（译自《热河日记·馹汛随笔·市肆》）

②也不能说朝鲜完全没有板车，"而轮非正圆，辙不入轨"，因此有板车和没板车一样。人们常说："朝鲜的地势险峻不能使用板车"，这是什么意思呢？国家不使用板车，因此就没有修路。若板车上路，路自然而然地就变得平坦了。为何要担心道路狭窄、山路险峻呢？中国虽然有九条弯曲险峻的栈道以及太行、羊肠等危险的山岭，但没有一个地方是不能使用板车的。因此，中国国民安居乐业，而且所有地区都能进行流通，这都是得益于板车的使用。相隔不到几千里的国家——朝鲜的老百姓却生活得这么贫穷，简单地概括下原因就是国内不能使用板车。若有人问到为什么不能使用板车，应回答："是士大夫的失误。"因为他们平时虽然宣扬轮人（制造车轮的工匠）、舆人（专门制造车厢的工匠）、车人（造车工匠）、辀人（专门制造车辕的工匠）等，但最终并没有研究相关技术和方法。他们每天钻研书籍，只强调德而不务实。真正的学问有什么用处呢？真是让人感到心寒。我可以用板车制度（车制）推断出每天令我吃惊和喜悦的事情，同时隐隐约约地也能看出几千年以来所有成年人的苦心。有识之士好好研究并效仿其制度的话，朝鲜老百姓就能在一定程度上脱贫。（译自《热河日记·馹汛随笔·车制》）

卖东西的商贩认为，人们只要听见敲打的声音就能辨别出来卖的是什么东西，所以他们一直不间断地叫卖。得益于此，商业肯定会实现发展。朴趾源认为：商业的发展取决于具体的商品流通，要制作出真正的圆轮板车，更要积极使用板车。他确信若能完善朝鲜的板车制度，朝鲜的百姓就能摆脱贫困。他说要回国后推广中国的板车制度，因此详细地整理好中国的车制，记载到《热河日记》上了。

燕行录——中韩睦邻友好的桥梁

燕行录中记载了当时朝鲜使臣所见到的中国面貌。只是其真实性根据朝鲜和明朝、朝鲜和清朝的政治性利害关系受到了不小的影响。

金昌业是金尚宪（1570~1652）的重孙。他受曾祖父的影响，在强调崇明思想的同时，也坚持宣称朝鲜是"文化之国"。

洪大容描述称："满族人的脸就跟擦了粉一样，白皙漂亮"，另外他在路边看到熟练地捡马粪的辽宁人时，赞扬他们不辞辛劳、勤奋刻苦、精打细算的精神。而且他还利用清朝的阳明学和天主学，详细地介绍了西方的文化。

朴趾源强调了辽宁的重要价值，"辽东地区是清朝必须坚守的重要地区，就算是损失天下（中原）的兵力也会守住此地，"还提到了朝鲜人对清朝的认识。用下文的记录分析一下。

①他认为只要是有利于民有利于国的法即便是夷狄的也可以效仿学习。何况是三代后神圣贤明的帝王和汉、唐、宋、明等所具备的固有原则呢。听说过圣人编写《春秋》是想提高中华实力击退夷狄，却没听说过夷狄愤怒要扰乱中华，连中华的优秀文物制度都排斥了。因此从中国传来的法律要统统学习，要从我们幼稚的习俗开始做出改变。（译自《热河日记·馹汛随笔·七月十五日辛卯》）

②从栅门外往栅门内看，看不到半点儿土气。连清朝的东部边

境都这样，一想到今后会发生更大的变化，突然气势削弱想要调转脚步，浑身开始发热。那一瞬间，我彻底反省了一下"这是嫉妒的心态，我原来性格淡薄，从不会羡慕或嫉妒别人。如今来到他国，连万分之一都没看到，就产生了这种狂妄心态的原因是什么呢？"刚好一个盲人肩膀上背着锦囊，弹奏月琴走了过去。当时我彻底意识到"那个人不就是具有平等眼的人吗？"（译自《热河日记·渡江录·6月27日甲戌》）

朴趾源认为，中华的文物制度是经过很长的岁月，按照中国固有的原则形成的。因此，关于文物制度的形成没必要非要去区分是否是来自夷狄，区分这个的本身就是"嫉妒的心态"。朴趾源表示：就像弹着看不见的月琴，坦然地走过去的盲人一样，要以"平等的眼光"去看待任何事情、虚心学习，以此来改善朝鲜的现状。

朴趾源在盛京和清朝人一起熬夜笔谈时介绍道："我老家也有囊萤照书、头悬梁锥刺股的人，靠早上吃野菜晚上吃盐来忍受贫穷。也有人靠开店铺买卖物品来维持生活。别人可能把这视为底层社会，但我觉得这就犹如"为了我上天开启了极乐世界，大地赐予我快活森林"一样，农夫、商人和官员有着同等的价值。借用清朝小商贩的一句话，"没必要去衡量知识分子、农夫、商人"。与其区分这些，不如像清朝人那样用"智慧"去交朋友。

朝鲜使臣在辽宁首次见识到了中国。在来中国之前，他们通过之前朝鲜学者的记录和听到的故事憧憬了一下中国的面貌。来辽宁之后，他们发现之前的憧憬有错也有对。就像朴趾源所强调的那样，这是由于朝鲜学者回避现实、沉醉于书本当中而造成的。

就像中国俗语"百万买宅，千万买邻，千金难买好邻居"所说的那样，辽宁省是中韩两国交流的重要地区。燕行录的笔者们通过辽宁确认两国过去畅想两国未来。若想扩大中韩两国睦邻友好的交流，要把燕行录笔者所阐述的情怀铭记在心，把"法古创新"和"理智"放在心上。在研究中韩友好交流的历史文化中，要切实认识到辽宁省的重要性。

图片传递的因缘

武斌
中国中外关系史学会

《奉使图》中的两国友谊之路

盛清期间,名宦辈出,在众多的名宦之中,阿克敦算是值得注目的一位。他出自满族家庭,隶正蓝旗,毫无家世背景,但他在文武事功方面,却都有相当的成就。从二十五岁通过会试、殿试以后,阿克敦历任日讲起居注官、詹事府詹事、礼部侍郎、翰林院掌院学士、广州将军、广西巡抚、刑部尚书、都察院左都御史等职,在雍正年间曾随军出征西疆,并在准噶尔议定地界时,提出很多宝贵的建议。此外他又担任过实录、会典、方略、八旗通志、大清一统志等重要官书的编修工作,成绩也斐然可观。

根据中韩两国历史资料所记,自顺治二年（1645年）至光绪六年（1880年）的236年之中,清朝前后151次向朝鲜派遣各类使臣,阿克敦在康熙末叶到雍正初期的八年间,竟往来中朝4次,有此际遇,诚属难得,而在中朝通使的纪录上,也是空前的罕例。阿克敦4次东使朝鲜,不仅圆满完成"钦差"使命,同时采风朝鲜,撰成《东游集》中的28首诗歌（收录在《德荫堂集》第六卷）,更绘制了20幅画卷组成的《奉使图》。

究其原因,从康熙末年开始,两国的关系不断在曲折中向前发展,经过雍正、乾隆两朝,两国新的关系经过磨合之后,已经具有了比较良好的状态。阿克敦和他主持绘制的《东游集》《奉使图》,正是两国关系不断升温的产物。

1　阿克敦像

纵观清朝与朝鲜的文化交流，主要是通过往来于两国之间的外交使臣进行的。两国使臣在完成外交任务的同时还起到文化交流的媒介作用，他们将使行途中的见闻和文化交流的内容以诗文、随笔、小说等文学作品和绘画、书法等艺术作品形式记录下来，为两国的文化交流做出了重大贡献。而阿克敦的《东游集》《奉使图》，体现出清朝与朝鲜的外交礼制逐渐正规化、交往越发频繁、友谊不断深化的过程，释放出历史性、艺术性的巨大魅力。

千里送空青的善意之举

康熙五十六年（1717年），朝鲜国王肃宗李焞患有严重的眼疾，向清朝求请购买治眼药物"空青"。空青能够凉肝清热、明目去翳、活血利窍，是一种世上罕见的奇特矿石。

2 康熙晚年画像
3 热河行宫太医院御膳房存放药材的器皿

这一次求购药物事件，引起了康熙帝的高度重视。他随即谕翰林院侍读学士阿克敦，銮仪卫治仪正张廷枚曰，"朝鲜国王李焞安静奉法，人民爱戴，四十余年，伊国中享太平之福，未有如此之久者，朕甚嘉之。览礼部奏请，王因病目，来购空青。朕闻王疾，深为轸念，即于行在，特简尔等赉空青往赐。此系格外之恩。凡一应礼节，尔等到时，令王不必拘于成例，随处可以相见，并传谕之。"

康熙后期（朝鲜肃宗王时期），双方开启了礼尚往来的崭新局面。此时，清朝已完成了国家的统一，巩固了对全国的统治。由于明朝残余势力被彻底消灭，清朝与朝鲜王朝之间已不存在最根本的矛盾，清朝因而放松了对朝鲜的控制并转而对朝鲜采取怀柔政策。朝鲜王朝也开始改变对清朝的旧有观念，认真履行其贡职，两国关系逐渐得到改善。

此时，清朝国家统一，政治安定，经济繁荣，国力强盛，为体现一种宗主国的大国风范，在"厚往薄来"方面做了许多切实的工作，改变了过去对朝鲜的苛求猜忌和压制，采取了各种怀柔的政策。为了加深友好关系，清朝多次削减朝鲜的贡物。清朝康熙五十年（1711年），免白银一千两、红豹皮142张。清朝康熙五十七年（1718年），规定将其表谢附贡方物，留作下次正贡。

而康熙帝之所以重视此次购药之举，是因为两国之间的医药交流有着悠长的历史。李朝时期，中朝在医学人员方面的交流十分频繁。明洪武年间，中国闽中道士杨宗真去朝鲜从医，高丽任他为典医。明永乐五年（1407年）九月，朝鲜派王子来中国，随员中有医生"判典医监事"杨弘达等人。明洪熙元年（1425年）七月，明朝太医张本立和辽东医生何让应邀赴朝为世宗国王治病，与李朝御医共商治疗方案并传授医方。明宣德二年（1427年），又有明朝医士王贤入朝，参与朝鲜世宗国王的疾病诊疗……此类记载不胜枚举。而清代中朝，两国医药交往仍然比较密切。朝鲜李朝景宗王自幼体弱多病。清康熙六十一年（1722年），康熙帝亲自派遣太医多人去朝鲜诊治景宗王的疾病。

为了治好国王李焞的眼病,康熙让自己的贴身近臣迅速完成这项友谊之举。在这种情况下,时年仅33岁的阿克敦作为正使,匆匆开始了第一次朝鲜之行。

两个月往返的送药之旅

阿克敦出使朝鲜之时,正值清朝国力鼎盛时期,清朝与朝鲜因入关前的两次战争导致的紧张关系已经得到很大的改善。康熙执政晚期,两国进入了稳定的传统宗藩关系轨道,朝鲜一意"事大""臣事最恭",清朝则把朝鲜作为宗藩关系的楷模予以很大的优待。

此时,康熙对朝鲜的怀柔之意愈加明显。康熙五十年(1711年),康熙帝在减免朝鲜岁贡的同时,又命地方官修葺朝鲜国使沿途馆舍,以显其"加惠远人至意";康熙五十二年(1713年),康熙帝招朝鲜使团中善射之人到畅春园试射,演练后清通官私下跟朝鲜使者金昌业说:"今日之举,前古所无,亶出于皇帝亲爱朝鲜也。"朝鲜使团副使军官崔德中曾分析:"沈阳介于两山之间,东接我国,西接蒙古,南临辽河,北接戎狄。若不亲和我国与蒙古,则决非可守之地,故即今皇帝款遇我东,亲姻蒙古可知也。"

在上述背景下的赉赐空青，系康熙帝的"格外之恩"，而非正式外交活动。至于此次为什么选择年轻的阿克敦作为正使赴行，这背后康熙自有一番深意。

阿克敦在康熙五十一年（1712年）任翰林院编修，才开始步入仕途；康熙五十二年（1713年）十月，任日讲起居注官，康熙五十三年（1714年）刚刚进入内廷的他即被任命为出使朝鲜的正使，顺风顺水地开启了他的官宦生涯。在他命运急剧改变的背后，可以看到他家族的变迁，更可以看到清廷任用满人官吏视角的转变。

阿克敦姓章佳氏，属长白旧族，他们原居长白山额穆赫索罗地方。额穆赫索罗又名俄穆和苏鲁、俄漠惠，是东海女真窝集部属地，位于清朝的阿克敦城(今吉林敦化)。

康熙十六年（1677年）清政府钦定长白山为祀山，周围千余里划为禁区。按五岳之例，尊长白山为神。由宁古塔将军委派官员于每年春秋两季到吉林望祭。阿克敦城（又称鄂多里城、鄂东城、敖东城等）位于禁区之内，几乎荒芜了二百余年。后清皇室认为这片土地是他们发祥之地，以此为由加以保护。

值得注意的是，清朝初年，置额穆赫索罗佐领，驻阿克敦城，而"阿克敦"的城名恰好与阿克敦本人重名。阿克敦为满语，汉译为"坚固""敦实""堡垒"之意。在阿克敦流传于世的《德荫堂集》一书中，著者名写为：长白山阿克敦撰。

章佳氏始祖穆都巴率领五子离开原住哈拉之地，五子各自子孙繁衍，作为长子的穆昆哈拉迁居瓦尔喀什罗尔佛地方。努尔哈赤武装割据时，章佳一族先后归服。清朝以武功取天下，阿克敦的四世祖章佳·瑚鲁瑚昌吉鼐加入八旗，属于正蓝旗。此后，章佳·瑚鲁瑚昌吉鼐的众多子孙开始在中枢和八旗中任官。阿克敦的父亲阿思哈已成为三等护卫，成为一名身份不低的八旗贵族。

为保持八旗军队战斗力，清政权入关之初，曾一度限制甚至反对八旗子弟参加科举考试。直到清朝的统治日趋巩固后，才允许八旗子弟与汉族一体应试，并于康熙二十六年（1687年）取消满汉分榜制度，八旗子弟与汉族一体乡试，具体录取名额是："满洲、蒙古取中举人十名，汉军减五名，取中五名。"这个数字表明，八旗满洲、蒙古合计中举人数，为汉军人数的两倍。以往，清代侍卫与笔帖式，是八旗子弟特别是满洲旗人入仕的主要途径，而科举入仕成了一股洪流。

首先，八旗满洲、蒙古旗人子弟入关后很快形成崇尚文学、踊跃科举之风，根本原因是他们享受优裕的生活条件，这为从事举业提供了物质保障。最先参加科举考试的，当然是那些连田数顷的"八旗将佐"子弟。阿克敦的父亲阿思哈为三等护卫，属正五品官员，完全有条件让自己的孩子应考。阿克敦则是年少敏悟，深喜读书，甚至倾家产购书，家藏极富。

其次，满蒙八旗子弟参加科举入仕做官，比立军功更为容易。随着清初大规模战争的结束，普通士兵立军功的机会相对减少，尤其是清康熙朝收复台湾后，国家进入经济恢复和发展时期，满蒙旗人靠军功入仕，远不如科举容易，战场上得不到的东西只有从考场弥补。

再次，清政府从优确定满蒙八旗子弟录取人数，以鼓励满蒙八旗子弟踊跃应试。清初满蒙八旗子弟参加科举考试几度被中断，导致其录取名额前后屡有变化，后来大致固定为："八旗满洲、蒙古额进六十名，廪生六十名，增生六十名，一年二贡。"当时汉族人参加童生考试，录取率约为50∶1，满蒙八旗子弟童生录取率，远远高于此数。

最后，清朝皇帝在任用满蒙八旗官员时，实际上越来越重视科举出身人员。满洲旗人中，如雍正帝倚信的鄂尔泰，乾隆帝重用的阿桂，皆为举人出身，且都位居首席军机大臣。嘉庆帝时的那彦成，道光帝时的英和、穆彰阿，则皆为进士出身。这在康熙时代，从对阿克敦等人的任用中，已经可以看出端倪。

就在阿克敦任日讲起居注官的当月，康熙帝谕大学士等说，"朕览朝鲜人所作文章，佳者甚少。彼所用者皆中国方域之名，即如称道路之至险者，或井陉，或栈道。现今疏治，悉成坦途，何险之有？彼

4

勒瑚里泊
三仙女浴布

5

德蔭堂集卷三
　　　　　　曾孫那彥成校刊
長白阿克敦撰
頌
擧孝子頌并序

序
先文勤公少以文章入史館受
黑胡如遇三學翰林院事海內知名之士景公之
行若圭泉然風公之文若芥濃然所作草詞片語
往往都傳入口至久而不替然公仰荷
國恩常欲以功名經濟著
主知不肯居於詞章之末每有作人所傳鈔篇詞
筲篤秘賀者隨手散去不復措意如見童吹藏
面宮吏素知名及一杯濁酒千山如萬里長逵兩
月中諸勺見於王君隆州所稱今全篇已不復得

但据旧时书籍所记，未经身历，宜其不能工也。朝鲜国王甚恭顺知礼，即我朝所遣使臣亦皆守分，一切馈遗，未尝需索。明代遣一使至彼国，费用动辄数万，此尚可为抚远之道乎？"

可以说，康熙道出了所查见的弊端，为出使朝鲜使者如何行事确立了原则。阿克敦被提升为侍讲学士，并且在康熙身边侍从十余年，一定会体察到康熙的想法，也会在出使朝鲜的过程中，体现出圣意，一是写出较为明丽婉转、气势恢弘的文章（康熙认为朝鲜关于燕行路上的佳作甚少），一是在行程上快速来去，快马疾行（康熙认为之前朝鲜使臣描述的燕行路已成为坦途，不应有明朝那些嗟叹行路之难的感慨）。

"朝鲜去京师三千五百里"，阿克敦以两个月的短暂时间返还，可谓风餐露宿，还留下了出使朝鲜的六篇诗章。应当说，出身于武将世家的阿克敦，以文职入仕又不失武将之风，其出使朝鲜展现出的文武之道，完全符合当时康熙帝的心思。

4 《满洲实录》中满族起源于长白山的传说
5 《德荫堂集》

礼节日渐隆重的奉使之行

阿克敦四次出使朝鲜，正值清朝与朝鲜密集交往之际、友谊逐渐加深之时。但是清朝官吏出使朝鲜的人数虽多，个人出使的次数却有限，阿克敦为什么能够出使朝鲜多达四次呢？

阿克敦在送达空青返京后，仅仅在北京休息了三日，便第二次赶赴朝鲜汉城，这不仅让旁观者惊奇，连当事者亦感到不解。

据朝鲜李朝肃宗实录记载，阿克敦等送眼药空青是在康熙五十六年（1717年）秋冬间。阿克敦一行于十月十九日渡鸭绿江，同月二十七日入朝京，呈送空青。十一月五日离汉城，同月十二日抵平壤，然后渡江返北京。然而在同年十二月初六日孝惠皇太后病逝京城，清圣祖乃又命阿克敦等再使朝鲜，李朝实录中记："清国皇太后殂。清遣使阿克敦、张廷枚为告讣。克敦等还燕京三日，复东使。"

6 《阿克敦过庭图》
康熙五十七年(1718年)
莽鹄立绘

对于阿克敦的再度访朝，朝鲜国王曾经认为"必有曲折"，令接待人员"急速详探"原因。结果远接使李健命给朝鲜国王做了如下的答复："清主以克敦等往还朝鲜属耳必知本国物情，差送他人，虑有弊端，故仍命克敦等来云。"这才使朝鲜国王安心。

朝鲜汉城距离北京三千五百里，阿克敦连使两次，俱以两月还，途经万里。在此次奔波的行程中，阿克敦留下过一首名为《除夕》的诗章，其中有"一杯浊酒千山外，万里长途两月中"等句。阿克敦是康熙五十七年（1718年）正月初三抵汉城的，所以康熙五十六年（1717年）的除夕，他是在旅途中度过的。若以时间而论，从送空青到告讣，前后两月，因此"万里长途两月中"也是与史实相符的，此诗句成为清朝与朝鲜交往开始紧密的佐证。

康熙六十一年（1722年）四月，阿克敦第三次奉使朝鲜。据《清圣祖实录》所载：

四月乙卯朔甲子（初十日）

命内阁学士阿克敦为正使、二等侍卫佛伦为副使，往封朝鲜国王李昀弟李昑为世弟，谕朝鲜国王李昀曰：

朕惟父子相传，有国之常经，兄弟继及，一时之权道。兹览王奏，以抱疴日久，嗣续维艰，请将亲弟延礽君李昑建为世弟，情辞恳至，朕勉允所请。遣大臣赍捧诏命，封李昑为朝鲜国王世弟，并赐彩币等物。惟王勖弟李昑，敦乃彝伦，永怀忠顺，衍本支之休庆，保宗社之安宁。王如兆叶褀祥，吉占熊梦，王其再奏。钦哉，无替朕命。

据《朝鲜王朝实录·景宗实录》记录，阿克敦此次出使朝鲜，"跟随至于七十五名之多，此是前无之事"，也就是说这是清遣使人数最多的一次。

雍正二年（1724年）十二月，清遣觉罗舒鲁和阿克敦赐祭已故朝鲜景宗王并册封新王英祖王。此次是阿克敦第四次东使。据《清世宗实录》所载：

十二月戊子（十九日）

遣散秩大臣觉罗舒鲁、翰林院学士阿克敦谕祭故朝鲜国王李昀，赐谥恪恭。兼封朝鲜国王世弟李昑为朝鲜国王。敕谕曰："尔兄王昀薨逝，朕心恻然。据僖顺王妃金氏奏称，尔聪明孝友，宽宏仁恕，夙有长人之德，为国人所愿戴，请册承袭。朕俯顺舆情，特允所请。兹遣官赍诏，诞告尔国，封尔为朝鲜国王，继理国政。封尔妻徐氏为国王妃，佐理内治。并赐尔及妃诰命、彩币等物。尔宜永矢靖共，懋缵承于侯服，迪宣忠顺，作屏翰于天家。尔其钦哉。毋替朕命。

朝鲜景宗王薨逝于雍正二年（1724年）八月二十五日。朝鲜王室于九月一日组成了告讣使团，但过了一个月之后，于十月六日这个告讣使团才离汉城向燕京出发。接着雍正帝于十二月十九日派遣以觉罗舒鲁为正使，以阿克敦为副使的赐祭景宗王及册封英祖王的使团。

7

8

从送药到报表，再到册立，伴随着四次出使朝鲜的暗线，阿克敦的官职也不断向前跃进。"（康熙）五十六年，朝鲜国王李焞病目，使求空青，命阿克敦赍赐之。迁詹事。五十七年，擢内阁学士。六十一年，朝鲜国王李昀请立其弟昑为世弟，康熙帝命阿克敦偕侍卫佛伦充使册封。擢兵部侍郎。"雍正三年（1725年），阿克敦第四次出使朝鲜后迁为礼部侍郎兼兵部侍郎（"三年，授礼部侍郎，兼兵部"）。

综上所述，在短短数年之间，阿克敦的官职不断升高，并且在两国的外交中享有大名。据王昶的《太子太保协办大学士刑部尚书文勤公阿克敦行状》所载，"公容貌伟丽，风裁峻整，委蛇进退，动中礼节，外藩臣庶，咸爱敬之。"

7、8 《奉使图》

《奉使图》中凝结的友情

阿克敦是清朝与朝鲜交流的友好使者，他的名字将永远镌刻在中国与朝鲜半岛文化交流的史册上。尤其难能可贵的是，他所主持绘制的诗配画《奉使图》，已成为研究18世纪前期朝鲜政治、经济、军事、社会风俗、戏剧文化，以及友好文化交流的重要史料，也是研究清朝前期诗歌、绘画、书法（集诸多时贤墨迹）艺术等罕见的宝贵文献。

据目前掌握的材料，阿克敦组织编绘的《奉使图》，是迄今发现的唯一一部描绘古代中国使臣出使朝鲜的图录。对于此图集的制作过程，由于相关资料散佚，只能从残缺的史料中捕捉一些线索。

雍正二年（1724年），阿克敦第四次出使朝鲜时，曾给朝鲜画工一份单子，向其索取命题画。这份单子上有山水图、方外图、僧道图、江河舟楫、山川林木、耕作图、水田牛犬、男妇小儿、屋舍花木、文人服制等内容，无不与后来成册的《奉使图》有直接的关系。

可以肯定，副敕阿克敦让朝鲜画工"必以善手写画以给"的图，

《奉使图》中的两国友谊之路 129

是为归作《奉使图》而准备的。综上所述，我们可以得出这样的结论，阿克敦是《奉使图》的总策划者和每幅图画场景的设计者。他于出使朝鲜之时有计划地为《奉使图》的每幅图写诗，并从朝鲜画工处索取了有关朝鲜的一系列绘画资料。

雍正三年（1725年）六月，即阿克敦第四次出使朝鲜之后的第二年，《奉使图》被装裱成册。应该说《奉使图》是由阿克敦、朝鲜画工和清使团画工郑玙共同完成的作品，是货真价实的中朝文化交流的结晶和瑰宝。

据阿克敦之子阿桂记载，其父亲"每有作，人所传抄争诵，夸为秘宝者，率随手散去，不复措意"（《德荫堂集》阿桂序）。作为康雍乾三朝的文坛领袖，阿克敦的诗作很多，也往往将这些诗作"随手散去"，为什么他对赴朝鲜的诗歌如此重视，并且将28首诗配上画卷，绘制出《奉使图》20幅图卷？

笔者根据相关史料，推测了以下四条原因：

第一，在清代统治走向稳定之际，阿克敦"以文章入史馆，受累朝知遇"，能够四次出使朝鲜，的确是非同一般的经历。阿克敦之子阿桂为《德荫堂集》作序时说，"诗文亦非先公(文勤公阿克敦)所重，然仕宦之先后，经历之险易与夫忠君爱国砥行立名之旨，于此可见其梗概。"

对于阿克敦来说，更有在祖先的滋育下，中外无界、少有边关情的感受。他第一次东使途次，曾写如下诗句："于今中外无分界，自古兴亡有变更。""行尽辽山古塞连，一城依险重朝鲜……圣朝雨露原无际，恩注鲸波自日边。"

第二，作为清帝的特使，满洲官员阿克敦通过辽东的龙兴之地出使朝鲜，自然会对这片山水有着特殊的亲近感，而且形成了非同一般的个人体验。

阿克敦前期出使之时，在凤凰山中曾诗曰："凤皇山外马行东，野宿全非内地同。张布作帷才蔽日，结茅成屋不禁风。"阿克敦在出

9 《平定西域战图》
表现了清军出征、行猎时使用的帷帐

使之时写的第一首诗中,自注"自凤皇州一宿,朝鲜人刈草为屋,前张布帷",而在整个诗文与配画中,阿克敦并不掩饰出使的辛苦,但一直保有一股昂扬向上的气势。从此诗的配图中,可以看到满族特有的居住方式。满族院落常用木栅栏围合,这是保留了其先人居住在山地林区时的习惯,用一些杂木栅栏围成院落,形成领地。这已成为祖制,清军即使是在大举出征、行猎时,也大多使用此类帷帐,形成如是形制。

阿克敦经过往返朝鲜的跋涉,看到了"景物朝朝触目新",感受到"遮道欢呼听未真"。这些使他对朝鲜的山水人文形成了较为深入的了解,留下"我来到此不忍去,晚风吹客留长吟"的抒情诗句,更形成了浓郁的友情,正如同在他的一首诗中所表白"儿童欣识面,官吏素知名"。正是这种浓郁的感情,促使他来日制作出《奉使图》。

第三,在阿克敦出使朝鲜的诗歌之中,多是重情、写意,而他所主持绘制的《奉使图》则在书写山水画意的同时,重点描写两国交往的礼制。乾隆时期,在清代与朝鲜两国使者的推动下,朝鲜君主对满洲贵族的抵触心态已发生转变,由"华夷之辨"到"华夷一体",从

10

路入朝鲜第一程 万山残照带
边城松盘罂谷 多箱识风雨遂
深故国清雄华 不知复何州
古渡依城郭寞 江亭近明通
港海澜逸出白 山清浪漾激碧生
趁光摇浅碧生 汤旆天哲闻今
日少边情
克敦

　　此双方交往步入了正常的轨道。而《奉使图》中绘制的这些宫廷内外礼仪，补充了以往文献记载的阙如。

　　这里以《奉使图》与明代留传下来的《朝鲜都监都厅迎接天使仪轨》作为对照，大抵可以看出朝鲜迎接天使主要礼仪如下：

　　在《过江图》中，有旗两面和粉顶杏黄缎伞两柄，清使随行官和朝鲜迎接官分立两侧。另绘有一艘大船，阿克敦居中独坐，红缨龙纹三角形蓝色长条幡幢，迎风招展。江对岸，彩旗猎猎，朝鲜已备钦差小息之所，及轿子和虎皮座肩舆，官员列队恭迎，反映了两国亲近

10、11 《奉使图》（局部）
12 《万国来朝图》（局部）

《奉使图》中的两国友谊之路　133

的关系。《朝鲜都监都厅迎接天使仪轨》中列有江上初见礼单："天使、远接使，江上初见时，上（指正使）、副使礼单：各豹皮一令，人参五斤，花席五张，厚油纸二件，绵䌷五匹，书砚一面，白绵纸十卷，黄毛笔二十枝，油烟墨十笏，雨笼三事，白贴扇十把。"此为赠送见面礼品。

随后的行程中，则有义州、平壤、开城等地的中途迎谒宴飨礼，而与之相对的《奉使图》中，则用饱蘸色彩之笔补述了大山、名川、古迹、山村、花木等，更有各类礼仪的详细表达，进而达到了诗借图解，图凭诗成的佳境。待进入汉城时，一系列礼节达到高潮。阿克敦每次到朝鲜，都受到了隆重的接待。在阿克敦最后一次出使时，朝鲜王朝曾就其礼物进行过讨论："己未（二十一日），延接都监堂上申思喆入侍言：'副敕阿克敦丁酉（1717年）持空青来也，例赠外给银四千两。戊戌（1718年）、壬寅（1722年）又出来，援丁酉给银矣。今不可每援前例矣。'上曰：'已成前例之后，到今猝变，若逢彼之怒，或至辱国而后给之，则初不若给之以为愈，给之可也。'"

在回程图中，阿克敦详细描绘了饯别礼，清使乘船过江归国，远接使、馆伴等朝鲜官员揖别，对岸清地方官备轿待迎，图诗云："风雨长途动客颜，马蹄行过万重山。相看却有殷勤意，鸭绿江边送别还。"

第四，随着康熙、雍正两朝与朝鲜王朝的联系日益密切，清朝与朝鲜的友谊不断加深。阿克敦更日益感觉到《奉使图》的重要性。乾隆十七年（1752年），《奉使图》成册后的27年，已任太子少保、左都御史、步军统领的阿克敦还向文坛政界人士"展示旧图"，以求"名公卿"及"诸先达"之题诗。

这些诗文，大都是歌颂阿克敦四次出使朝鲜的功绩和赞美阿克敦的诗及《奉使图》，被阿克敦附于画册之中。王澍读了他的旅朝鲜诗时有"武陵渔人入花源"之感。沈德潜诗曰"永言成咏，设色绘图。奉使屡经，弘此远谟。"刘统勋诗云："壮游重向图中写，逸兴追寻徼外遥。"陈世勋诗言："每幅绘所历，风物宛目前。"钱维城诗赞："不画西征画东使,世人那得探其微。"介福诗咏:"载观绘册情在觌,如共话旧兰膏燃。"邹一桂诗题:"会作乘槎图,用配登瀛纪。"

从上述的赞美诗句中,可以看出阿克敦《奉使图》的珍贵价值,也见证了《东游集》中的28首诗歌演变成《奉使图》的过程。

应提及的是,阿克敦的《奉使图》在其生前仅为手稿,未曾付梓。乾隆二十一年(1756年),阿克敦逝世后不久,清朝已绘制出《万国来朝图》等巨幅图卷,在乾隆帝授意下,宫廷画家们先后创作了多幅朝鲜等属国向清王朝朝贺、歌功颂德的绘画,渲染展现出"四夷宾服、万国来朝"的繁荣景象。

在乾隆盛世"万国来朝"式画风的影响下,以历史真实史料为基础绘制形成的《奉使图》,"展转流播归于他氏,亦几亡而仅存",其命运让人感慨。所幸的是,百余年后,该手稿为阿克敦第五代孙所赎还,其后为其第九世嫡孙女所世守,幸于近年被藏于中国民族图书馆,成为双方友好的重要见证。

综上观之,《奉使图》是汇集清朝诗文、绘画、书法艺术的集大成之作,是不可奢求的艺术珍品,是对清朝与朝鲜王朝关系史研究,以及对朝鲜社会文化、政治、外交礼仪、民俗、民情等方面研究的极为重要的史料汇编,也已成为中国同朝鲜半岛世代友好的见证。

제1장

요녕은 서울로

인물로 본
한국과 요녕성의
인연

서울은 요녕으로

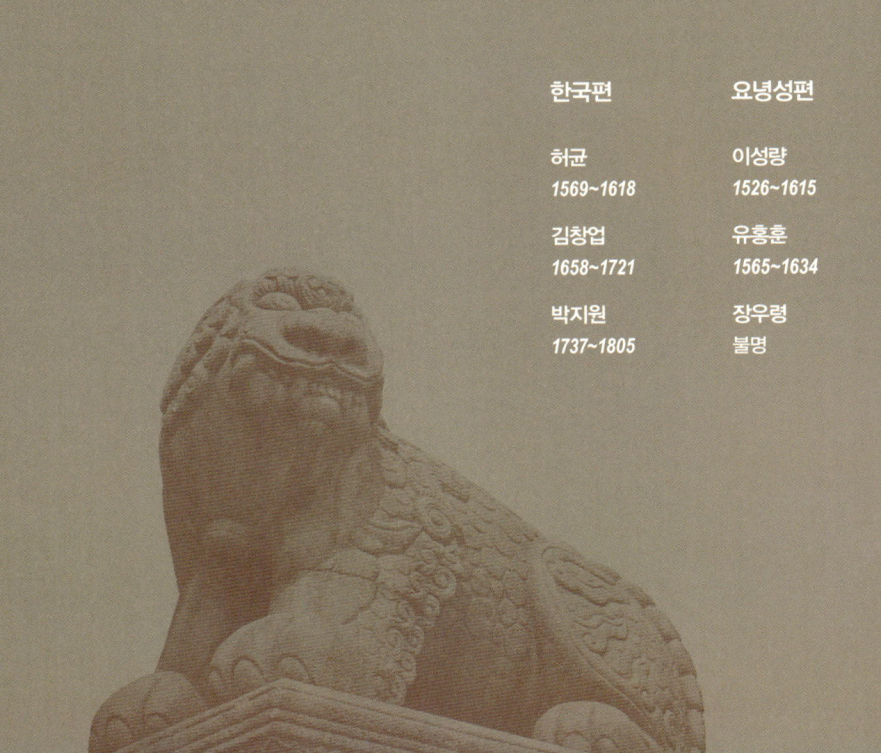

한국편	요녕성편
허균 1569~1618	이성량 1526~1615
김창업 1658~1721	유홍훈 1565~1634
박지원 1737~1805	장우령 불명

편성평요 한중연사

조선의 문학을
중원에 알린 한중 교류의
상징

최용철
고려대학교

허
균 許筠

허균

1569~1618

許筠

조선의 문학을 중원에 알린 한중 교류의 상징

허씨 가문의 다섯 문인

조선 중기의 천재 시인 허균(許筠, 1569~1618)은 1618년(광해군 10년) 대역죄인이 되어 죽임을 당했다. 2018년으로 400주년이 된 그의 죽음은 반역죄를 입증하는 명백한 자백조차 받아내지 않고 서둘러 형을 집행하는 여러가지 의구심을 남겼지만, 한 시대를 휘저은 풍운아로서의 면모를 가장 극적으로 보여주는 순간이었다. 그때 그의 나이는 불과 쉰이었다. 허균의 길지 않은 인생은 한 편의 드라마였다.

그는 이름난 사대부 가문에서 태어났다. 당시 세상에 이름을 떨치던 부친과 형들 사이에서 한때 가문을 빛낼 총아로 촉망받았지만 결과적으로 가문의 몰락을 재촉한 인물이 되고 말았다. 그러나 오늘날 문학사적으로 가장 주목받는 인물 중 한 명이 되었으며 조선 중기 한중 문화 교류사에서도 중요한 이정표를 세우고 있다.

허균은 양천 허씨 가문인 초당(草堂) 허엽의 막내아들로 강릉 외가에서 태어났다. 자는 단보(端甫), 호는 교산(蛟山)·성소(惺所)라고 했으며, 최근 발굴한 『을병조천록(乙丙朝天錄)』에서는 촉재주인(燭齋主人)이라는 호를 사용하기도 했다.

아버지 허엽(許曄, 1517~1580)은 문과 갑과에 급제하고서 대사성을 거쳐 경상도 관찰사를 지냈다. 그는 당시 조정에서 추앙받는 문관으로, 김효원(金孝元)으로부터 시작된 동인(東人) 세력의 수장으로 추대되었으며, 『초당집』을 남긴 문인이었다. 그는 첫째 부인에게서 허성과 두 딸을 낳았고, 둘째 부인에게서

1 허균 생가 강릉 애일당
2 허균 시비

허봉과 허초희, 허균을 낳아 모두 6남매를 두었다. 허엽 자신과 아들 허성, 허봉, 허균, 그리고 딸 허초희는 모두 시문에 뛰어난 까닭에 '허씨 집안의 다섯 문인'으로 불렸다.

큰 형 허성(許筬, 1548~1612)은 아우인 허봉보다 늦은 1583년에 문과에 급제했지만 비교적 순탄하게 벼슬자리를 이어갔다. 특히 부친과 허봉이 먼저 세상을 떠난 이후 종종 탄핵을 받았던 막내아우 허균을 위해 많은 애를 썼다. 대사성과 대사간을 거쳐 예조·병조·이조판서를 두루 지낸 뒤 선조의 고명대신(顧命大臣)으로 사림(士林)의 존경을 받았다. 선조가 허균의 재주를 특별히 아끼는 바도 있었지만, 허균은 매번 관직에 부임할 때마다 얼마 지나지 않아 남들의 미움을 받아 사헌부의 탄핵을 받고 파직되었는데, 판서로 있던 큰 형의 도움으로 기사회생을 하곤 했다. 그러나 허성이 세상을 떠난 뒤에는 계속되는 허균의 파격적인 행위를 막아줄 바람막이가 없어졌기에, 결국 허균은 반역죄로 처형을 당했다. 허성의 문집으로는 『악록집(岳麓集)』이 전한다.

작은 형 허봉(許篈, 1551~1588)은 22세에 문과에 급제하고 사가독서(賜暇讀書)를 거쳐 서장관(書狀官)으로 명나라에 다녀오기도 했다. 그러나 홍문관 교리로 재임 중에는 당시 재상인 이이(李珥)를 탄핵하다가 함경도 종성으로 유배되었고, 그 뒤에는 방랑 생활을 하다가 38세의 젊은 나이에 금강산에서 죽었다. 그는 방랑 시기에 조선 전기의 야사를 모아서 『해동야언(海東野言)』을 편찬하기도 했다. 허봉은 실질적으로 허균의 스승노릇을 하여 허균의 학문에 많은 영향

3

許蘭雪軒像

孫連七 謹寫

4

宣青城夫人玉帳之衡斯揮
碧海玉京人橫之方畢施自
天作之非人力也主人名編瑤
揩職緻殫縱集魏太清朝
二嶽蓬萊莫宿方丈駕鶴三
島右檐浮丘右拠洪崖千年
芳園之樵覽一旁人間之塵土
萬遠課演論下無辺宣黒
絕結綠梅人有鳳之雲毬中
霊樂綵繚下掐枕可砂脚底

142 한중繪사 요녕성편

을 끼쳤다. 허균이 훗날 허봉이 남긴 글을 모아 『하곡집(荷谷集)』을 엮었다.

누나 허초희(許楚姬, 1563~1589)는 바로 조선 최고의 여류 시인이었다. 당시 여성으로서는 이름과 자(경번 景樊), 호(난설헌 蘭雪軒)를 모두 갖추었던 특별한 인물이었다. 비록 결혼 이후 원만하지 못한 가정생활에 불우하게 살다가 27세의 젊은 나이에 세상을 떠났지만, 동생 허균 덕분으로 그녀가 쓴 시가 『난설헌집(蘭雪軒集)』으로 묶여졌다. 그것은 중국 문인에게 전달되어 널리 알려졌고, 그 영향으로 조선에서도 주목하게 되었다. 그녀의 작품에는 신선의 세계를 읊은 「유선사(遊仙詞)」가 많았고, 어려서 지은 것으로 알려진 「광한전백옥루상량문(廣寒殿白玉樓上樑文)」은 더욱 유명했다.

3 허난설헌상
4 허난설헌, 「광한전백옥루상량문」

곡절 많은 허균의 일생

허균은 정말 파란만장한 삶을 살았다. 12세에 아버지를 여읜 뒤 17세에는 한성부 초시에 합격했고, 이듬해 처남과 함께 백운산에 들어가 작은 형 허봉에게서 공부했다. 또한 서애(西厓) 유성룡(柳成龍, 1542~1607)과 손곡(蓀谷) 이달(李達, 1539~1612)에게서 각각 고문(古文)과 당시(唐詩)를 배웠다. 20세에 작은 형 허봉이, 21세에 누나 허난설헌이 죽은 뒤에는 누나의 시를 모아 『난설헌집』을 만들고 유성룡에게서 서문(序文)을 받기도 했다. 24세에 임진왜란이 일어나 피난하던 중에 첫아들을 낳았으나 아내와 아들을 모두 잃었다. 그 뒤 함경도 쪽에서 뱃길로 강릉에 도착하여 외가의 애일당에서 묵으면서, 뒷산 이름인 교산의 호를 쓰고 낙산사를 찾아가 스님과 문답하며 시비평집 『학산초담(鶴山樵談)』을 지었다. 그는 인생초기에 사랑하는 가족을 잃었지만, 끊임없이 시문을 쓰고 또 그것을 엮어 책으로 남기려는 의욕이 강했다. 자연히 틈만 나면 부지런히 저술 작업을 진행했는데, 특히 먼저 세상을 떠난 형과 누나의 시문을 모아서 책으로 엮어 두려는 강한 사명감을 가졌다.

허균은 작은 형 허봉에 비하면 다소 늦은 나이인 26세, 곧 1594년에 비로소 문과에 급제하여 벼슬길에 나아갔다. 이때 승문원 사관으로 명나라에 처음 다녀왔다. 하지만 모친상 이후에 파직을 당했다가 문과 중시에서 장원급제하여 예조 좌랑을 맡았다. 이때 정유재란이 발발하자 허균은 사신의 수행원으로서 명나라에 들어갔다. 특히 30세에는 명나라 사신을 접대하다가 종군 문인인 오명제(吳明濟)를 만나 조선의 시를 묶어 주고 허난설헌의 시집도 주어 중국에서 간행하도록 했다.

그의 명나라 사신 접대는 이후에도 이어졌다. 1601년에는 해운판관을 지내다가 명나라 사신이 오자 형조정랑이 되어 사신 접대를 맡았고, 38세 되던 1606년에도 원접사 종사관으로서 명나라 사신 주지번(朱之蕃)을 접대하면서, 당시에 지은 시를 『병오서행록(丙午西行錄)』으로 엮었다. 1609년에도 명나라 사신을 맞는 원접사 종사관으로 추천되어, 사신과 주고받은 시를 모아 『기유서행기(己酉西行記)』를 펴냈다. 그런 다음 이듬해에는 천추사에 임명되어 사행길에 올라야 했지만 건강상의 이유로 사퇴했다.

허균은 명나라 사신을 연이어 만나면서 틈틈이 여러 책을 엮었다. 곧 1602년에는 평양과 의주를 오가는 사행길에서 지은 시를 모아 『임인서행록(壬寅西行錄)』을, 이듬해에는 금강산을 유람한 뒤 시를 모아 『풍악기행(楓嶽紀行)』을 엮었다. 아울러 1604년에는 수안군수로 재직하면서 허봉의 시문을 모아 『하곡집』을, 1607년에는 공주목사로 부임한 뒤 역대시집 『국조시산(國朝詩刪)』 10권을 엮었고 『난설헌집』도 간행했다. 1611년에는 전라도 함열에 유배되었는데, 이때 역대 한시평론집 『성수시화(惺叟詩話)』를 지었고 자신의 문집인 『성소부부고(惺所覆瓿藁)』를 엮었다. 그는 자신은 물론 형과 누이의 시문도 꾸준히 정리했다. 이런 문집을 엮어 두지 않았더라면 그들의 글은 영원히 흩어졌을 것이다.

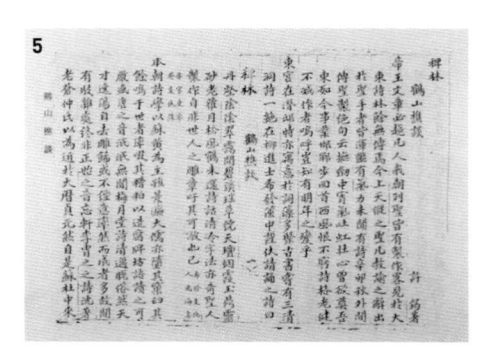

허균의 사행은 귀양에서 돌아온 이후에도 계속 이어졌다. 곧 1612년과 1613년에는 두 차례 사행단으로 임명되어 명나라에 갈 기회가 있었지만 취소되었고, 1614년 여름에는 천추사로 제수되어 명나라에 갔다. 이듬해에도 문신 정시에서 장원을 하여 동부승지가 된 뒤 동지겸진주사의 부사로서 다시 명나라로 향했다. 다음해 1616년 봄에 돌아온 그는 『을병조천록(乙丙朝天錄)』을 엮었다. 이 책은 그동안 없어진 것으로 알려졌다가 최근에 국립중앙도서관에서 발견되었는데, 허봉의 『조천록』(상권)과 허균의 『을병조천록』(하권)이 함께 담겨 있다.

1617년에 허균은 기준격(奇俊格)의 상소로 인해 대역죄인으로 몰렸다. 그는 이듬해 봄에 스승인 이달의 시집 『손곡집(蓀谷集)』을 간행했고, 8년 전에 편찬했던 『한정록(閑情錄)』을 확대하여 다시 엮었다. 이것이 그의 마지막 저술이었다. 그해 8월 허균은 감옥에 갇히기 직전에 『성소부부고(惺所覆瓿藁)』 초고와 다른 원고들을 딸네 집으로 보냈다. 광해군은 허균의 재주를 아꼈기에 그의 반역을 믿고 싶지 않았지만, 이이첨(李爾瞻)은 허균이 죄를 인정한 결안(決案)도 없이 서둘러서 처형하도록 했다. 당시 허균의 나이는 50세였다.

임진왜란 피난 중에서 살아남은 허균의 큰딸은 뒤에 영의정 이산해(李山海)의 손자인 이사성(李士星)에게 출가했다. 이사성 부부는 세 아들을 두었는데 허균이 반역 사건으로 잡혀 가기 직전 당부하여 맡겨 놓은 문집을 은밀히 간직해 오다가 첫째 아들 이필진(李必進)이 1670년에 『성소부부고』에 발문을 붙여서 공개했다. 대역죄인으로 처형당한 허균에 대해서는 역사서에서나 문집에서나 누구든 제대로 언급하기 어려웠고, 자연히 그의 저술은 점차 묻혀버리고 말았다. 그러

5 허균, 「학산초담」
6 허균, 「성소부부고」
7 허균, 「을병조천록」, 시
8 허균, 「을병조천록」, 서

나 천행으로 그가 남긴 저술이 외손자의 손에 의해 세상에 남겨지게 되었다.

허균은 천재적인 문인이었지만 풍운의 인물이기도 했다. 그가 과거에 급제한 이후 처형되기까지의 25년간은 무상한 권력의 부침과 더불어 파란만장한 삶의 모습을 보여준다. 그의 재주를 임금인 선조와 광해군은 언제나 아까워했고, 그의 자유분방하고 무절제한 행동은 항상 주변의 질시를 받아 늘 탄핵의 대상이 되어, 단 몇 년이라도 한 자리를 온전하게 지키고 있을 수 없었다. 파직되고 귀양을 갔지만 시험만 보면 늘 장원이요, 일등이었으므로 다시 더 높은 벼슬로 나아갈 수 있었다. 그렇게 하여 당상관에 이르고 판서에 오르고 정사와 부사 등으로 명나라를 여러 차례 다녀오기도 했다. 벼슬에서 물러나도 조정은 항상 그를 필요로 했고, 특히 명나라 사신을 접대하면서 시를 주고받을 수 있는 인재로 그를 빼놓을 수 없었다. 그러한 가운데 그는 오명제와 주지번이라는 중국 문사와 교류했고, 『조선시선(朝鮮詩選)』을 소개했으며, 또 그 기회를 이용하여 허씨 가문의 시를 직접 보여주고 제공하여 한중 문학 교류사에 길이 남길 수 있게 되었다.

중국 문인과 시 교류

허균은 14세에 형의 친구인 이달을 만나 스승으로 삼아 『당음(唐音)』을 읽으며 당시를 배웠다. 18세에는 작은 형이 귀양에서 풀려나 머문 백운산에 찾아가서 소동파의 고문을 배웠고, 유성룡으로부터 문장을 배워서 시문에 모두 뛰어났다. 그는 어려서부터 학문에 매진하여 중국 고전에 해박했으며 중국 문인과 교류하면서 중국을 직접 가보려는 욕망을 늘 갖고 있었다.

문과에 급제한 후, 26세에 명나라에 파견되어 외교 업무를 다룬 것이 중국과의 교류의 첫 시작이었다. 29세에 사신의 수행원으로 명나라에 갔을 때는 쓴 시를 모아 『정유조천록(丁酉朝天錄)』을 엮었다. 이듬해에는 명나라에서 온 장군과 사신을 접대하는 일을 맡았는데, 종군 문인으로 온 오명제에게 『조선시선』을 엮어주기도 했다. 또한 이때 『난설헌집』 초고를 전했는데, 오명제는 이를 명나라로 가져가 간행하여 널리 전했다.

임진왜란 당시 명의 군사적 지원으로 중국으로부터 많은 인사들이 조선에 체류했다. 조선의 역사와 문학에 관심이 많은 문인들은 적극적으로 조선의 한시(漢詩)를 수집했다. 그중에는 오명제와 더불어 유격장군 남방위(藍芳威)도 있었다. 남방위는 조선에 오기 전 이미 허난설헌의 이름을 들었고, 그가 과거에 장원한 허봉과 허균의 누나임을 알고 적극적으로 자료를 수집했다. 그 가운데는 조선의 이반(李盤)이 필사한 허난설헌의 「광한전백옥루상량문」도 있었다. 이 글은 반지항(潘之恒)에게 전해져 그의 『긍사(亙史)』에도 수록되었다. 오명제와 남방위는 각각 조선의 한시를 구했다. 대체로 사신을 접대하는 원접사 등을 통해서 얻게 되었는데, 허균은 그중에서 가장 기억력이 좋은 인물 중 하나였다. 허균은 한국 역대의 한시 수백 수를 외워서 그들에게 알려주었다. 오명제는 허균이나 이덕형(李德馨, 1561~1613)의 집에 머물면서 직접 자료를 수집했다. 이들은 귀국 이후 각각 책을 펴냈는데, 남방위는 『조선시선전집(朝鮮詩選全集)』, 오명제는 『조선시선(朝鮮詩選)』을 지었다. 두 책은 서로 비슷하지만 약간의 차이는 있다. 앞서 허균에 의해 허난설헌의 시가 명나라 문인들에게 소개되었고, 또 한시를 수집하는 그들에게 적극 노력을 기울였으므로, 『조선시선』에는 허난설헌의 시가 가장 많이 실리게 되었고 허균 자신의 시도 수록되었다.

38세에 명나라의 사신으로 온 한림원 수찬 주지번을 접대하는 원접사의 종사관이 된 허균은 허난설헌의 시에 대해 질문을 받고 곧 필사한 시집을 건네주었다. 허균은 주지번이 조선의 대표적인 시를 뽑아 달라는 요청을 하자, 최치원 이래 선조 때까지 활동했던 시인 124명의 시 830편을 선별하여 4권으로 만들어 주기도 했다. 이때 명의 정사와 부사 등은 허균에게 여러 가지 선물과 함께 『태평광기(太平廣記)』, 『세설산보(世說刪補)』 등의 책을 주었다. 주지번은 허씨 가문의 『양천세고(陽川世稿)』에 서문을 쓰고 『난설헌집』에 인언(引言)도 써주었다. 허균은 중국 사신들이 남긴 시를 모아서 『황화집(皇華集)』 6권을 편찬하기도 했다.

명나라 사신을 접대하는 과정에서 고위 관료이자 문인들과 시를 주고받은 이러한 경험은 허균의 안목을 더욱 넓혀주었다. 또한 허균은 그들을 통해서 조선의 역대 시를 중원에 널리 알릴 수 있었다. 허봉과 허난설헌 및 자신의 시를 포함하여 허씨 가문의 시를 한껏 자랑할 수 있었던 것은 모두 허균의 노력 덕분이었다.

중국 체험과 조천록의 시

허균 집안은 당시에 이미 상당한 국제적인 감각을 갖추고 있었던 명문 가문이었다. 허균이 태어나기 전 해인 1568년에 부친 허엽은 진하사로 명나라 북경에 다녀왔고, 허균이 5세 때인 1574년에는 작은 형 허봉이 성절사 서장관으로 역시 연경에 다녀와서 『조천기(朝天記)』를 쓴 바 있다. 허균이 21세 때인 1590년에는 큰 형 허성이 통신사 서장관으로 황윤길, 김성일을 따라 일본에 가서 도요토미 히데요시(豊臣秀吉)가 조선을 침공할 것인지를 탐색하고 돌아와 침략 가능성이 있다고 보고한 바 있다.

허균 자신은 이미 26세에 과거 급제하고서 요동을 다녀왔고, 29세 때는 사신의 수행원으로 연경을 다녀온 적이 있었다. 46세 때는 천추사 정사로 명에 갔고, 47세에 동지겸진주사의 부사로 다시 명에 들어갔다. 이듬해에 의주로 돌아와서 엮은 것이 바로 『을병조천록』이다. 이것이 그의 마지막 중국행이었는데, 18세기의 연행록처럼 산문이 아니고 모두 시로만 엮어진 것이지만 거의 모든 지점에서 시를 지어 남겼으므로, 이를 통해서 당시 연행노선을 살펴볼 수 있고 연행 과정에서 일어난 일도 가늠할 수 있다.

그의 연행길은 9월 6일에 압록강을 건너는 것으로 시작하여 여양(閭陽), 십삼산(十三山), 대릉하(大凌河), 송산(松山), 행산(杏山), 탑산(塔山), 조장(曹莊), 팔리참(八里站), 산해관(山海關)으로 이어졌다.

당시는 만주 지역에 누루하치(努爾哈赤)의 여진족 세력이 집중되어 후금을 정식으로 건국하려는 순간이었다. 불과 수년 후인 1619년에 '심하(深河)전투'가 벌어지게 되었고 국제 정세는 급변했다. 허균의 연행은 심양을 경유하지 않고 요양에서 곧바로 서쪽으로 향하여 광녕위(廣寧衛)를 지나 대릉하를 건너 산해관으로 가는 루트였다.

그는 지나던 길가에서 『서상기(西廂記)』를 연희하는 연극 공연을 보고도 시를 지었는데, 이러한 사실은 2백 년 뒤의 연행록에서도 자주 나타나던 현상이었다. 연경에서는 이탁오(李卓吾, 李贄)의 『분서(焚書)』를 읽고, 원중랑(袁中郎,

袁宏道)의 글에 시를 지었다. 당대(唐代) 전기『무쌍전(無雙傳)』과 왕세정(王世貞)의『검협전(劍俠傳)』, 그리고『후한서(後漢書)』의『일민전(逸民傳)』을 보았고, 왕안석의 시를 읽었으며, 또〈왕소군출새도(王昭君出塞圖)〉를 보고도 시를 지었다. 허균의 자유로운 행동과 다양한 호기심은 연경에서도 여지없이 드러났다. 기생의 아리따운 모습을 그리기도 했고,「설날아침 감회(元日有感)」에서는 "이십 년 전의 일을 생각하며, 삼천 리 밖에 와 있는 이 몸을 한탄하네"라고 읊었으며, 연경에서 정월 보름 원소절(元宵節)에 등불놀이를 보고 "귀국하면 만호의 제후 되기는 원치 않고, 오호(五湖)에 배를 띄워 서시(西施)와 더불어 노닐레라"라고 읊기도 했다.

귀국길에는 요양 근처의 안산을 지나면서 "안산역이여 잘 있으시게나, 다시 올 것을 기약할 수는 없으리라. 남은 생에 또다시 와 보기 어려우니, 이 길을 오래오래 기억하리라"라고 읊어 이 길이 마지막 길이었음을 예견하기도 했다. 또한「수산포에 이름(到首山鋪)」에서는 "요양 땅이 다가오니 눈앞이 환해지네, 고향집 산천에 봄이 왔음을 알겠노라"라고 읊어 고향 생각을 그리기도 했다. 그는 연산관 근처의「냉정에서 잠(宿冷井)」이라는 시에서 "왕명으로 네번이나 요동땅에 들어와서 서행수레 여덟 차례 이 집에서 머무르네."라고 하여 요동땅을 밟은 것 여러번 이었음을 밝히고 있다. 이처럼 그와 요동의 인연은 오래 지속되었다.

허균이 남긴 작품과 저술

허균은 유성룡에게서 문장을 배우고 이달에게서 시를 배웠다. 유성룡은 당대의 명신이었지만 이달은 서얼 출신으로 과거에 응시할 수 없었다. 따라서 허균은 서얼에 대해 특별히 동정의 마음을 가져, 서얼 출신의 친구들도 많이 사귀며 세상의 울분을 함께 토로하곤 했다. 그가『손곡선생전(蓀谷先生傳)』과『남궁선생전(南宮先生傳)』등의 인물전을 쓰고『홍길동전(洪吉童傳)』과 같은 소설을 쓸 수 있었던 것도 그러한 영향 때문이었다. 그 자신은 서얼 출신이 아니었지만 홍길동 같은 서얼 출신의 천재적 영웅 인물을 설정하여 세상에 그 억울함을 외치고 불합리한 대우에 항의하고 삐뚤어진 사회를 고쳐보려고 했다.

허균은 중국의 고전 시문에만 익숙했던 것이 아니었다. 고전 소설에 대해서도 잘 알았다. 그는 왕세정의 『세설신어보(世說新語補)』를 읽고 『세설산보주해(世說刪補注解)』를 짓기도 했는데 그 서문이 남아 전해지고 있다. 특히 「서유록발(西遊錄跋)」에서는 다양한 유형의 명대 장편소설을 널리 읽고 다음과 같이 평가한 적도 있다.

> 나는 희가(戲家)의 소설 수십 종을 읽어보았다. 『삼국지연의(三國志演義)』와 『수당지전(隋唐志傳)』을 제외하고 『양한지(兩漢志)』는 앞뒤가 맞지 않고 『제위지(齊魏志)』는 치졸하며 『잔당오대사연의(殘唐五代史演義)』는 추솔하다. 『북송삼수평요전(北宋三遂平妖傳)』은 소략하고 『수호전(水滸傳)』은 간사한 속임수의 기교를 부렸다. 모두 독자를 교훈하기에 충분하지 못한데 나관중(羅貫中) 한 사람의 손에 지어졌다니 그의 후손 삼대가 귀머거리에 벙어리가 되었다는 말도 당연한 듯하다.

허균의 폭넓은 중국 소설 독서 경험은 『홍길동전』의 창작에 큰 도움이 되었을 것이다. 그는 명나라의 혁신적 사상가 이탁오와 여러 면에서 닮았다. 연행 중에 특별히 이탁오의 『분서』를 읽기도 했는데, 당연히 이탁오의 『수호전』 비평을 알고 있었을 것이다. 『홍길동전』은 『수호전』이나 『서유기(西遊記)』로부터 영향을 많이 받았다. 홍길동도 노골적으로 역성혁명을 추진하는 것이 아니라 조정의 간신을 몰아내고 새로운 세상을 만들어보려는 수호전의 주인공 송강(宋江)의 생각과 비슷했다. 그것이 불가능함을 인지한 후에 홍길동은 해외에 율도국(栗島國)을 만들어 이상향을 건설하려고 했다. 사실 바다 건너 섬에서 이상적인 나라를 만들려는 이야기는 『수호전』에는 없고 진침(陳忱)의 『수호후전(水滸後傳)』에 비로소 나온다. 이준이(李俊) 섬라국에 해상왕국을 건설하는 것으로 되어 있는데, 진침은 허균보다 늦게 출생했고, 그 책은 강희 연간에야 간행되었으니, 허균의 『홍길동전』에서 먼저 그러한 아이디어를 보여주었다고 하겠다.

허균은 일생 동안 참으로 많은 글을 썼다. 지방으로 벼슬에 나아가거나 중국 사신으로 가는 연행길에서도, 황해도와 평안도로 사신 접대를 나가거나 파직된 후에 금강산 등지를 여행을 다니면서도, 외가인 강릉에 내려가 있거나 함

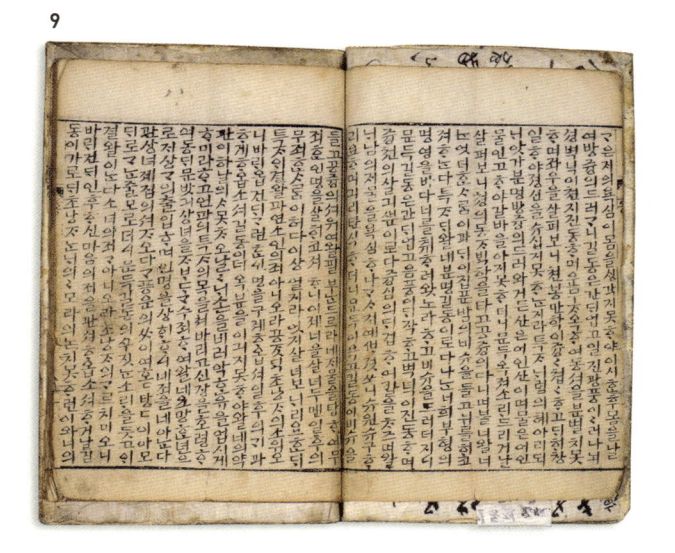

열로 귀양을 가 있을 때도 쉼 없이 시를 썼고 또 시간을 내어 이를 묶어 책으로 엮었다. 그가 만년에 스스로 엮은 『성소부부고』는 시부(詩部)와 부부(賦部), 문부(文部), 설부(說部) 등으로 나뉘어 있다. 시는 조천록, 서행록, 기행 등의 제목으로 수록되었고, 신라 이래 허균 당대까지의 시를 평하여 『성수시화』에 담았는데 부안에서 만난 계랑(매창)의 이야기까지 언급했다. 사부(辭賦)에서도 도연명의 「귀거래사」에 화운하여 쓰기도 했고, 왕세정을 본받아 「속정희부(續靜姬賦)」를 짓기도 했다. 이밖에도 서(序)와 기(記), 전(傳), 서(書), 논(論), 설(說), 변(辨), 해(解), 제발(題跋) 등 실로 다양한 문체로 작품을 남겼다. 심지어 과일과 생선, 야채 등 전국의 다양한 먹거리를 소개하는 「도문대작(屠門大嚼)」이란 글도 있으니, 그의 폭넓은 호기심과 뛰어난 재주를 한눈에 알 수 있다.

허균은 연경에 사신으로 가서도 수천 권의 책을 사들였고, 또 다양한 문헌을 섭렵했다. 특히 마음에 드는 대목이 있으면 이를 선록하여 새로운 책을 엮어 내기도 했는데, 그가 처형되던 해에 증보하여 엮어낸 『한정록』이 그것이다. 『한정록』은 명 나라 사신 주지번으로부터 받은 『세설산보』, 『옥호빙(玉壺氷)』, 『와유록(臥遊錄)』 등과 후에 중국에 사행 갔을 때 구해온 서적을 보고, 그 내용을 주제별로 요약하고서 이를 증보한 것이다. 그중에는 진계유(陳繼儒)의 글이 적지 않앗고, 원굉도(袁宏道)의 「상정(觴政)」에서 언급한 '일전(逸典)'으로서 수호전과 금병매(金甁梅)'의 대목도 실려 있다. 이것은 우리나라에 「금병매」의 이름이 가장 빨리 언급된 경우가 된다.

　　허균은 세속에 시달리며 시를 지을 때는 언제나 은퇴하여 조용히 살고 싶다는 생각을 했다. 그의 이러한 생각은 『한정록』을 통해서 겨우 책 속에서 이루어졌다고 할 수 있다. 그 자신은 불합리한 세상에 불만을 품고 있다가 마침내 정면 대결로 치닫게 되고 결국 실패한 반역죄인으로 처형되고 말았지만, 그의 꿈은 언제나 외가인 강릉의 애일당으로 돌아가 교산 아래에서 동해바다를 바라보며 한적하게 은거하며 독서하는 문인으로 사는 것이었다.

연행일기의 모범을
남긴

박용만
한국학중앙연구원

김창업 金昌業

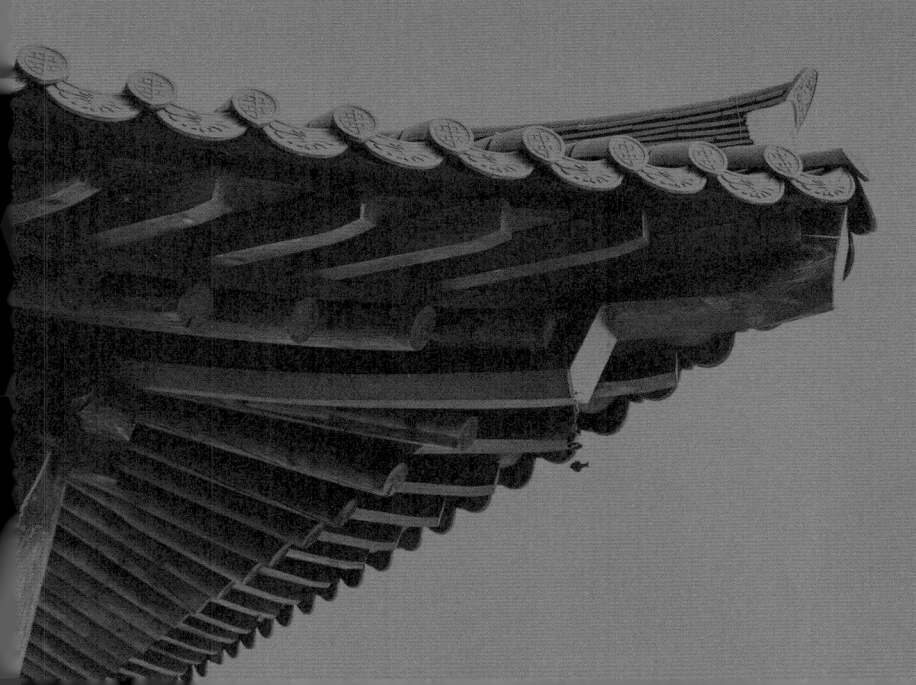

김창업

1658~1721

金昌業

연행일기의 모범을
남긴

김창업, 연행길에 오르다

　　김창업(金昌業, 1658~1721)은 본관이 안동으로, 자는 대유(大有), 호는 가재(稼齋) 또는 노가재(老稼齋)이다. 김수항(金壽恒)의 넷째 아들로, 위로는 김창집(金昌集), 김창협(金昌協), 김창흡(金昌翕)이 있으며, 아래로는 김창집(金昌緝)이 있다. 1681년(숙종 7년) 진사시에 합격했으나 벼슬길에 나아가지 않고 한양의 동교 송계(東郊松溪)와 포천의 영평산에 은거했다. 중국의 문물을 직접 보지 못한 것을 아쉽게 여기다가 1712년 정사로 가는 첫째 형 김창집을 따라 연경에 다녀와 『연행일기(燕行日記)』를 남겼다. 이 『연행일기』는 중국의 산천과 풍속, 문물제도와 이때 만난 중국의 유생, 도류(道流)와의 대화를 상세히 기록하여 역대 연행록 중에서 가장 뛰어난 책으로 손꼽힌다. 시에 뛰어났을 뿐만 아니라 서화에도 일가견이 있었던 그의 재능은 사행할 때 중국 문사들과 교유하는 바탕이 되었다.

　　1850년 진주사로 연경을 다녀온 김경선(金景善)은 『연원직지(燕轅直指)』 서문에서 김창업의 『연행일기』를 아래와 같이 평가했다.

> 　　연경에 갔던 사람들이 대부분 사행을 기록하는데 세 사람이 가장 저명하니, 곧 노가재 김창업, 담헌(湛軒) 홍대용(洪大容), 연암(燕巖) 박지원(朴趾源)이다. 역사서의 예로 말하면 노가재는 편년체(編年體)에 가까운데 평순하고 착실하여 조리가 분명하며, 홍담헌은 기사체(紀事體)를 따랐는데 전아(典雅)하고 치밀하며, 박연암은 전기체(傳紀體)와 같은데 문장이 아름답고 화려하며 내용이 풍부하고 해박하다. 모두 스스로 일가(一家)를 이루어 각기 그 장점을 가지고 있으니, 이것을 이어 사행을 기록하고자 하는 자가 또한 어떻게 이보다 더 나을 수 있겠는가?

1 김창업, 「노가재연행일기」

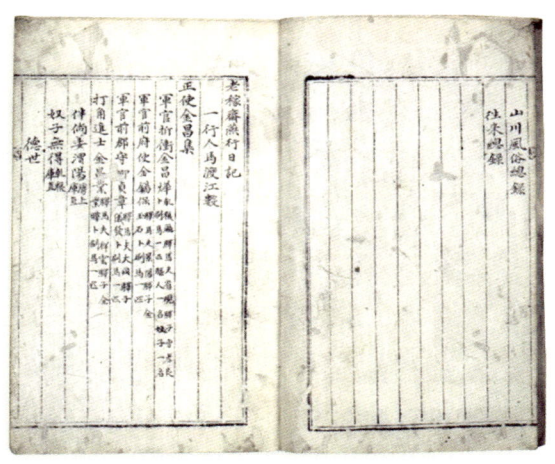

조선에서 중국에 사신을 다녀오면 대부분 사행의 전말과 노정, 견문 등을 기록으로 남겼는데, 김경선은 그 중에서 김창업의 『연행일기』, 홍대용의 『담헌연기(湛軒燕記)』, 박지원의 『열하일기(熱河日記)』를 연행기록의 삼가(三家)로 평가했다. 특히 세 사람 중 가장 먼저 연경을 다녀와 기록을 남긴 김창업의 『연행일기』는 연경 기행문의 교과서로 평가된다. 날을 달에 붙이고 달을 해에 붙이는 (日繫月, 月繫年) 편년체 방식인데 평순하고 착실하여 조리가 분명한 장점이 있다.

김창업은 55세의 적지 않은 나이로 1712년 동지겸사은사에 참여했다. 정사, 부사, 서장관과 같은 핵심적 역할은 아니었고, 첫째 형 김창집이 이 사행의 정사로 선발되자 그 자제군관(子弟軍官)으로 참여한 것이었다. 당시 김창집은 큰 병을 앓은 뒤라 누군가 그를 수발할 사람이 필요했다. 당시 조선 문인들은 중국을 유람하며 선진 문물을 접하는 것이 하나의 꿈이었다. 더구나 자제군관은 비교적 자유로운 직책이었기에 사행의 막중한 임무에서 한발 벗어날 수 있어, 자신의 문화적 욕구를 성취할 수 있는 좋은 기회였다. 당연히 김창집의 형제들도 모두 한번 가고 싶어 했다. 이에 김창업은 『연행일기』 「왕래총록(往來總錄)」에 표현한 것처럼, '일시에 조롱과 비난이 일어나고 친구들도 대부분 만류했지만' 이 사행에 참여했다.

김창업의 나이가 많고 한겨울 사행인 것도 다른 사람으로부터 사행 반대를 받은 이유가 되겠지만, 궁극적으로 김창업의 가계가 청나라에 우호적이지 않은 것이 큰 이유였다. 1636년 척화파의 대표적인 인물이었던 김상헌(金尙憲)이 그의 증조부이며, 강화도가 함락되자 화약고에 불을 붙여 폭사(爆死)한 김상용(金尙容)이 그의 종증조부였다. 따라서 이 가문은 청나라에 대한 반감이 팽배했다. 정사로 가는 것은 조정의 결정이니 어쩔 수 없는 일이라 해도 자제군관으로 참여하는 것은 얼마든지 자유 의지로 선택할 수 있었다. 김창업이 사행에 참여한 것은 맹목적인 반감보다 중화 문물을 직접 보고 싶다는 열망이 강한 때문일 수도 있고, 마음속의 반발을 눈으로 확인하기 위한 것일 수도 있다. 실제『연행일기』에서 김창업은 중국에 대해 비교적 객관적인 입장을 견지하고 있다. 하나의 요인보다는 오히려 선진 문물에 대한 갈망과 반청(反淸)의 심리가 복합적으로 작용했던 것으로 보인다.

젊은 청 문사와 열정적으로 교유하다

김창업이 참여한 동지사겸사은사 사행은 1712년 11월 3일 한양을 떠나 이듬해인 1713년 3월 30일 한양으로 돌아오는 것으로 마무리되었다. 연경에 갔다가 돌아오기까지의 기간은 5개월로 모두 146일이 걸렸고, 다녀 온 거리는 합하여 6,028리였다. 연경에서 출입한 것과 길에서 돌아다닌 것이 또한 675리나 되었고, 얻은 시문(詩文)은 402편이었다.

김창업은 연행길에 아래의 청나라 문사들과 교유했다.

일시	교유 인물	신분	장소
1712년 12월 13일	왕준공(王俊公)	자칭 수재(秀才)	대릉하(大凌河)
12월 15일	왕영반(王寧潘)	유생(儒生)	영원위(寧遠衛)
12월 18일	곽여백(郭如栢)	상생(庠生)	산해관(山海關)
12월 19일	영종(榮琮)	한인(漢人), 우소(寓所) 주인	유관(楡關)
12월 20일	오정기(吳廷璣)	수재	영평부(永平府)
12월 24일	강전(康田)	수재	계주(薊州)

일시	교유 인물	신분	장소
1713년 1월 3일	이정재(李廷宰), 이정기(李廷基)	재체지현(纔遞知縣)	연경
1월 3일	반덕여(潘德輿)	서반(序班)	연경
1월 10일~12일, 18일, 22일, 23일, 27일, 30일, 2월 2일, 3일, 10일	이원영(李元英)	일통지(一統志) 편수관(編修官)	연경 이원영의 집
1월 22일, 2월 8일, 13일	마유병(馬維屛)	상인(商人)	연경 마유병의 집
2월 8일, 13일	왕지계(王之啓)	병인생(丙寅生), 절강(浙江) 소흥부(紹興府) 산음인(山陰人), 왕희지(王羲之) 24대손	연경 마유병의 집
2월 8일, 12일~15일	조화(趙華)	문관(文官), 만인(滿人)	연경
2월 13일	양징(楊澄)	조화의 스승	연경 조화의 집
2월 19일	왕화(王化)	수재	사류하(沙流河)
2월 21일	이영소(李永紹), 양대유(楊大有)	호인(胡人), 수재	영평부
2월 23일	정홍(程洪)	청년 수재	각산일사묘(角山一寺廟)
2월 26일	왕미축(王眉祝)	왕영반 조카	영원위 왕영반의 집
3월 4일	곽원(郭垣)	오삼계(吳三桂)의 장수, 곽조서(郭朝瑞)의 아들	곽민둔(郭民屯)

김창업은 「산천풍속총록」(山川風俗總錄)에 적은 것처럼, 만주족이든 한족이든, 북방사람이든 남방 사람이든, 사람들을 있는 그대로 보고자 했다. 김창업이 교유한 인물들은 젊은 수재들이 대부분이다. 그들과의 교유에서 탁월한 문학적 재능이 나타나는 것도 아니고 심후한 문화적 수준이 보이는 것도 아니다. 대부분 젊은 문인이나 수재를 중심으로 교유가 이루어지다 보니 학술적·문화적으로 깊은 이해와 논의의 기회는 별로 없었다. 이러한 기회는 김창업의 신분과도 밀접한 관계가 있었다. 정사, 부사, 서장관의 삼사(三使)와 달리 자제군관은 그 삼사를 수행하며 견문을 넓히는 목적으로 참여하다 보니 교유할 수 있는 대상도 제한적이었다. 연경에서 공식적인 의례와 연회에 참석하는 삼사와 다르게

2 김윤겸, 〈청나라병사도〉

자제군관은 사행의 공식 일정에 직접 참여하는 데 제약이 많았다. 결국 김창업은 문화적으로 학술적으로 걸출한 인물과 교유하기 어려웠다. 이 때문에 젊은 수재들을 중심으로 교유가 이루어질 수밖에 없었다. 그러나 김창업의 교유는 삼사의 교유에서 볼 수 없는, 당시 젊은 문사들의 심리와 그들의 사회를 이해할 수 있는 좋은 자료가 된다.

가련한 여성, 계문란의 시에 창화하다

김창업은 1712년 12월 22일 새벽에 사하역(沙河驛)을 떠나 진자점(榛子店)이라는 객점에 들러 아침을 먹었다. 한양을 떠나 연경을 향해가는 도중이었다. 이때 객점 벽에 붙어 있는 시 한 수를 보고 감회에 빠졌다.

推髻空憐昔日粧	쪽지머리로 옛날 단장이 부질없이 서글픈데
征裙換盡越羅裳	비단치마 옷차림 오랑캐로 바뀌었네.
爺孃生死知何處	부모님의 생사 어디서 들을까
痛殺春風上瀋陽	봄바람에 흐느끼며 심양으로 가는구나.

무오년에 강서성의 계문란(季文蘭)이라는 여자가 호인에게 강제로 팔려 심양으로 가면서 이곳에 이르러 시를 지어 벽에 붙여 놓은 것이다. 이 시는 김석주(金錫冑, 1634~1684)가 사행길에 이곳을 지나다가 보았다는 기록이 전해진다. 이 시 아래에는 계문란이 적은 소서(小序)가 있는데, 자신의 억울한 사정을 토로했다. 본래 계문란은 강서성 수재인 우상경(虞尙卿)이란 사람의 아내였는데, 남편은 살해되고 본인은 사로잡혀 왕장경(王章京)이란 자에게 팔린 신세가 되었다. 그녀는 자신의 남편이 죽임을 당하고 자신만이 산채로 팔려가는 신세가 더욱 서글프다고 하였다. 자신의 나이가 21세이며, 가족의 이름을 적고, 끝에 '계문란 씀'이라고 밝혔다. 김석주는 이 시를 보고 객관의 주인에게 자세한 사정을 들었다. 5~6년 전에 백금 70에 팔린 계문란이 이곳을 지나는데, 비통하고 암담한 가운데도 자태가 아름다워 보는 사람들이 눈물을 흘렸다고 한다. 시를 쓸 때에 오른손으로 쓰다 지치면 왼손으로 썼는데 매우 속필이었다고 한다.

김석주가 1683년에 사은사로 연경을 다녀왔으니, 객점의 주인이 말한 시기를 맞춰보면 계문란이 말한 무오년은 1678년이 된다. 김창업은 한양을 떠나기 전 김석주의 이야기를 통해 이미 계문란의 안타까운 이야기를 들어 알고 있었다. 김창업은 정작 그 현장에 와서 계문란이 쓴 시를 보니 안타까운 감회가 일어 아래의 시를 지어 벽에 붙었다.

江南女子洗紅粧	강남 아가씨 화장을 씻어내고
遠向燕雲淚滿裳	멀리 연경 하늘 바라보니 눈물은 치마에 가득.
一落殊方何日返	한번 낯선 땅에 떨어지면 언제나 돌아올까
定憐征雁每隨陽	매양 햇빛을 따라가는 기러기 정말 부러워라.

한시에서 창화(唱和)하는 것은 동시대에 서로 아는 사이에서 지어지는 것이 일반적이지만, 이처럼 옛사람의 자취를 더듬어 보며 자신의 감정을 가탁(假託)하여 옛사람의 심회(心懷)로 표현하기도 한다. 낯선 곳에서 팔려가는 처지에 예전 살던 연경 쪽을 바라보니 눈물만 흐른다. 돌아올 기약이 없으니 날아가는 기러기조차 부러울 따름이다.

이듬해 사행을 마치고 돌아오던 김창업은 2월 20일 정오 무렵에 다시 진자점에 도착했다. 그런데 자신이 쓴 시 아래에 차운한 시가 또 있었다.

面撲風埃未解裝	먼지바람 맞으며 여장도 채 풀지 못했는데
逢人泣淚滿衣裳	사람을 만나니 눈물이 옷을 흠뻑 적셔 놓네.
道傍閱到佳離色	길가에서 이별하는 심정의 글 대하고서
那禁戲詩下夕陽	해지는 석양녘에 시 한 수 없을쏘냐.

그리고 그 시 옆에는 '객점에서 조선의 손님이 벽에 쓴 시를 보고 이 시를 쓴다. 난주자사(灤州刺史)'라는 기록이 있었다. 이에 김창업은 '글씨도 시만큼이나 보잘 게 없다'라고 하여 난주자사의 시나 글씨를 평했다. 이내 여관 주인에게 물어보니 10여 일 전, 곧 2월 초순에 난주자사가 지나가면서 쓴 것이라는 말을 듣는다. 난주자사가 익히 알려진 계문란의 시와 그 아래 적힌 조선 문사의 시를 보고 시와 글씨에 재능이 없었으나 나름 자신을 과시하고자 적은 것이라 김창업은 여긴 듯하다.

김창업이 사행에 들렀던 이후 1720년에 이의현(李宜顯, 1669~1745)이 방문했을 때 이 시는 이미 사라지고 없었다. 이의현이 쓴 「경자연행잡지(庚子燕行雜識)」에 전하는 말로는 예전에 있었는데 5~6년 전 그 벽을 다시 바르며 사라졌다고 했다.

위의 내용들을 종합해보면, 계문란이 시를 쓴 무오년은 1678년이고, 김창업이 시에 창화한 것은 1712년이며, 벽을 새로 발라 다시 볼 수 없게 된 것은 이의현이 찾아오기 5~6년 전이었으니 1715년경이다. 따라서 진자점의 객점에는 계문란의 시가 근 40년 가까이 적혀있었던 셈이다. 그러나 진자점에서 계문란의 시를 볼 수 없게 된 이후에도 조선 사행의 문사들은 진자점을 지날 때마다 계문란을 상기하며 많은 시문을 남겼다.

지적 호기심, 이원영과 교유하다

　김창업이 대릉하, 산해관, 영평부 등에서 만난 문사들이 적지 않지만, 대부분의 문사들은 연경에서 만났다. 특히 이원영(李元英)과의 만남은 김창업에게 중국 지식인의 동향, 출판, 학문 등을 이해하는 데 좋은 계기가 되었다. 그와의 만남은 가장 빈번했을 뿐만 아니라 주고받은 이야기도 학술적·문화적으로 도 소중한 것들이었다.

　이원영은 25~26세 정도의 젊은이로, 고양인(高陽人)이며 호가 송분재(誦芬齋)였다. 이미 벼슬하여 『일통지』 편수관이었다. 그의 증조는 청나라 순치제(順治帝)의 부마로 예부시랑을 지냈다. 또 아버지는 1등 백작일 정도로 청나라 조정에서 중요한 위치에 있는 가문이었다. 청나라 조정의 고위 관료나 유명한 지식인을 만나기 어려웠던 김창업에게 이원영은 가장 중요한 교유 문사이기도 했다. 1713년 1월 10일 김창업은 충렬사(忠烈祠)를 찾아가다 원앙와(鴛鴦瓦)로 지붕을 얹은 높은 집들이 있는 골목으로 들어가게 되었는데, 마침 집주인이 김창업에게 만나기를 청했다. 그때 함께 있던 이가 이원영이었다. 김창업은 당시 그에 대한 인상을 '얼굴이 살짝 얽었지만 미목(眉目)에 조금 맑은 기운이 돌았다'고 했다.

　이때 이원영은 모과(木瓜) 하나를 가져와 김창업 앞에 놓고 칠언절구 한 수를 보였다.

嘉品從教不耐春	가품이 지시를 따르자니 제철이 아니지만
舊時香氣尙淸新	옛날의 향기는 도리어 청신하네.
憐他投贈非容易	남 위해 주려는 일도 쉽지 않으니
莫把瓊琚別報人	좋은 선물로 갚을 생각 하지 마오.

　이 외에도 율시와 절구 수십 수를 내어 보였다. 그중에는 종이에 인쇄한 것도 두 장이 있었으며, 당시 명사들에게 받은 발문(跋文) 두 장도 있었다. 김창업은 시를 보고 정교하다고 소회를 기록했다. 이에 김창업은 가지고 간 소주와 안주로 답례했다. 김창업은 이원영의 처소에서 『패문재광군방보(佩文齋廣群芳

3 이의현, 「도곡집」
4 『패문재광군방보』

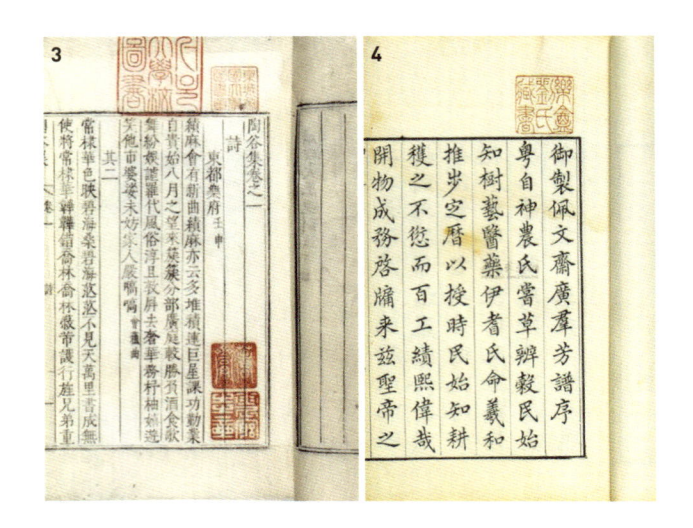

譜)』를 보자 빌려 보기를 청했다. '패문재'는 청나라 강희제(康熙帝)의 별호로, 이 책은 1708년에 완성되었다. 강희제는 정치를 안정시키고 유학을 장려했으며, 많은 저술을 남기고 책을 출판하는 등 문화적으로 융성한 전성기를 이룩했다. 노가재라는 호에서 알 수 있듯이, 김창업은 은둔하며 화초 등에 관심이 많았다. 그런 그에게 『패문재광군방보』는 관심을 끄는 책이었다. 이원영은 김창업의 요청에 책의 일부를 주며 보고 돌려주면 또 보내주겠다고 약속했다.

이후 김창업과 이원영은 나이를 넘어 사뭇 진지하게 교유했다. 이원영이 관직에 있어 자주 만나기 힘들었지만 두 사람은 편지를 통해 인사하며 때로는 지은 글을 보내주고 때로는 선물을 보냈다. 김창업이 주로 보낸 것은 장지(壯紙), 붓, 먹, 담배, 멥쌀, 찹쌀 등이었으며, 이에 이원영은 홍지(紅紙), 붓, 부채 등을 보냈다. 문방구는 지식인들에게 없어서는 안 될 것이기도 했지만 다른 나라의 문방구는 좋은 선물이기도 했다. 이 과정에서 빠질 수 없는 것이 자신이 지은 한시를 보내는 것이었다. 이것은 자신은 물론 자국의 문화적 수준을 보이는 것이었기 때문에 매우 중요한 교유의 과정이었다.

1월 22일에는 이원영이 처음으로 김창업의 숙소를 방문했다. 김창업은 잣떡, 약과, 전약, 밤 등으로 대접하며 두 사람은 조선의 음식을 주제로 이야기했다. 이때 김창업이 해당화, 매화, 지국(紙菊)을 읊은 칠언절구 세 수를 보여주자

이원영은 당나라 작품과 맞설 만하다고 했다. 당나라의 한시는 두보(杜甫)와 이백(李白) 등 근체시(近體詩)가 완성되어 가장 발달했던 시기였기 때문에 이원영의 평가는 극찬이라고 할 수 있다. 이원영은 아울러 정사인 김창집을 직접 만나기도 했다. 두 사람은 약왕묘, 관상대, 태학, 부학 등을 함께 구경하기로 약속하기도 했다. 비록 이원영이 공무로 여의치 않아 실현되지 못했지만 김창업에게는 이원영이 동행을 허락한 것만으로도 큰 의미를 지녔다.

2월 3일에는 김창업이 다시 이원영의 집을 방문했다. 이때 이원영은 김창업에게 타횡(打橫)으로 예를 갖추었다. 타횡은 어린 사람이 높은 손님과 자리할 때 감히 마주하지 않고 비껴 앉음으로써 공경의 예를 표시하는 것을 말한다. 김창업이 벼슬이 없는 한사(寒士)라고 하더라도 그동안의 만남을 통해 그의 학덕을 인정했기 때문이다. 이원영은 식사에 앞서 김창업에게 관복을 갖출 것을 요청했으나 벼슬아치가 아니라 관복이 없다고 하자 갓과 도포를 입을 것을 청했다. 아마 이원영의 시각에서 자신들과 다른 조선의 복식이 꽤나 궁금했던 것으로 보인다. 이 자리에서 김창업은 조심스럽게 청나라 문단의 동향을 질문했다. 이에 이원영은 13명의 재자(才子)가 있는데, 그중 으뜸은 양주(揚州) 사람으로 장원급제한 왕단(王端)이라고 했다. 자신도 왕단에게 수학했다고 했다. 어찌 보면 김창업이 사행에 따라가 들은 정보 중에 가장 흥미로운 것이었다.

2월 10일 두 사람이 편지를 보낸 이후 더 이상의 교유는 없었다. 이때 김창업은 명주 한 필을 보내고, 이원영은 휘주(徽州)의 먹 한 갑을 보내주었다. 김창업 일행이 연경을 떠난 것은 2월 15일이었다. 연경을 떠나기까지 5일 정도의 시간이 있었음에도 두 사람이 연락을 취하지 못한 이유는 분명하지 않다. 2월 10일에 교환한 명주와 휘주의 먹은 앞서 주고받은 선물과는 다르다. 아마도 이날 편지로 이미 이별의 말을 남긴 듯하다.

시문집의 서문, 조화와 양징의 글을 받다

이원영만큼 자주 교유한 것은 아니지만 조화(趙華)와 그 스승 양징(楊澄)의 만남도 김창업에게는 의미 있는 기회였다. 1713년 2월 8일 조화가 사람을 보내 만나기를 청하자 김창업은 먼저 조화의 내력에 대해 물었다. 조화는 만주족으로 34세의 문관이었는데, 13세부터 황제의 곁에 있었던 측근이었다.

2월 13일 김창업이 조화의 집을 방문했다. 조화의 집 앞에서 벌어진 신기한 마술(幻術)을 상세하게 기록하고 있다. 긴 줄에 돈을 꿰달아 묶은 뒤 양 소매에 넣었다가 줄은 그대로 있고 옷이 빠지는 마술과 깨진 종지가 원래대로 보이는 마술이었다. 옆에 있는 사람이 조화의 집에 들어가자고 재촉할 만큼 김창업은 이 마술에 빠져 있었다.

김창업에게 조화의 첫인상은 실망에 가까웠다. 시커멓고 비쩍 마른 데다 얽었고, 한쪽 눈마저 찌그러져 외모로 보면 그가 문인임을 알지 못하겠다고 했다. 조화는 자신이 지은 글을 보여주며 수정할 곳을 청했지만 김창업은 극구 사양했다. 다만 일기에는 '역(逆)'자와 '노(虜)'자는 만주족이 꺼리기 때문에 사용하지 않는데, 조화가 보여준 글에는 아무렇지도 않게 사용되고 있음을 의아하게 여기고 있었다. 이 자리에 양징이 함께 있었는데, 그는 자가 영수(泳水), 호는 이등(二橙)으로, 절강 소흥부 여요(餘姚) 사람이었다. 조화의 스승이었는데, 김창업은 그를 예사롭지 않게 여겼다. 실제 양징은 나이 쉰이 되도록 과거에 합격하지 못하자 벼슬을 단념하고 시문과 술로 스스로 즐기는 사람이었다.

그러나 연경을 떠날 시간이 다가왔기 때문에 김창업과 이들의 만남은 지속되지 못했다. 김창업은 떠나기 전날 종이 한 권, 승두선 두 개, 담배 한 봉, 삼충사(三忠祠)에서 지은 오언고시 및 율시 몇 수를 적어 보냈다. 조화도 자신의 글씨 세 장과 수놓은 주머니(繡囊)를 선물로 보내왔다. 2월 15일 연경을 떠나며 대호지(大好紙) 두 장을 또 조화에게 보냈다.

『연행일기』에는 더이상 양징과의 일화가 없지만, 이덕무(李德懋)의 『청장관전서(靑莊館全書)』 권35, 「청비록(淸脾錄)· 농암삼연모중국(農巖三淵慕中國)」에 흥미로운 내용이 실려 있다.

그 아우 가재선생은 백씨(伯氏) 몽와(夢窩)선생을 따라 중국에 가서 험고(險固)한 산과 융성한 인물과 성지(城池)·누대·풍속·의문(儀文) 등을 두루보고서 그것을 기록하여 돌아와서는 형제의 시를 모아 『김씨연방집(金氏聯芳集)』을 만들고 절강

5　이덕무, 『청장관전서』

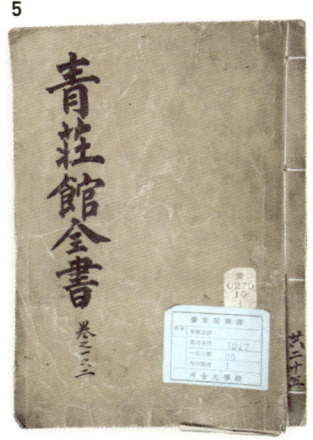

의 선비 양징 영수(泳水)에게 서문을 받아가지고 돌아왔다. 그러므로 김씨의 문헌이 중국에까지 빛나게 되었다. 영수는 농암 선생의 시를 칭찬했는데 그중에서도 관후묘(關侯廟) 시를 더욱 칭찬했다.

이덕무의 말이 사실이라면 김창집 형제의 시문을 묶어 『김씨연방집』이라 했으며, 이것을 양징에게 보여 서문을 받았던 것으로 보인다. 김창업이 양징을 처음 본 것이 2월 13일이었으니 불과 사흘 안에 시문집을 읽고 평을 받은 것이다. 양징은 김창협의 시를 칭찬하며 특히 「관후묘(關侯廟)」가 좋다고 했다. 조선과 청의 문사가 시문으로 교유하고 조선의 시문을 보여 서문을 얻는 전형적인 방법이었다.

서화의 관심, 마유병·왕지계와 서화를 공유하다

김창업은 시문에도 능했지만 화초와 서화에도 일가견이 있었다. 이러한 문화적 갈증을 풀어준 이들이 마유병(馬維屛)과 왕지계(王之啓)였다. 이들의 만남은 주로 김창업의 숙소에서 이루어졌다.

1월 22일 마유병이 김창업의 숙소로 찾아왔는데, 그의 집에 화초가 많다는 소식을 듣고 김창업이 청한 것이었다. 이에 김창업은 소주와 약과, 잣떡, 전약

(煎藥) 등으로 대접했다. 첫날의 만남은 납매화(臘梅花)를 구할 수 있는지 여부와 조선의 음식이 주된 이야깃거리였다. 2월 4일과 5일에 연거푸 만남이 어긋난 뒤 8일에야 마유병이 다시 방문했다. 이때 왕지계가 함께 동행했다.

마유병은 직접 그린 수권(手卷), 곧 길게 가로로 그린 그림을 선물하고, 김창업은 술과 안주로 대접했다. 왕지계는 자가 학산(學山)인데, 마유병의 친구이며 나이는 28세였다. 이때 왕지계가 김창업에게 오언율시 한 수를 적어주었다.

貴國交情薄	귀국과 사귄 정이 드물었더니
惟君迥異人	오직 그대 멀리 희한한 사람.
話言從肺腑	하시는 말씀마다 깊이 나오고
擧動盡天眞	움직이는 거동 모두 천진하셔라.
皎月同君度	밝은 달 그대 함께 헤아려 보고
高山企我心	높은 산 나의 마음 디디고 보네.
何須金石譜	하필이면 금석보라야 하나
友道本彜倫	벗의 도리 본래 떳떳한 것을.

왕지계는 그동안 조선 사람을 만났지만 김창업은 기이한 사람이라고 평가했다. 말씀과 행동이 깊은 곳에서 나와 천진(天眞)하니, 헤어지더라도 서로 그리워할 것을 다짐했다. 건네기로 한 난정첩(蘭亭帖)이 귀한 것이지만 벗의 도리는 더욱 떳떳하다고 했다. 왕지계는 자신을 왕희지의 24대손이라고 하며, 왕희지의 난정첩 진본이 있으니 후일 꼭 보내주겠다고 했다. 이 난정첩은 김창업이 연경에 가서 진본을 구하려고 애쓰던 것이었다. 그러나 『연행일기』에는 더 이상의 기록이 없어 실제 진본 난정첩을 김창업이 보았는지는 분명하지 않다. 마유병도 "동서의 두 나라 사람이 부평초처럼 우연히 만났는데 또 가지가지로 서로 아끼게 되니 이는 정말 천고의 드문 일입니다"라고 하여, 자신들의 만남을 천고의 기이한 인연이라고 했다.

이에 김창업은 정선(鄭敾), 조영석(趙榮祏), 이치(李穉)의 산수화와 윤두서(尹斗緖)의 인물화를 보여주었다. 이 그림들은 청나라 문사들을 만나면 보여주

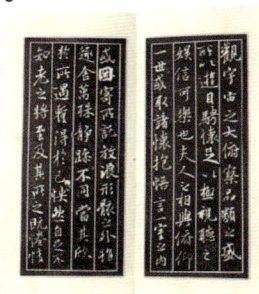

6 왕희지, 『난정집서』〈모본〉
7 정선, 〈여산초당도〉
8 윤두서, 〈윤두서 자화상〉
9 송시열 초상화

려고 조선에서 출발하기 전에 미리 준비한 것이었다. 실제로 김창업은 정선의 그림을 마유병에게 주어 마음을 보였다. 2월 13일에는 김창업이 마유병의 집을 방문했다. 이 자리에서 마유병은 많은 그림첩을 보여주며 필요하면 가지라고 했으나 김창업은 사양했다.

문인 교유, 형식을 뛰어넘어 마음으로 통하다

김창업은 연행길에서 청나라의 많은 문인들과 교유했으나 연경의 문사와 교유했던 모습에 비해, 요녕성의 문사와 교유했던 모습은 그의 기록에 남아있지 않다. 김창업과 청나라 문사들의 교유는 서로 언어가 달라 필담(筆談)으로 이루어졌다. 이에 비해 이원영, 조화, 양징, 마유병, 왕지계 등은 김창업이 좋아하는 시문, 서화, 화초 등 서로 관심이 일치하여 마음으로 교유했던 문사들이다.

김창업이 교유한 문사들은 대부분 관직에 나아가지 않은 젊은 사람들이었다. 이러한 교유의 한계는 김창업이 이러한 젊은 인재를 좋아했기 때문이라기보다 자제군관이라는 그의 현실적 신분에서 기인한 것이었다. 이들은 학덕이 뛰어나거나 관직이 높은 인사들은 아니더라도 김창업이 청나라에 머물며 얻었던 소중한 문사들이었다.

연행록의 정수,
『열하일기』

임영길
성균관대학교

박지원 朴趾源

박지원

1737~1805

朴趾源

연행록의 정수, 『열하일기』

처음으로 열하를 기록하다

연암 박지원(朴趾源, 1737~1805)은 조선 후기를 대표하는 문장가이자 북학사상을 제창한 실학자이다. 그는 1780년(정조 4년) 청 건륭제의 70세 생일을 축하하기 위한 사절단의 일원으로 중국을 다녀와 『열하일기(熱河日記)』라는 불후의 저작을 남겼다.

박지원은 8촌형인 금성위(錦城尉) 박명원(朴明源)의 친족으로 연행에 참여했다. 정사 박명원, 부사 정원시(鄭元始), 서장관 조정진(趙鼎鎭) 및 수역 홍명복(洪命福) 등으로 구성된 진하겸사은사 일행은 1780년 음력 5월 25일 한양을 출발하여 6월 24일 압록강을 건넌 후 책문(柵門)·요양(遼陽)·심양(瀋陽)·산해관(山海關)·통주(通州) 등지를 거쳐 8월 1일 북경에 도착했다. 그런데 본래 북경에서의 망하례(望賀禮)에 참석하기로 예정되었던 조선 사절단은 8월 4일 갑작스럽게 열하(熱河, 지금의 승덕 承德)에서 예식을 거행한다는 황제의 교지를 받고서 곧장 열하로 떠나게 되었다. 이에 별도로 차출된 74인이 8월 9일부터 7일 동안 열하에 머물면서 별궁인 피서산장(避暑山莊)에서 황제를 알현하고 판첸 라마를 예방했다. 이 일행에는 물론 박지원도 포함되었다. 박지원은 혹시나 북경 유람에 지장이 있을까 주저하기도 했지만 열하 일대를 여행할 천재일우의 기회를 놓치지 않았다. 8월 20일 북경으로 되돌아온 박지원 일행은 한 달여를 체류하다가 9월 17일 북경을 출발하여 10월 27일 한양에 도착했다. 귀국 즉시 박지원은 일생일대의 중국 체험을 『열하일기』라는 방대한 여행기로 정리했다. 총 25편으로 구성된 『열하일기』는 저술된 직후 필사본의 형태로 광범위하게 유통되어 당대는 물론 후대 문단에 지대한 영향을 미쳤다.

1 박주수, 박지원 초상
2 피서산장 전경

3 열하일기
4 연암집

『열하일기』는 『호질(虎叱)』과 『허생전(許生傳)』 등 한문소설로 분류되는 박지원의 작품들이 수록된 것으로 잘 알려져 있다. 그러나 기본적으로는 대청(對淸) 사행 기록인 연행록에 속한다. 특히 참신하고 기발한 내용은 물론이고, 여타 연행록과는 전혀 다른 구성과 문체를 갖추었을 뿐 아니라, 조선에서는 전인미답의 공간이던 열하를 방문한 최초의 기록이라는 점에서 연행록 가운데 독보적인 위치를 점하고 있다. 종래의 연행록이 대체로 일기나 잡록, 또는 기사 형식을 취했다면, 『열하일기』는 여행의 경위를 날짜별로 충실히 전하되 중요한 사항들은 기(記)나 설(說) 등 한 편의 글로 독립시켜 적절히 배치함으로써 일기체와 기사체의 장점을 종합한 독특한 형식을 채택했다. 일기는 여정에 따라 「도강록(渡江錄)」·「성경잡지(盛京雜識)」·「일신수필(馹汛隨筆)」·「관내정사(關內程史)」·「막북행정록(漠北行程錄)」·「태학유관록(太學留館錄)」·「환연도중록(還燕道中錄)」 7편으로 나누고, 중국인들과의 교유 상황과 주고받은 필담은 「경개록(傾蓋錄)」·「황교문답(黃敎問答)」·「망양록(忘羊錄)」·「혹정필담(鵠汀筆談)」 등 별도의 편으로 엮었으며, 각종 명소에 대한 견문과 지식을 주제별로 통합하여 「행재잡록(行在雜錄)」·「피서록(避暑錄)」·「구외이문(口外異聞)」·「황도기략(黃圖記略)」·「알성퇴술(謁聖退述)」·「앙엽기(盎葉記)」·「동란섭필(銅蘭涉筆)」 등 시화와 잡록으로 엮었다. 이들 여러 편 중에서 박지원의 요녕 체험은 압록강을 건너는 날부터 7월 23일 산해관에 당도하기까지의 일기인 「도강록」·「성경잡지」·「일신수필」에 상세히 담겨 있다.

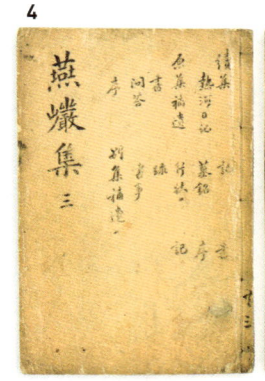

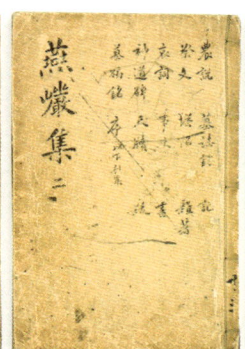

열정적으로 중국인과 교유하다

조선 사신의 연행길에서 지금의 요녕성에 속한 지역은 대략 책문(지금의 봉성시 鳳城市)에서 하북성의 경계인 산해관 동쪽 영원(寧遠, 지금의 흥성시 興城市)까지다. 그 사이에 위치한 광녕(廣寧)·대릉하(大凌河)·금주(錦州)·송산(松山)·행산(杏山) 등지는 모두 명·청 교체기의 격전지였다.

요녕은 청 태조 누르하치(努爾哈赤)의 출신지이자 청나라의 발상지였다. 1621년 후금이 요동 일대를 장악함에 따라 조선 사절단은 한시적으로 다른 도시를 경유하거나 해로(海路)를 택하기도 했으나 청이 중원을 지배한 17세기 후반 이후로는 줄곧 동일한 노선으로 연경을 왕복했다. 그중 심양은 1625년 성경(盛京)이라 명명한 이래로 그 위상이 높아져 1679년부터 연행로 중 한 곳으로 공식 지정되었으며, 청 황제가 심양에 행차하면 조선에서는 심양문안사(瀋陽問安使)를 특별히 파견하기도 했다.

박지원 역시 요동과 심양을 군사적 요충지로 파악하고 천하의 안위가 이 두 곳에 달려있다고 보았다. 그는 「도강록」 7월 9일자에 실린 「구요동기(舊遼東記)」를 시작으로 「성경잡지」와 「일신수필」의 여러 대목에서 과거 명나라와 후금의 전투를 회고하고 명의 멸망을 실감했다. 그러나 무엇보다도 요녕 일대에서 박지원이 강조한 것은 청에 대한 개방적인 자세였다. 박지원은 6월 27일~28일 책문을 지나면서 홍대용(洪大容)이 말한 '대규모세심법(大規模細心法)'을 떠올렸다. 곧 중국은 그 규모가 크되 기술이 세밀하다는 것인데, 박지원은 중국 동쪽 변방의 소도시조차 "점포를 둘러보니 모든 것이 단정하고 반듯하게 진열되어 있고, 한 가지 일도 구차하거나 미봉으로 한 법이 없으며, 한 가지 물건도 비뚤고 난잡한 모양이 없다. 비록 소 외양간이나 돼지 우리라도 널찍하고 곧아서 모두 법도가 있고 장작더미나 거름 구덩이까지도 모두 정밀하고 고와서 그림과 같았다"고 평하며 "중국이 이처럼 번성한 줄은 생각하지도 못했다"고 감탄했다.

이렇듯 박지원은 요녕의 도처에서 시장이 발달하여 점포가 크고 화려함을 주의깊게 관찰하는 한편, 청의 문물과 실용 정신을 적극 수용하여 이용후생(利用厚生)을 도모하자고 주장했다. 6월 28일 봉황성(鳳凰城)에서는 민가의 구조와 집 짓는 기술, 벽돌과 기와 사용법, 축성 제도를 세밀하게 묘사했으며, 7월 1

5 심양의 옛 점포(1912년)

일부터 폭우로 강물이 불어나 통원보(通遠堡)에서 5일 동안 지체하는 동안에는 중국의 가마 제도와 캉(炕)의 구들 놓는 법이 우리나라보다 우수한 점을 논했다. 조선 땅에 살다가 지평선이 보이지 않는 일망무제(一望無際)의 요동 벌판을 마주한 해방의 기쁨과 자신의 원대한 포부를 마음껏 펼 수 없는 현실에 대한 슬픔이 극에 달해 한바탕 통곡으로 표출된 「도강록」 7월 8일의 소위 '호곡장론(好哭場論)' 등 『열하일기』의 여러 명편들이 바로 요녕 내에서 탄생했다.

박지원에게 요녕이라는 공간은 중국 여행의 시작점을 넘어 광대한 세계 문명의 중심지로 나아가는 첫 여정으로서 기존의 현실 인식과 사유 방식에 일대 전환을 불러일으킨 특별한 장소였던 셈이다. 『열하일기』 전편을 통틀어 가장 많이 인용하고 있는 부분이 요녕 체험을 서술한 일기라는 점 역시 그 중요성을 입증한다. 박지원은 연행 내내 대담하고 적극적인 자세로 '관광'과 '교유'에 임했다. 특히 심양에 대한 기대감이 컸던 듯한데, 「도강록」 7월 6일자 일기에 보이는 연산관(連山關)에서의 꿈 이야기는 심양으로의 여정을 앞 둔 설렘을 보여주고 있어 자못 흥미롭다.

밤에 약간 취해 살짝 잠이 들었는데, 갑자기 내 몸이 심양의 성 안에 있었다. 궁궐과 해자(垓字), 여염집과 시정(市井)이 번화하고 화려했다. 나는 속으로 '이처럼 장관일 줄은 생각도 못했네. 내 집에 돌아가서 집안사람들에게 자랑하리라'하고는 드디어 훨훨 날아갔다. 모든 산과 물이 모두 내 발 아래에 있어 마치 솔개처럼 빨랐다. 잠깐 사이에 한양의 야곡(冶谷) 옛집에 도착하여 안방 남쪽 창 아래에 앉았더니 형님이 물었다. "심양이 어떻더냐?" 나는 공손하게 "직접 보니 듣던 것보다 훨씬 낫습디다"라고 답했다. 아름다움을 자랑함이 아주 늘어졌다. 남쪽 창밖을 멀리 바라보니 이웃집 느티나무가 우거졌는데 그 위로 큰 별 하나가 현란하게 빛을 발하고 있었다. 나는 형님께 "저 별을 아십니까"라고 여쭈니 형님은 "그 이름을 모르겠구나"라고 했다. 나는 "저 별은 노인성(老人星)입니다"라 하고는 일어서서 형님께 절하고 아뢰었다. "제가 잠시 집에 돌아온 것은 심양 이야기를 자세히 해드리려 함인데, 이제 다시 일행을 따라가야 하겠습니다"라고 하였다.

박지원은 자신이 직접 체험한 '심양 이야기'를 「성경잡지」라는 편으로 특화했다. 실제로 「성경잡지」는 7월 10일부터 12일까지 2박 3일간의 심양 체류를 포함하여 14일 소흑산(小黑山)까지의 견문을 담고 있다. 그중 13일과 14일 일기에 걸쳐 있는 '기상새설(欺霜賽雪)' 일화는 복선 설정을 통한 유기적인 구성과 백화체(白話體) 표현을 활용하여 자신의 실수담을 해학적으로 그려낸 대목이다. 박지원은 신민둔(新民屯)의 한 전당포에서 액자 글씨를 요청받고는 길가의 점포들에서 눈여겨 봐둔 '기상새설'이란 네 글자를 작정하고 써주었다. 그런데 어찌 된 영문인지 주인의 기색이 일그러지며 냉담한 반응을 보였다. 다음날 그는 소흑산의 머리 장식을 파는 수식포(首飾舖)에서 또다시 '기상새설' 네 글자를 써보였다가 전날의 전당포 주인과 동일한 반응을 접하고 나서야 그 문구가 국수집에 해당한다는 사실을 깨닫게 되었다. 박지원은 '기상새설'이란 말의 의미를 장사꾼들이 자기네 본분과 마음씨가 희고 깨끗하여 가을 서리(秋霜)와 같으며 희디 흰 눈빛(雪色)을 압도한다고 자랑하는 뜻이려니 오해한 데서 빚어진 사건을 「성경잡지」에서 실감나게 기술했다.

심양에 도착하자마자 "성곽 안의 사람과 물건의 번화함, 시장의 사치함과 풍성함이 요양(遼陽)의 열 배나 된다"고 첫인상을 밝힌 박지원은, 길에서 심양의 병부 낭중(兵部郎中)을 지내고 있는 만주인 복녕(福寧)을 만나 짧은 대화를 나누었다. 이후 정사 비장(裨將) 박래원(朴來源), 어의(御醫) 변관해(卞觀海)와 함께 행궁으로 가서는 혼자 출입이 제한된 궁전 안까지 잠입하여 전각들을 구경하고 나왔다. 이어서 박지원은 술집으로 걸음을 옮겼다가 우연히 들어간 골동품 가게 예속재(藝粟齋)와 비단 가게 가상루(歌商樓)에서 현지 상인들과 사귀었으며, 그들과의 교유를 이어가기 위해 야간 외출 금지를 무릅쓰고 이틀이나 숙소를 몰래 빠져나와 밤새도록 필담을 나누었다. 그리고 예속재와 가상루에서의 필담을 각각 「속재필담(粟齋筆談)」과 「상루필담(商樓筆談)」이라는 글로 구성했다. 「성경잡지」의 백미는 바로 이 두 편의 필담에 있다고 해도 과언이 아니다.

「속재필담」과 「상루필담」의 등장인물을 소개하면 다음과 같다.

전사가(田仕可)	자는 대경(代耕)·보정(輔廷), 호는 포관(抱關). 하북 무종(無終) 사람. 나이 29세. 산서 태원(太原) 사람 양등(楊登)과 동업 중. 골동품의 내력에 해박.
이구몽(李龜蒙)	자는 동야(東野), 호는 인재(麟齋), 사천 면죽(綿竹) 사람, 나이 39세
목춘(穆春)	자는 수환(繡寰), 호는 소정(韶亭), 사천 사람, 나이 24세
온백고(溫伯高)	자는 목헌(鶩軒), 사천 성도(成都) 사람, 나이 31세
오복(吳復)	자는 천근(天根), 호는 일재(一齋), 절강 항주(杭州) 사람, 나이 40세
비치(費穉)	자는 하탑(下榻), 호는 포월루(抱月樓)·지주(芝洲)·가재(稼齋), 하남 대량(大梁) 사람, 나이 35세, 서화와 전각을 잘하고 경전의 뜻을 능히 담론
배관(裵寬)	자는 갈부(褐夫), 하북 노룡(盧龍) 사람, 나이 47세, 저서로 『과정집(過亭集)』, 『청매시화(靑梅詩話)』
마횡(馬鐄)	자는 요여(耀如), 산해관 사람, 나이 23세

위 8명의 상인 중에 전사가·청해시화·범권·배관이 수재(秀才)임을 밝히고 있어 어느 정도 학식을 갖춘 인물들이었던 것으로 여겨진다. 박지원

은 이들과 중국 강남의 사정, 골동품 감상, 상인들의 생활 등에 관해 문답했다. 특히 전사가는 박지원에게 골동품의 진위를 감별하는 법을 소상히 설명해주고, 청대 및 송대의 궁중에 수장된 골동품을 그림과 함께 해설한 책인 『서청고감(西淸古鑑)』과 『박고도(博古圖)』에 자신의 의견을 덧붙여 증정했다. 박지원은 전사가로부터 입수한 골동품 목록을 「고동록(古董錄)」이란 글로 정리하여 7월 12일자 일기에 첨부해 놓았다.

점포를 열어 물건을 놓고 파는 것을 비록 인생의 하류(下流)로 돌아갔다고들 하지만, 장사란 하늘이 극락세계 하나를 열어준 것이고 땅이 지상낙원을 열어준 것입니다. 도주공(陶朱公, 범려 范蠡)의 일엽편주를 띄우고, 단목(端木, 자공 子貢)의 수레를 몰아 유유히 사방을 다녀도 아무런 간섭이나 걸리적거림이 없습니다. 커다란 도회지나 고을의 즐거운 곳이 바로 우리 집이지요. 긴 처마와 화려한 집에서 몸은 한가롭고 마음은 편하여 된서리나 뜨거운 햇살에도 내 마음대로 편하게 지낼 수 있습니다. 이 때문에 부모님께 공손하고 처자에게 원망을 사지 않으니 그야말로 누이 좋고 매부 좋은 꼴이어서 고생을 하든 편하게 살든 모두 잊을 수 있습니다. 그러니 농사일과 벼슬아치에 견주어 괴로움과 즐거움이 어느 것이 더 낫겠습니까? 우리가 벗에 대해서는 지극 정성을 가지고 있습니다. '세 사람이 가면 그 중에 반드시 한 명의 스승이 있다'고 했고, '두 사람이 마음을 합하면 그 날카로움이 쇠도 자를 수 있다'고 했으니, 세상에 이보다 지극한 즐거움은 없습니다. 사람이 태어나서 평생 벗을 사귀는 일이 없다면 도대체 재미난 흥취가 없을 것이니 옷이나 잘 입고 먹는 것이나 밝히는 자들은 이런 맛을 모른답니다.

박지원은 「상루필담」에서 고향 생각이 간절하다는 상인들에게 왜 고향으로 돌아가 몸소 농사지어 부모와 처자를 돌보지 않고 먼 곳에 와서 이익을 좇는지를 물었다. 이에 이구몽은 상업에 종사하는 것이 농사나 벼슬살이보다 훨씬 자유롭고 여유가 있기 때문에 객지 생활을 마다 않고 이 길을 택한다는 사정을 설명했다. 그는 또한 생원이 되면 선비로 행세할 수 있느냐는 질문에 "선비의 부

6 「중수선화박고도록
 (重修宣和博古圖錄)」
 건륭 17년 亦政堂刻本

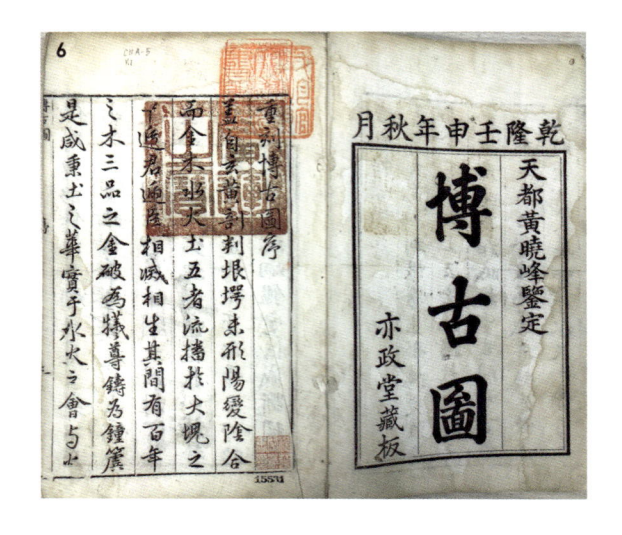

류는 세 등급이 있습니다. 상등은 벼슬을 해서 녹봉을 받는 선비이고, 중등은 학관을 열어 학도를 가르치는 선비이며, 최하는 남에게 손을 벌리거나 이것저것 빌리러 다니는 선비입니다"라고 답했다. 평소 박지원은 허례허식에 갇혀 경제와 민생 발전에 아무런 역할도 못하는 조선의 사(士) 계층에 대해 비판 의식을 견지하고 있었다. 그는 중국에서 상업의 발달상에 남다른 관심을 보이며 상인들을 긍정 어린 시선으로 바라보았는데, 이와 같은 심양 상인들의 발언은 자신의 비판적 견해를 확인함과 동시에 '사'의 역할과 범주를 재정립하는 계기가 되었을 것이다.

중국에서 지기(知己)를 만나길 염원한 박지원은 다양한 신분의 중국인들과 격의 없이 소통했고, 괴로운 타향살이 속 즐거움을 벗과의 사귐에서 찾고 있던 심양의 상인들과 의기투합했다. 「속재필담」 중 "상공께서 비록 먼 나라에서 태어나셨지만 기상이 높고 늠름하여 문식이 공맹(孔孟)의 서책을 잘 알고 예법은 주공(周公)의 도를 통달하셨으니, 바로 큰 군자이십니다. 다만 한스러운 것은 우리가 사는 곳이 멀리 떨어져 있고 각기 다른 하늘 아래 살고 있으니 마음 속 생각을 다 풀지도 못하고 잠깐만에 곧 헤어져야 한다는 것입니다"라는 전사가의 말에, 이구몽이 수없이 붉은 동그라미를 치며, "얽히고설킨 답답한 내 마음을 진정 잘 표현했소"라고 동조하는 장면은 양측의 참된 우정을 생생하게 전달해준다.

진정한 우정을 나누다

심양에서 중국인과의 교제에 물꼬를 튼 박지원은 북경과 열하에서 교유의 폭을 확대하여 진정한 문화 '교류'로 심화시켜 나갔다. 그는 자신보다 앞서 연행을 다녀온 홍대용을 필두로 유금(柳琴)·나걸(羅杰)·이덕무(李德懋)·박제가(朴齊家)·유득공(柳得恭) 등의 벗들을 통해 중국 문사들에 관한 정보를 숙지하고 있던 터라, 연경에 가면 그들을 방문할 계획이었다. 게다가 통원보에서 만주인 글방 선생 부도삼격(富圖三格)이라는 자에게 유리창(琉璃厂) 내 명성당(鳴盛堂) 서점의 서책 목록을 빌려 초록해두기도 하고, 심양에서 만난 전사가로부터 유리창에서 골동품을 볼 때 유의할 점을 안내받기도 했으니, 북경에서의 첫 행선지가 유리창인 것은 당연한 일이었다.

「관내정사」 8월 3일 기사를 보면, 박지원은 공식 일정 외에 제일 먼저 이덕무와 교유한 당락우(唐樂宇)를 찾아가기 위해 유리창의 선월루(先月樓) 인근으로 향했다. 결국 그를 만나지는 못했지만 도중에 양매서가(楊梅書街, 지금의 북경 선무구 宣武區 양매죽사가 楊梅竹斜街)에 있는 육일루(六一樓, 또는 육일재 六一齋)라는 서점에 들렀다가 유세기(俞世奇)·서황(徐璜)·진정훈(陳庭訓) 등과 교분을 맺었다. 그리고 열하에 갔다가 연경으로 돌아온 후 다시 유세기를 매개로 하여 태사(太史, 한림원 편수) 고역생(高棫生), 한림(翰林, 서길사 庶吉士) 초팽령(初彭齡)과 왕성(王晟), 거인(舉人) 능야(凌野)와 풍병건(馮秉健) 등과 양매서가에서 7차례 만나 필담을 주고받았다. 이밖에 전사가가 소개해준 태사 허조당(許兆黨)과도 교유했으리라 추정된다. 박지원은 이들과의 필담을 「양매시화(楊梅詩話)」로 정리했는데, 그 일부가 현재 남아있으며, 「피서록」과 「동란섭필」 등에도 그 편린이 전한다.

박지원은 열하에 있는 동안 태학에 묵었다. 그곳에서 전대리사경(前大理寺卿) 윤가전(尹嘉銓), 귀주안찰사(貴州按察使) 기풍액(奇豊額), 산동도사(山東都司) 학성(郝成), 광동안찰사(廣東按察使) 왕신(汪新), 예부상서(禮部尙書) 조수선(曹秀先), 거인 왕민호(王民皞)·추사시(鄒舍是), 몽골인 경순미(敬旬彌)·파로회회도(破老回回圖) 등 11인과 교분을 맺고 수차례 만나 필담을 나누었다. 그는 『열하일기』에 「경개록」이라는 편을 따로 설정하여 이들의 인적 사항과 특징적 면모를 짤막히 소개한 다음, 티베트 불교와 판첸 라마에 얽힌 내막은 「황교문답」으로 재구성하고, 친분이 두터웠던 윤가전과 왕민호를 주인공으로 부각시켜 「망양록」과 「혹정필담」으로 엮었다. 「망양록」은 윤가전·왕민호와 중국 고금 음악에 대한 이론을 중심으로 역대 치란과 처세 등을 포괄하여 토론한 내용이고, 「혹정필담」은 왕민호·윤가전·학성과 학술·문예·역사·정치·풍속·제도·천문·역법 등 광범위한 주제를 담론한 내용이다. 여기에 「태학유관록」·「피서록」·「동란섭필」 등에 수록된 내용까지 더하면 박지원의 연행에서 열하에서의 교유가 차지하는 비중이 얼마나 컸던가를 충분히 살필 수 있다.

혹정(鵠汀, 왕민호의 호)이 "남당(南唐) 때 작은 발로 춤을 추어 후주(後主)의 마음을 녹인 장소랑(張宵娘)이라는 여자가 송나라 궁궐에 사로잡혀 왔는데, 궁인(宮人)들이 앞다투어 그녀의 작고 뾰족한 발을 흉내 내어 가죽과 천으로 발을 꽁꽁 싸매더니, 드디어 풍속을 이루었습니다. 그러므로 원나라 때엔 한족 여자들이 작은 발에 궁혜를 신음으로써 스스로 몽골 여자와 다르다는 표시를 하기도 했지요. 명나라 때 이를 금했으나 막지 못했고, 지금 만주족 여자들이 한족 여자의 전족을 비웃으며 남자의 음탕한 마음을 꾀어내기 위한 것이라고 하니 참으로 원통한 일입니다. 이것이 족액(足厄)입니다. 홍무(洪武) 연간에 고황제(高皇帝)가 미복(微服) 차림으로 도교 사원인 신락관(神樂觀)에 갔답니다. 그때 한 도사가 실로 짠 망건으로 머리칼을 묶는 것이 편리해 보여서, 태조가 망건을 빌려 쓰고 거울에 한 번 비춰보고는 크게 기뻐서 드디어 그 제도를 천하에 명했답니다. 뒷날 점차 말총 망건이 실을 대신하여 재갈을 물리듯 꽁꽁 얽어맨 자국이 낭자하게 남게 되었지요. 호좌건(虎坐巾)이라는 이름은 앞이 높고 뒤가 낮아서 마치 범이 쭈그리고 앉은 것 같음을 말하며, 또 수건(囚巾)이라고도 하는데 당시에도 이를 놀리는 사람이 있었습니다. 천하 사람들의 머리를 모두 그물 속에 가두었다고 말했으니, 아마도 불편하게 여기는 사람이 많다는 뜻입니다"하고는 붓으로 연암의 이마를 가리키며, "이게 바로 두액(頭厄)이지요"하기

에, 연암은 웃으면서 그의 이마를 가리키며 말했다. "이 번쩍번쩍하는 건 또 무슨 액(厄)인가요?" 혹정은 비참한 듯 고개를 끄덕이고 즉시 '천하 사람들의 머리(天下頭額)' 이하의 글자를 모두 까맣게 지워버렸다.

왕민호는 한인(漢人) 여성들이 전족을 고수하고 있음을 비판하면서 이 세상에는 세 가지 '액(厄)', 즉 전족이라는 '족액(足厄)'과 담배라는 '구액(口厄)'과 망건이라는 '두액(頭厄)'이 있다고 했다. 위의 「태학유관록」 8월 10일자에 실려 있는 왕민호의 이른바 '삼액(三厄)'설은 19세기 연행록에 빈번하게 활용된 기사 중 하나다. 왕민호가 망건을 쓴 박지원의 이마를 가리키며 두액이라고 조롱하자, 박지원이 곧바로 변발한 왕민호의 이마를 가리키며 무슨 액이냐고 맞받아치는 대목에서, 고루한 조선인들보다 청의 강요에 의해 변발을 하게 된 한인들이 더 나을 것도 없다는 박지원의 예리한 풍자 의식을 엿볼 수 있다. 박지원이 만난 중국인들은 대체로 강남 출신 한인 문사들이 많았기 때문에 청조의 억압적 통치와 탄압에 관련된 민감한 발언을 하고 나면 필담 종이를 찢어서 입에 넣거나 태워버렸다. 박지원은 이러한 분위기 속에서 중국 사회 전반을 더욱 깊이 이해할 수 있었다. 청나라 현실에 대한 예리한 분석과 통찰력의 원천을 바로 필담에서 찾을 수 있는 것이다. 작별에 임하여 왕민호와 윤가전, 기풍액은 눈물을 흘리며 아쉬움을 토로했다.

『열하일기』 이후의 연행 기록에서 박지원이 교유한 중국 문사들을 만났다는 언급은 찾아볼 수 없다. 심양에서는 주로 강남에서 상경하여 점포를 운영하는 교양 있는 상인들을 만났고, 북경에서는 한림원 수찬이나 서길사가 아니면 회시(會試)를 준비 중인 한인 문사들을 만났으며, 열하에서는 중앙 및 지방 관원에서부터 학문 수준이 상당한 거인, 만주인과 몽골인 등에 이르기까지 두루 교제했다. 그러나 그 후로 중국에 간 인사들에 의해 그 교유가 지속되지는 못했다. 비록 18세기~19세기 박제가와 김정희(金正喜) 정도의 규모에 비견될 만큼은 아닐지라도 『열하일기』를 통해 전승된 박지원의 중국 내 교유 활동은 후배 문인들에게 귀감이 되었다. 특히 그의 손자 박규수(朴珪壽)는 1861년(철종 12년) 열하문안사 사절단의 부사로 연경에 가서 연경의 문사들에게 과거 자신의 조부가 강소(江蘇) 출신 왕민호와 교유한 일을 소개하고 그의 행적을 수소문했다.

박지원은 젊은 시절부터 함께 '북학(北學)'을 논한 지식인들 가운데 가장 늦게 연행길에 올랐다. 요양과 심양을 거쳐 연경과 열하까지 유람한 박지원의 연행은 조선인으로서의 주체성을 견지한 가운데 청나라의 번영상과 선진 문물을 직접 바라보고, 조선의 낙후된 현실을 타계할 구체적인 실천 방안을 모색해나간 과정으로서 이를 기록한 열하일기는 귀중한 가치를 지닌다고 할 것이다.

이씨 집안과
조선의 인연

이택면
철령시 이성량연구회

이
성
량

李成梁

이성량

1526~1615

李成梁

이씨 집안과 조선의 인연

정국이 불안정하였던 명나라 만력제 때 변경 수비는 상당한 성과가 있었다. 그것은 동남 변경을 지키던 척계광(戚繼光, 1528~1588)과 동북 변경을 지키던 이성량(李成梁, 1526~1615) 두 명장이 있었기 때문이었다. 다만 당시 이성량의 명성은 척계광보다 훨씬 높았다. 이성량은 명나라 문무 관리들이 부패하고 나약하여 변방 방위가 피폐한 시기에 40여 년 간 북방 요새를 종횡무진으로 다스리고 요동을 30여 년이나 지켰다. 또한 강호들과 북방의 각 유목 부락들을 수차례 격파하면서 강력하게 억제하였고, 강토를 대략 천리나 확장하여 순식간에 '이가군(李家軍)'이라는 명성을 널리 퍼뜨렸다.

이성량과 그 가족은 조선과 깊은 인연을 가졌다. 『명사(明史)』에 보면, 이성량의 "고조 영(英)은 조선에서 귀순하여 철령위 지휘첨사(鐵嶺衛指揮僉事)의 세습을 하사받고서 거주하였다"라고 언급되어 있다. 이성량은 슬하에 9명의 아들을 두었는데, 저마다 용맹하고 싸움에 능하여 혁혁한 전공을 세웠다. 큰 아들 이여송(李如松, 1549~1598)은 임진왜란 때 명군(明軍)을 인솔하고 조선을 지원하여 왜군을 격퇴하는 등 조선과 깊은 우정을 맺었다. 당시 출정에서 이씨 후손들과 근위병들의 손실은 매우 컸지만 그 사적은 오늘날까지 전해지고 있다.

명나라 말기에 활동하였던 두 장수, 이성량과 이여송의 영광을 살피면서 그들 가족이 조선과 맺은 인연을 더듬어 보고자 한다.

조선에서 온 이성량 선조

나무는 뿌리가 있고 물은 원천이 있기 마련이다. 많은 역사 기록과 가보첩

1 철령의 이씨 조상 무덤 석상생(石像生)

(家譜牒)을 보면, 이성량 가족은 조선에서 중국으로 건너 왔다고 되어 있다. 그들이 조선의 어느 지역에서 왔고, 또 언제 철령(鐵嶺)으로 이주하였는지 등과 관련해서는 여러 설이 전한다. 지금까지 가장 설득력이 있는 설은 바로 성주 이씨 설과 여진 혈통 설, 두 가지이다.

성주 이씨 설

성주 이씨는 경주 이씨, 전주 이씨와 함께 한국의 3대 이씨 가운데 하나로, 시조 이순유(李純由)는 신라 말기에 친동생 이돈유(李敦由)와 함께 조정에 입사하여 재상을 지냈다. 신라가 멸망하고 고려가 후삼국을 통일한 뒤, 두 형제는 '한 신하는 두 임금을 섬기지 않는다'는 신조로 절개를 지키기 위해서 고려 조정에서 내린 높은 벼슬과 많은 녹봉을 거절하고 개명하고서 경산부(京山府)로 이주하였다. 경산부는 성주(星州)의 옛 명칭으로, 지금의 성주군 벽진면이며, 벽진(碧珍) 이씨의 발상지이기도 하다. 두 형제는 앞으로도 자신들은 고려의 벼슬을 하지 않을 것이므로, 후손들도 고려에서 벼슬을 하지 말라고 하였다. 그러나 9세손인 이효삼(李孝參)은 지방의 하급 관리인 호장(戶長)을 지냈다. 이 때부터 이씨 가족은 날로 흥성하여 고려의 이름난 귀족으로 자리하였다. 특히 12대손

이장경(李長庚)은 국왕으로부터 농서군공(隴西郡公)에 봉해지기도 하였다.

이승경(李承慶)은 이순유의 14대손으로, 원나라 과거의 을과에 급제하고 입사하여 태자첨사(太子詹事)와 어사(御史)를 역임하였다. 그는 사무 처리에 침착하면서도 결단성과 담력, 식견이 있어서 요양행성(遼陽行省)의 참지정사(參知政事)로 승진하였고, 또한 원나라 조정으로부터 '첩목아불화(貼木儿不花)'라는 몽골 이름을 하사받았다. 하지만 뒤에 모친이 병환으로 세상을 떠나자 장례를 위해 귀국한 뒤, 고려에 머물며 돌아가지 않았다. 원나라 순제는 그의 재능을 아껴 요양성 참지정사 탑해첩목이를 보내 돌아올 것을 명령하였지만, 그는 사절하고는 고려 공민왕 아래서 시랑장사(侍郎章事)를 지냈다. 1359년(지정 19년)에 유복통(劉福通)이 인솔한 농민봉기군 '홍건군(紅巾軍)'이 3개의 노선을 따라 높은 기세로 북진을 하자, 원나라 조정은 아주 급한 위기에 처하게 되었다. 이 때 이승경은 왕명을 받아 원나라로 다시 들어와 도원수로 임명되어 군대를 인솔해 홍건군을 물리쳤다. 서경으로 복귀한 그는 충근경절협모위원공신(忠勤勁節協謀威遠功臣)의 작호를 받았다. 이승경은 아들 둘을 두었는데, 큰 아들은 영(英), 둘째 아들은 백(白)이었다. 이들 가운데 이영은 바로 훗날 철령 이씨의 시조가 되었다. 이성량의 선대를 성주 이씨와 관련짓는 사람은 대체로 성주 이씨 문중인데, 한국 역사학계에서도 같은 이해를 가지고 있다.

여진 혈통 설

강희판본(康熙版本) 『이씨보계(李氏譜系)』에는 이영의 선조 다섯 명의 이름으로 이철근수(李哲根穗), 이합산(李呤山), 이하패노(李廈霸努), 이파도리(李把圖理), 이응니(李膺尼)가 기록되어 있다. 계보 순서가 없어졌기에 선조 다섯 명의 세차 순위는 고증을 하지 못하여 "감히 주석하지 못한다"고 하였다. 따라서 이영을 1세로 배열하여 철령 이씨의 시조로 삼았다.

1940년에 일본의 역사학자 원전일구(園田一龜)는 『이씨보계』와 다른 문헌을 함께 고찰한 후 「이성량 및 그 가족」(『동양학보』 26권 1기)이라는 글을 썼다. 그는 이씨가 여진 혈통일 가능성도 있다고 주장하면서 두 가지를 근거로 제시하였다. 첫째, 선조 다섯 명의 이름은 한인이나 조선인과 같지 않고 오히려 여진인과 같다. 둘째, 이씨의 용감하고 날쌘 특성을 볼 때, 역사적으로나 지리적으로나 압록강 우안(右岸)의 여진인 출신인 것 같다. 그는 이씨가 여진 추장인 이현충(李顯忠), 이만주(李滿柱)와 같은 근본을 나눈 사람으로 생각하였던 것이다.

이성량·이여송의 활동과 입신

이성량는 자가 여계(汝契), 호는 은성(引城)으로, 1526년(가정 5년) 7월 14일에 철령위성(鐵嶺衛城)에서 태어났다. 그는 나이 40살이 되서야 군대에 들어 갔지만, 불과 8년 만에 흠차진수요동총병관(欽差鎭守遼東總兵官)으로 승진되었고, 태자태보영원백(太子太保寧遠伯)의 작위를 받았다. 역사가는 그를 대기만성형의 인물로 규정하면서, '영민하고 날래며 장수의 재능을 많이 가진 자', '출정하면 필승하여 위세를 먼 곳까지 떨친 자'라고 평가하였다. 이성량은 이씨 '군사 가족'의 창시자라고는 할 수 없지만, 그것을 완성하여 최고 위치에 올려놓았다.

이성량의 집안은 장군의 세가였다. 일찍이 명나라 초기에 이성량의 5세조, 곧 천조(天祖)인 이응니는 무공으로 부천호(副千戶)로 승임(陞任)되었고, 고조 이영은 '군공으로 세습할 수 있는 철령위 지휘첨사직'에 임명되었으며, 증조 이문빈(李文彬)은 지휘첨사를 세습하였다. 조부 이춘미(李春美)는 천호직을 세습하였지만, 철령 팔리장(八里莊)과 시하(柴河)에서 세운 전공으로 도지휘첨사(都指揮僉事)로 승임되어 정3품 관원이 되었다. 그 뒤에 명령을 받아 가서 애양(曖陽)을 수비하여 진국장군(鎭國將軍)에 봉해졌다. 부친 이경(李涇)은 전례에 따라 지휘첨사 직위를 물려받았다.

그런데 이씨 군사 가족의 규모가 어느 정도 이루어지던 초기에 이춘미는 탐오죄(貪污罪)로 해직되었고, 그의 외손자 김여천(金汝泉)은 독직죄(瀆職罪)로 연좌되었다. 이경은 누님이 혼자서 고독할 것을 염려하여 앓고 있던 몸으로 누님의 아들 대신 귀양하면서 앓고 있던 몸으로 군사죄에 대한 형벌을 받았다. 이씨 가족의 발전은 당연히 제어되었고, 가족 가운데 가장 크게 영향을 받은 자는 장자이자 장손이었던 이성량이었다.

2 이수덕이 편집 인쇄한 강희판
「이씨보계」

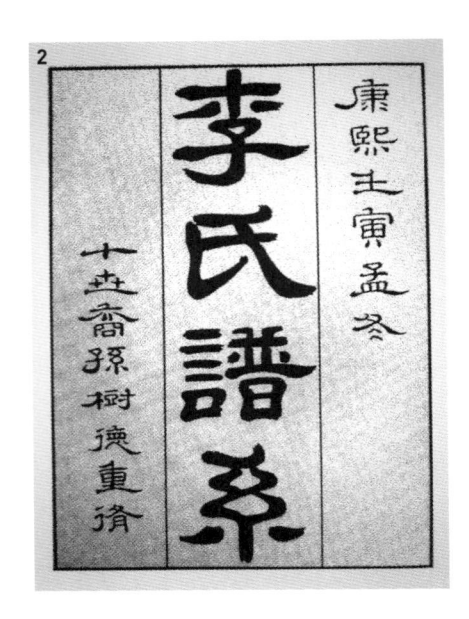

　　전례와 법률에 따른다면, 이성량은 당연히 선조의 관직을 물려받아야 하였다. 그렇지만 가정이 쇠락한 탓에 부패한 조정에 뇌물도 줄 수 없었기에, 40살까지는 아무 것도 할 수 없는 무생원(武生員)에 불과하였다. 그러나 1566년(가정 45년)에 이르러 이성량의 인생 역정은 큰 변화를 맞았다. 곧 그해 5월에 순안어사(巡按御史) 이보(李輔)가 황명을 받아 문무 생원들을 품성에 의해 고찰·선발하였기 때문이다. 이 때 이보는 이성량의 재능을 발견하면서, 그가 무공 가문 출신이라는 것도 확인하였다. 국가가 바로 인재를 활용할 때라고 여긴 이보는 사재를 아낌없이 들여 이성량이 입경(入京)하여 부친의 지휘첨사직을 물려받도록 도왔다.

　　군계(軍界)에 진출한 이성량은 뭍에 올라왔다가 다시 물속으로 들어간 고기처럼 그 재능과 용기를 신속히 발휘하여 불과 1년도 채 안 되는 사이에 군공을 인정받았다. 그는 신설한 요동험산 참장(遼東險山參將)에 제수되어 진(鎭)의 동쪽 13개 성보(城堡)를 관할하였다.

　　1567년(융경 원년)에 몽골의 찰합이부(察哈爾部)가 요동의 영평(永平) 일대를 침범하였다. 찰합이부는 곧 삽한부(揷漢部)로 몽골 부족 가운데 세력을 점차 확대하였다. 그해 부장 토만(土蠻)이 강한 기병을 인솔하여 요동의 중심 지역을 침범하였던 것이다. 긴급 구원을 요청받은 이성량은 영평에서 군대를 거느리고 급히 지원하여 적을 변경 밖으로 쫓아냈다. 이것이 기록에서 전하는 이성량과 몽골인의 첫 싸움이었다. 그 뒤 그의 공이 인정되어 이성량은 요양 부총병(遼陽副總兵)으로 승진하였다. 그는 요양성에 주둔하는 요동 부총병으로, 위소(衛所) 6곳과 주(州) 1곳, 병사 3천명을 거느렸다. 관할 구역은 동쪽으로 압록강 노변장(老邊墻)까지, 북쪽으로는 개원진(開原鎭) 북관(北關)까지였다.

당시 이성량을 추천한 사람은 내각수보(內閣首輔) 장거정(張居正)이었다. 이와 관련하여 "만력 연간(1573~1620) 초기에 장거정은 '변방의 관리들을 법대로 관리해야지 사사로운 감정으로 다스려서는 안된다'고 하면서, 유독 성량을 찬양하면서 여러 장수들 가운데서 선발하였고, 성량도 스스로 분발하였다", "그래서 요동인은 그를 찬양하면서 충직하고 용감하여 쓸 만한 인재이므로 후한 상을 내려야 한다고 하였다. 보상을 가지고 대우를 한다면 명사들도 자진하여 나서게 될 것이다"라는 기록이 전한다. 장거정이 이성량을 변방을 지키는 대장군으로 중용한 것은 인재를 등용할 때 이론적으로 독창성을 가졌을 뿐만 아니라 실제 기존의 틀을 혁파하고 규정을 혁신하여 본보기를 보여준 것이었다. 장거정의 개혁 의지나 관리를 정돈하고 군의 기강을 확립하여 변방을 공고히 하면서 침략을 막아내는 일련의 새로운 정치적 주장들은 이성량이 자신의 재능을 발휘할 수 있는 여건으로 작용하였던 셈이다.

호랑이 새끼는 아비를 닮는다고 하였듯이, 이성량의 큰 아들 이여송도 부친을 따라 이씨 가족을 이끈 차세대 인물이 되었다. 이여송은 자는 자무(子茂), 호는 앙성(仰誠)으로, 명나라 요동 철령위 사람이다. 1549년(가정 28년)에 태어났는데, 어려서부터 날쌔고 총명하여 부친에게 무예를 배웠고, 16살 때부터는 부친을 따라 북적과 싸웠다. 그 뒤에도 그는 "매우 용감하고 아버지의 풍채를 지녀" 싸움을 잘한 탓에 여러 차례 전공을 세웠다. 1574년(만력 2년)에는 고륵채(古勒寨) 전투에서 왕고(王杲)에게 심한 타격을 가해 큰 공적을 세웠고, 다음해에는 부친의 직위를 계승하여 무진사(武進士)에서 도지휘동지(都指揮同知)에 제수되었으며 영원백의 직위를 받았다. 1577년 4월에 몽골의 토만부(土蠻部)

190 한중 緣사 요녕성편

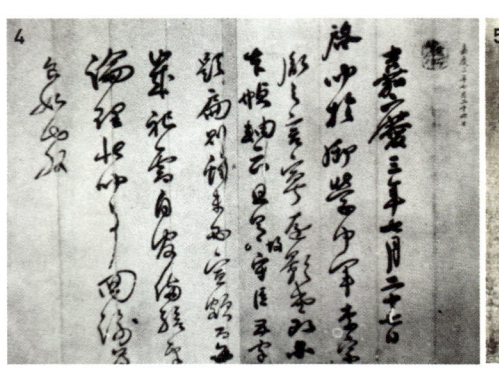

가 다시 침입하여 하동(河東)과 연합하고는 소규모 기병대를 보내 서부를 약탈하였다. 이여송은 아버지 이성량을 따라 이여백(李如柏), 이여계(李如桂), 이여오(李如梧) 등을 인솔하고 토만부 소굴을 습격하여 승리를 거두었다. 이 전공을 인정받아 황화진 수비(黃花鎭守備)로 승임되었다. 이듬해 12월에도 전공으로 밀운유격(密雲遊擊, 지금의 북경 밀운)으로 제수되었고, 계료보정군문(薊遼保定軍門)의 우영 유격(右營遊擊)으로 승진하였다. 그 뒤 1579년에는 연속으로 전공을 세워 마수참장(馬水參將)으로 옮겼고, 다음해 8월에는 황명으로 훈위(勛衛)에 제수되었다. 1581년에는 도독첨사(都督僉事)로 가봉(加封)되었고 부총병으로도 승임되었으며, 1583년에는 산서총병(山西總兵)으로 임명되었다. 이와 같이 이성량, 이여송 부자는 변방을 잘 지킨 공로로 황제의 신임을 받아 끊임없이 영전되었다. 부자는 모두 총병으로 위풍당당하게 요충지를 지키면서 탁월한 공훈을 세웠고 제법 큰 군대를 장악한 변방의 주요 관리로 활동하였다.

3 이성량 초상화
4 「조선건영원백이성량영당사액관문(朝鮮建寧遠伯李成梁影堂賜額關文)」
5 이성량, 「진국장군이군성림행장(鎭國將軍李君成林行狀)」

몽골·여진과 싸운 이성량

한족의 명나라 왕실이 몽골족의 원나라를 무너뜨렸다. 몽골의 각 부는 명나라 건립 이래 명나라와 지속적으로 다투었다. 북원(北元)의 잔여 세력은 명나라 변방을 위협하였고, 올량합삼위(兀良哈三衛) 등의 부락이 요동 변방을 습격하고 교란하였다. 문헌에 의하면 융경제와 만력제 때 변방을 침범한 횟수가 가장 많았던 것은 몽골의 올량합삼위 중의 찰합이부였다. 사망한 원나라 소왕자(小王子)의 후대(後代)는 엄답부(俺答部)의 군장(君長)이었다. 가정제 때 소왕자의 둘째 아들이 엄답부주(俺答部主)가 된 뒤 찰합이부를 이끈 토만은 하사품을 달라고 더욱 절박하게 나섰다. 담판이 성사되지 못하자, 그들은 곧바로 위법 행위를 저질렀고 요동 변방을 침입하여 요동 지방 백성들의 일상적인 생산과 생활 활동을 교란시켰다. 그들은 때로는 독부(毒部)나 타안부(朵顏部)와 연합하여 큰 병력을 이끌고 요동 변경을 침범하기도 하였다. 이성량이 총병으로 나아가기 전에 전임 3명의 총병들은 모두 그들의 정예 기병대에 의해서 목숨을 잃었다.

기록을 보면, 이성량은 군사적 협동과 측면 호응을 통해서 올량합삼위와 첫

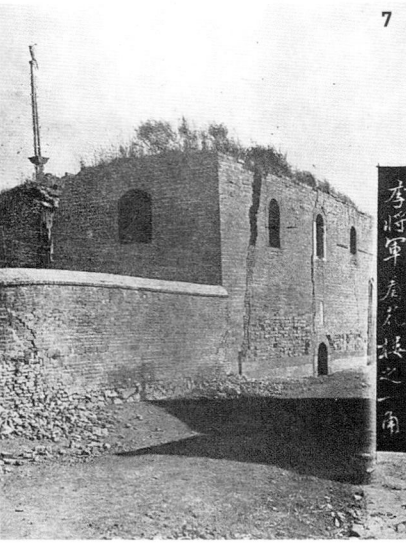

번째 교전을 치렀다. 1567년(융경 원년) 12월에 "북적이 변경으로 처음 넘어 왔을 때 군사들은 대체로 바라만 보고 있었다. 요동총병 왕치도(王治道)가 참장 왕기(王沂) 등을 인솔하여 응전하려고 하였는데, 북적은 북쪽으로 물러서 변경을 빠져 나가려다가 우리 쪽의 준비가 있는 것을 눈치 채고는 동쪽으로 방향을 바꾸어 갔다. 아군이 평산영(平山營)까지 쫓아가자, 선두는 계속 앞으로 나갔다. 산해관에 머물렀던 요동순무(遼東巡撫) 위학증(魏學曾)은 참장 이성량, 유격 낭득공(郞得功)에게 병사를 거느리고 왕치도와 회합하여 작전을 전개하도록 하였는데, 그 결과 북적은 의원구(義院口)로 달아났다"고 한다. 이것은 포위작전으로, 전투 규모는 상당히 컸다. 당시 참장으로 있던 이성량은 요동순무 위학증과 밀접히 협조하고 측면에서 호응한 끝에 승리를 거두었다.

1569년 정월에 이성량은 부총병으로 조배산(雕背山, 지금의 조병산 調兵山)에서 태녕부장(泰寧部長) 속파해(速巴亥)와 치열하게 싸웠고, 그해 4월에는 장파실(張擺失), 애실합(艾失哈) 등과 협하산성(夾河山城, 지금의 본계 일대)에서 격렬하게 싸웠다. 9월에도 복언올(卜言兀)과 금주에서 격전(激戰)하였는데, 이때 총병 왕치도가 전사하자 이성량은 요동총병관(遼東總兵官)를 대리(代理)하기도 하였다.

1571년(융경 5년)부터 1586년(만력 14년)까지 이성량은 몽골 세력과 16차례나 교전하였다. 이전의 네 차례 교전을 합치면 그가 몽골과 전투를 벌인 것은 무려 20차례나 된다. 1579년에 이성량은 태녕부장을 참수한 공으로 황제에 의해 태자태보영원백에 책봉되었다. 1586년 이후 몽골 세력은 여러차례 심한 타격을 입어서 비로소 침략 야심을 거두었다.

그러나 명나라 군사가 여진 부족과 마주한 작전 상황은 이와는 달랐다. 몽골 부락이 요동 중심지를 침입한 것은 주로 약탈을 위해서였지만, 여진 각 부는 약탈 외에 강한 부락이 약한 부락을 병탄하거나 도발하려고 하였다. 요동을 지키던 군사는 날로 강대해지는 여진 세력을 미리 막기 위해서 당연히 그들을 정벌하고 약화시켜야 하였다. 이에 따라 이성량은 요동 관병(官兵)을 거느리고 여진과도 전투를 전개하였다. 그것은 바로 건주부(建州部) 왕고에 대한 토벌이었다.

왕고는 건주 우위도지휘사(建州右衛都指揮使)였는데, 눈치가 빠르고 총명하였지만 포악하고 오만하였다. 그는 명나라와 가까웠던 여진 동족을 약탈하거나 살해하였을 뿐만 아니라 명나라 수위(守衛) 관원들을 빈번히 도발하여 부총병 이하, 하급 무관인 파총(把總) 이상의 장병 수십명을 살해하였다. 특히 파총 한 명과 백여 세대는 복부를 도려내고 심장을 꺼내 죽이기도 하였다. 왕고 부락이 이처럼 날뛰자, 1574년(만력 2년)에 명나라는 그들의 공시(貢市)를 정지시켜 여진족의 생활을 궁핍에 빠지게 하였다. 왕고는 피동적인 상황을 달갑게 생각하지 않았으므로, 그 해 10월 중심 부락의 세력을 모으고 몽골 부락과 연합하여 요동 지역을 침입하고자 모색하였다. 이성량은 첩보를 입수한 뒤, 바로 군대를 동원하여 매복의 계략을 펴서 적을 공격하였다. 왕고는 군사 3천명을 인솔하고서 오미자충(五味子沖, 지금의 무순 지역)에 왔지만, 명나라 군사의 맹렬한 습격을 받아 간신히 주둔지인 고륵성(古勒城, 지금의 무순 신빈현 일대)으로 돌아갔다. 고륵성은 지형이 험한 자연적인 보루이기에, 왕고는 스스로 성이 견고하다고 여겼다. 하지만 고륵성은 이성량의 화공(火攻)을 견디지 못하였고, 때마침 불어온 바람의 영향으로 모두 불타 버리고 말았다. 왕고는 상황이 좋지 못하다는 것을 깨닫고는 기회를 노려 성 밖으로 빠져나와 도망쳤다. 이 전투에서는 여진인 1204명이 사살되었다. 그 뒤 왕고는 개원합달부(開原哈達部)에서 생포되

6 명나라 때 건립된 이성량 석패루(石牌樓)
7 철령 경내에 위치한 이성량 간화루(看花樓) 유적

어 경성(京城)으로 압송되었으며, 결국 사지를 찢어 죽이는 책형(磔刑)을 받았다. 이로써 비교적 일찍 일어난 여진의 반역 세력은 진압되었다.

이성량이 군인이 된 뒤 22년 동안 요동을 지키면서 직접 지휘한 전투 중에 사료에 기록된 '대전(大戰)'은 무려 50여 차례에 이른다. 그는 실제 전투 과정에서 배우고 운용하면서, 군사적 전략과 전술을 절정으로 이끌었다. 몽골을 타격하고 여진을 제어하여 요동 중심지의 안녕을 지켰고, 그 지방의 사회 생산력을 유지하였다. 이성량은 탁월한 군사적 재능으로 전장에서 싸우고 변방을 호위하여 명나라의 통치를 유지하면서 멸망 속도를 늦추었다.

이성량 부자의 군사 활동을 살펴보면, 군사 이론과 실천, 두 가지 중에 실천에 좀 더 편중되었다고 할 수 있다. 군사 이론에 대한 평가가 적고 군사 실천을 직접 행한 것이 많다는 것을 '실천형(實踐型)' 장군이라고 하는데, 군사적인 방어와 공격에서 공격을 더 중시하고, 공격적인 전략과 전술에서는 주로 전술적 공격에 중점을 두었기 때문이다. 이성량 부자는 용감하고 싸움을 잘하는 주관적인 성격과 '동제서회(東制西懷)'의 객관적인 전략을 동시에 구사하는 독특한 풍격(風格)을 가진 '진공형(進攻型)' 장군이었다.

왜적을 무찌른 이여송

1587년(만력 16년)에 일본 관백 풍신수길(豊臣秀吉)은 분열·할거하였던 전국시대를 종결시키고 일본을 통일하여 군정 대권을 장악하였다. 그는 이어 조선을 점령하고 명나라를 빼앗아 동아시아를 제패할 야심을 실현하려고 모색하였다. 마침내 1592년 4월에 그는 군사 20만 명을 보내어 조선을 침입하였다. 왜적(倭敵)은 동래(東萊)에서 3개 노선으로 나뉘어 조선의 수도 한양을 향해 진격하였다. 동로는 가등청정(加藤淸正), 서로는 흑전장정(黑田長政), 중로는 소서행장(小西行長)이 맡았다.

당시 조선은 효율적으로 방어를 하지 못하여 개전 2개월 만에 한양이 함락되고 두 왕자는 포로가 되었다. 전국이 거의 다 상실된 지경에 이르자, "사신들은 명나라에 지원을 요청하기 위해 압록강을 넘나들었고" 조선 국왕 선조는 평양으로 피난한 뒤 사신을 명나라에 계속 파견하면서 지원을 요청하였다. 조선의 위급한 정세를 고려한 명나라 신종은 군대를 파견하여 조선을 지원하고 왜적을 제어하기로 하였다.

신종은 병부에 요동진을 조선으로 출병하도록 명령하였다. 또 조선 군사를 위로하기 위해서 은 2만 냥을 주었고 요동 진의 예비금으로 은 20만 냥을 지불했다. 선봉 사유와 부총병 조승훈은 앞뒤로 병을 이끌고 강을 건너 조선으로 갔지만 지리를 잘 모르는데다가 적을 얕잡아본 탓에 평양에서의 첫 전투에서 참패를 당하여, 사유는 전사하고 조승훈은 귀국하였으며, 조선 선조는 의주로 피난하였다.

연경에 참패 소식이 전해지자 명나라 조야는 당황하였다. 8월에 신종은 병부 우시랑(兵部右侍郎) 송응창(宋應昌)을 왜적을 방어하는 경략사로 임명하였다. 10월에는 이여송을 동정제독(東征提督)으로 임명하여 계주(薊州), 요동, 보정(保定), 산동 지역의 군사 4만 8천명을 이끌고 동정을 하도록 하면서 바다를 지키는 왜총병관(倭總兵官)을 담당하도록 조처하였다. 자료에 의하면 이여송은 "용맹하고 싸움을 두려워하지 않는다. 어려서부터 부친을 따라 군사에 통달하여 천하의 명장이다. 영하(寧夏)를 성공적으로 정복하였고…천하의 대총병(大總兵)으로 13총병들이 모두 여송의 명령을 따른다"고 기록되어 있다. 그의 동생인 좌군 이여백과 이여매(李如梅)도 "조선에서 발생한 매우 위중한 왜환(倭患)에 대처하기 위하여 여송을 도와 계주, 요동, 보정, 산동 지역의 여러 군대를 인솔해서 약속한 일자에 동쪽으로 출병하라는 조서를 받았다. 이에 동생 여백, 여매도 함께 군대를 거느리고 지원하러 갔다.…12월에…출정식을 하고 도강(渡江)하였다"고 하였듯이, 왜적을 방어하는 부총병으로 임명되어 조선을 지원하고 왜적을 격퇴하려고 함께 나섰다.

1593년 정월 4일에 이여송은 군사를 거느리고 조선으로 왔고, 6일에는 평양성 외곽에 도달하였다. 그날 밤에 왜적이 출동하여 이여백의 부대를 습격하였지만 오히려 격퇴되었다. 이여송은 명나라와 조선 군사를 지휘하여 평양을 포위하였다. 8일에 이여송은 공격을 명령하여 몸소 성 아래까지 가서 작전을 지휘하였다. 명군은 먼저 화포와 화전(火箭)으로 공격하고, 거센 바람을 이용하여 왜적의 성채를 불태웠으며, 각 부의 장병들도 성을 공격하기 시작하였다. 왜적은 성벽 위에서 큰 돌 등의 무기로 명나라 군대에 반격을 가하였다. 명나라 군사들은 이여송의 지휘 아래 용감하게 싸웠는데, 당시 전투 상황에 대해서 "제독은 비겁하게 퇴각하는 자를 효수하여 진지 앞에서 장병들에게 보여주면서 '성 위에 먼저 오른 자에게는 은 5천냥을 포상한다'고 크게 외친 뒤, 좌협도지휘(左協都指揮) 장세작(張世爵)과 함께 칠성문(七星門)을 공격하였다. 문루를 이용하는 적을 공격하기가 어려워지자, 제독은 '대포로 공격하라'고 명령하였다. 문루는 대포 2발을 맞아 깨지고 넘어져 불타버렸다. 제독은 군대를 재정비하여 진입하였다"라고 기록되어 있다. 왜적들이 성 안의 각 성채들로 후퇴한 뒤 사력을 다해 저항하자, 명군은 성채를 하나씩 공격하면서 왜적과 치열한 시가전을 벌였다. 명군의 사상자들은 점점 많아졌고, 이여송은 자신이 탄 말이 적탄에 맞아 죽었지만, 여전히 용맹하게 장병들의 공격을 지휘하였다. 이여송은 조선 군사의 지원을 받아 하루 종일 왜적과 피흘리는 격전을 벌인 끝에 마침내 왜적을 섬멸하고는 평양성을 수복하였다. 이여송은 용감하게 싸웠고 능숙하게 지휘하였다.

명군은 평양 전역에서 대승을 거두었고, 왜적은 대동강을 건너 용산(龍山)으로 후퇴하였다. 승기를 타고 19일에 이여송과 이여백 부대는 개성을 수복하였다. 그 뒤에도 명군은 계속하여 황해, 경기, 강원 지역을 되찾았고, 왜적은 한양으로 후퇴하였다. 27일 이여송은 한양을 공격할 노선을 정찰하기 위하여 하인과 함께 경기병(輕騎兵) 등 1천 명만 데리고 한양에서 30리 정도 떨어진 벽제관(碧蹄館)으로 향하였다. 왜적들은 매복하여 이여송 일행을 공격하였고, 명군은 화기와 갑옷 등을 지니지 않았기에 맨손으로 왜적과 육박전을 벌일 수밖에 없었다. 이여송은 용맹하게 돌격하면서 몸소 맨 뒤에서 적을 막아 싸우며 지휘하였다. 동생 이여매가 군대를 이끌고 와서 여러 겹의 포위망을 뚫어준 덕분에 이여송과 명군은 수 백명의 사상자를 낸 채 빠져나올 수 있었지만, 이여송은 이미 중상을 입은 상태였다. 명군은 "벽제 전투에서 아군은 많은 사상자가 생길 만큼 갑작스레 당하였지만 여송은 장병들을 잘 인솔하며 용감하게 싸웠다. 소수가 다수에 맞서 왜적의 두목을 사살하였고, 계속 왜적을 사살하려고 하였으

8

李提督如松

나 왜적은 이미 패퇴하여 도망쳐 버렸다"고 하였듯이, 명군은 큰 패배를 당하였지만 왜적에게도 큰 타격을 안겨 주었다. 또한 벽제 전투에서 패배를 당한 뒤에 "어떤 사람이 그가 화친하는 바람에 나라가 치욕을 당하였다고 여러번 공격하였지만 황제는 묻지도 않았다"고 할 정도로 신종은 이여송을 매우 신뢰하였다.

이렇듯이 평양과 개성을 연이어 수복한 명군은 한양의 외곽에 신속히 집결하여 다음 목표를 향해 진격을 준비하였다. 당시에는 왜적의 가등청정 부대도 한양에 도착하여 소서행장과 합류하였다. 3월에 이르러 이여송은 왜적의 후방 군수품을 차단하기 위해서 부총병 사대수(査大受)를 몰래 보내 왜적의 물자가 저장되어 있던 용산을 기습하여 군량 수 십만섬을 태워버렸다. 군량을 잃은 왜적은 더욱 빨리 패퇴하였다.

4월에 왜적은 다시 함안, 진주를 약탈하고는 전라도 지역으로 접근하였다. 이여송은 급히 이평호(李平胡)와 사대수에게 강원도 지역에 군사를 주둔하도록 하고, 조승훈과 이녕(李寧)에게는 함양에 머물도록 하며, 유정(劉綎)에게는 합천에 주둔하도록 하는 등 각각 맡은 지역을 지키도록 명령하였다. 왜적은 명 군이 예상한대로 침입하였고, 명군 장군은 모두 승리를 거두었다. 4월 18일에 는 황해, 평안, 경기, 강원 등이 연이어 수복되었고, 왜적은 명나라와 강화하고 두 왕자를 송환하면서 잔여 부대를 조선의 동남 바닷가쪽으로 철수시켰다. 동남의 일부 지역을 제외한 한강 이남의 천 여리에 이르는 조선 영토는 대부분 수복되었고 정세가 점차 안정되었다.

그 뒤 12월에 신종이 조선에서 철병하라고 명령하자 이여송은 귀국하면서 1만 여명의 군사만 조선에 남아 주둔하도록 조처하였다. 귀국 후에 그는 공적을 인정받아 신종에게 태자태보로 가봉(加封)되고 매년 녹봉으로 쌀 1천 섬을 더 받았다.

10 《평양성 전투(平壤城戰鬪)》 병풍 중 조명 연합군이 왜군과 교전하는 장면

전쟁 속에서도 펼친 조선과의 교류

이여송은 지략이 뛰어나 능수능란하게 적을 제압하고 승리를 이끈 군사적인 천재였지만, 문학과 회화에서도 뛰어난 재능을 갖추었다. 이것은 그가 조선의 친구들과 교류하는 과정에서 확인할 수 있다.

이여송이 조선 영의정 류성룡(柳成龍)에게 증정한 이금(泥金) 부채는 현재 한국의 국보급 문화재로 지정되어 있다. 부채의 한쪽 면에는 「증조선영의정류성룡(贈朝鮮領議政柳成龍)」의 제목을 단 칠언율시가 적혀 있다. 이 시는 국보제132호 『징비록(懲毖錄)』에도 수록되어 있다.

提兵星夜渡江干, 爲說三韓國未安
군대 이끌고 밤새 도강한 것은 삼한이 편안하지 못하기 때문이라네.
明主日懸旌節報, 微臣夜釋酒盃歡
밝으신 임금께서는 매일 전선의 소식 기다리는데
미약한 신하는 밤새워 술잔을 즐기네.
春來殺氣心猶壯, 此去妖氛骨已寒
살벌한 기운 도는 봄에도 마음은 오히려 장쾌하니
이번에는 요귀들 뼛속까지 서늘하리라.
談笑敢言非勝算, 夢中常憶跨征鞍
승산이 없다고 감히 말하겠는가 꿈속에서는 늘 출정의 안장만을 생각하네.

부채의 또 다른 면에는 이여송이 그린 대나무 그림이 있다. 이 부채의 글씨와 그림을 보면, 중국 동진 때의 서예 대가인 왕희지와 왕현지 부자의 영향을 받았고, 또한 명나라 초기의 '대각체(臺閣體)'와 많은 관련을 가지고 있음을 알 수 있다. 붓끝은 침착하고 과단성이 있으며 치졸하고 소박하며 '대각체'와 같이 경박하거나 정연한 것은 없는 편이다. 이것은 그가 무관이기에 관습에 구애받지 않았던 매우 귀한 특징이다. 그의 초서는 비교적 전문적이고 자연스러우며 표준적인데, 전통적인 서예 비첩으로 공을 들이지 않았다면 그렇게 쓰지 못하였을 것이다.

　　한편으로 다시 시를 음미하면, 시의 뜻 역시 매우 깊은 것을 알 수 있다. 그것은 한 장수가 국가를 위해서 온 힘을 다하고 충성을 다하면서 개인의 생사와 득실을 따지지 않았던 숭고한 정신이 담겨 있는 것이다. 임측서(林則徐)가 "국가의 이익을 위해서 생명도 바칠 것인데, 어찌 재화 앞에서 물러서 복 앞에 다가서겠는가"라고 한 것과 동공이곡(同工異曲)의 감정이다. 또한 칠언율시는 근체시로서는 가장 짓기 어려운데, 평측(平仄)과 운율, 함련(頷聯)과 경련(頸聯)은 대구(對句)가 짜임새가 있어야 하고 평측이 조화로워야 하기에, 여간한 실력을 갖지 못한 사람이면 짓기도 어렵다. 전반적으로 보면, 위의 시는 내용이나 서예 수준 등에서 구하기가 어려운 가작임이 분명하다.

　　한편 한국금석문연구회의 이씨 후손(李氏后人)이 소장한 「증우인시고수적

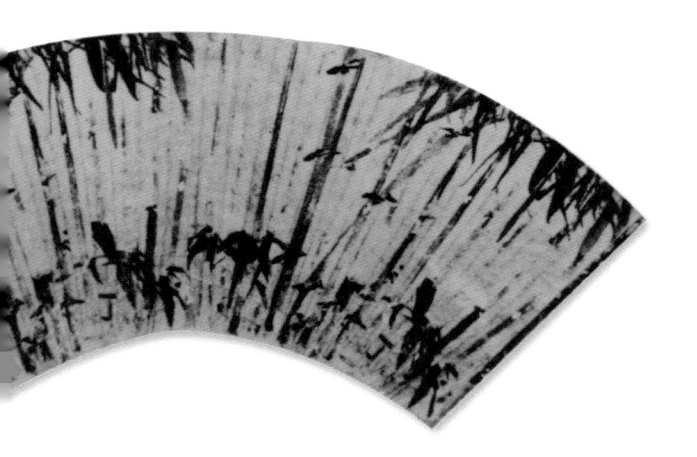

(贈友人詩稿手迹)」이라는 이여송의 작품도 전한다. 이 작품은 행초서(行草書) 형식으로 썼으며, 역시 칠언율시이다. 앞부분에는 시에 관한 서문이 적혀 있는데, "나는 수 천리를 무기를 들고 원정을 하고자 동쪽 압록강에 이르러 우리 사돈인 총병 동공(佟公)을 만났다. 조선의 한낭중(韓郎中)이 쓴 서예 작품을 발견하고는 그가 뛰어난 인재임을 알게 되었는데, 조선에 도착한 뒤에 낭중은 나에게 앙성(仰城) 두 글자와 당시(唐詩)를 써 주었다. 서체에는 힘이 실렸고 높고 낮음도 잘 어울린다. 시 한수를 읊어 보니 대단하다는 것을 알 수 있었다"고 하였다.

營屯細柳大江濱, 露下驅馳爲爾君
가는 버드나무 있는 큰 강변에 군대를 주둔시키고,
이슬을 이고 내달린 것은 임금 위해서네.
草絶窮山飢萬馬, 煙寒三日餒三軍
풀 조차 없는 산에서 군마들은 굶고,
3일 동안 추운 한기에 대군들도 굶주렸네.
刀頭飮血心偏壯, 陣里看圖勢不分
창끝의 피를 핥으니 마음은 더 굳어지고,
진지에서 지도를 보니 정세는 분간할 수 없네.

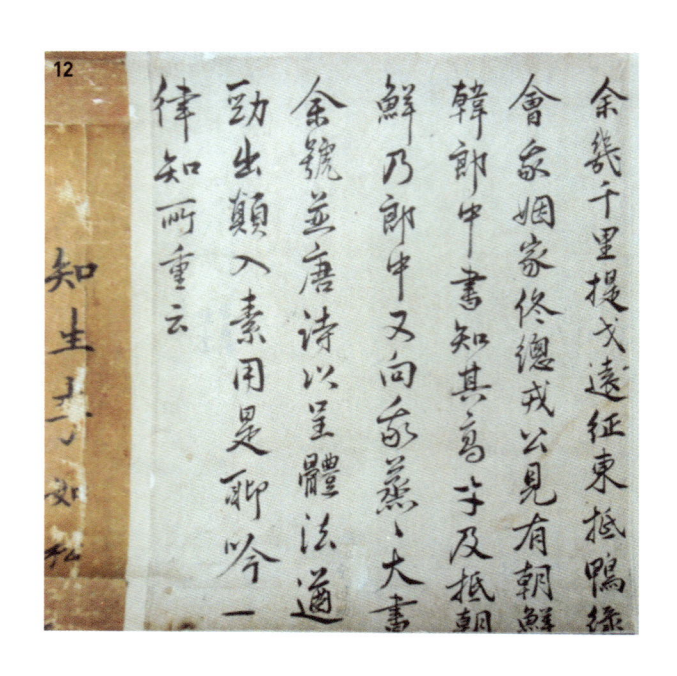

須促行糧千里饋 一時鼓勇滅妖氛
군량을 멀리서 보내라고 독촉하였으니
순식간에 용기 내어 요기를 없애리라.

낙관으로 '앙성송제임진강상(仰城松題臨津江上)'이라고 쓴 이 작품은 부채에 쓴「증조선영의정류성룡」과 비교하면, 붓끝은 많이 다르지만 왕희지와 왕헌지 부자의 첨파(帖派) 작품이라고 할 수 있다. 특히 조맹부(趙孟頫)의 결자(結字)와 글자를 쓰려는 용의(用意)를 볼 수도 있다. 붓 움직임은 물 흐르듯이 거침 없이 자연스럽고 경쾌하면서도 침착함을 잃지 않았으며, 가로 세로는 모두 명확하다. 적들과 마주한 싸움터에서 이와 같이 온화하고 우아하며 과격하지 않으면서도 짜임새 있는 시문 작품을 썼다는 것은 위험 앞에서도 두려워하지 않으며 큰 일에 당황하지 않는 대장군 이여송의 풍모를 그대로 보여주는 것이다. 위의 두 작품으로 볼 때, 이여송은 서예나 시문 모두에서 일정한 경지에 도달하였다고 할 수 있다. 많은 여유 시간을 갖거나 우연히 쓴 것이 아닌 척하거나 문학을 즐겨 하는 체하는 무리들의 작품과는 다르다. 그의 시는 소박하면서도 호방하고 흉금을 그대로 표현하였으며, 그의 서예는 단정하면서도 수려하고 문학적인 기운을 가득 담았다. 아쉽게도 알려진 그의 서예와 시문 작품이 적기 때문에, 명나라 말기 서예계와 시단에서 차지하고 있는 그의 지위를 평가하 기는 어렵다. 그러나 이여송의 서예와 시문 작품은 당시의 무장 가운데서도 절대적으로 뛰어났으며, 문인들 중에서도 매우 품위가 있다고 할 수 있다. 더욱이 위의 두 작품은 한중 우호 관계의 실증이기도 하다.

이여송은 조선의 벗을 진심으로 대하였고, 조선도 이여송을 잊지 않았다. 조선 국왕 정조는 1756년(건륭 41년)에 즉위하여 25년 동안 재위하였다. 그는 다문박식하여 많은 저술을 남겼는데, 현재 전하는 『홍재전서(弘齋全書)』에는 이여송과 관련한 여덟 편의 글이 실려 있다. 그것은 「제독이공사당기 무신(提督李公祠堂記 戊申)」, 「제독이공여송정불조지전 구제건사일치제문(提督李公如松定不祧之典 購第建祠日致祭文)」, 「제독이공여송묘치제문(提督李公如松廟致祭文)」, 「황명총병이여매치제문(皇明總兵李如梅致祭文)」, 「이제독여송손원탁수병곤교(李提督如松孫源鐸受兵閫教)」, 「이제독사당유제문(李提督祠堂侑祭文)」, 「이제독후손희장창제일제직교(李提督後孫熙章唱第日除職教)」, 「이제독생년월일(李提督生年月日)」 등이다.

12　이여송, 「증우인시고수적」

위의 8편 중에 이여송과 관련된 것은 다섯 편이고, 이여매는 세편, 이원과 이희장은 각각 한 편 씩이다. 이 글은 요동과 조선에서 활동하던 이씨 가족의 경력을 기록하였을 뿐만 아니라 이씨 가족과 조선의 관계를 알아보는 데도 매우 중요한 자료로 알려져 있다.

이여송은 조선에 체류하던 동안에 조선 여인 금봉화(琴鳳花)와 혼인하였다. 그는 귀국할 때 금씨를 데리고 가려고 하였지만 금씨는 고향, 친족과 이별하는 것을 아쉬워하여 동행을 거절하였다. 이여송은 그 아쉬움이 사람의 정상적인 감정이라고 생각하고는 자신의 호신물인 보검을 임신하고 있던 금씨에 건네주고 못내 아쉬워하며 작별하였다. 뒤에 금씨는 이여송의 셋째 아들을 낳았는데, 무씨(武氏)가 낳은 큰 아들 세충(世忠), 둘째 아들 성충(性忠)처럼 이름을 천충(天忠)이라고 지었다. 이천충은 뒤에 천근(天根)으로 이름을 바꾸고 자정대부(資政大夫) 병조판서까지 관직을 지냈다.

조선은 이여송과 이여매를 은인으로 삼았을 뿐 아니라, 「황명총병이여매치제문」에 "후손이 동쪽으로 오면 세세대대 벼슬에 봉한다"고 한 것처럼, 그의 후손들에게도 은혜와 애정을 베풀었다.

현재 이천근과 그 후손들의 정황은 명확하지 않다. 하지만 『성주이씨대동보』에서 보면, 후손은 이미 십여 대를 이어 대부분 거제도에 계속 거주하고 있음을 알 수 있다. 이원은 그 후손 가운데 한 사람이었다. 「이제독사당유제문」에 "이름을 원(源)으로 하사한다"고 하였으므로, 이원의 이름은 조선 국왕이 하사한 것이다. 국왕이 이여송의 후손에게 '원'이라는 이름을 내린 것은 이원에게 근본을 간직하고 원천을 잊지 말라는 뜻을 담은 것으로, 선조 이여송의 업적과 공덕을 잘 간직하면서 조선에서 발휘하고 발전하도록 격려하려는 뜻도 담았다.

조선과 명나라의
새로운 우호를 이끈

필보괴
요녕대학

유 홍 훈

劉鴻訓

유홍훈

1565~1634

劉鴻訓

조선과 명나라의
새로운 우호를 이끈

　　유홍훈(劉鴻訓, 1565~1634)은 자는 묵승(默承), 호는 청악(青岳)이다. 1613년(명만력 41년)에 진사로 입사한 뒤 한림원 서길사(庶吉士)에 제수되었다가 얼마지나지 않아서 편수(編修)로 승진하였다.

　　1620년(만력 48년)에 신종과 광종이 연이어 서거하여 장례를 지낸 혼돈스러운 상황에서 태자 주유교(朱由校)가 즉위하여 명나라 희종이 되었다. 1621년(천계 원년) 늦봄에 유홍훈을 정사로, 양도인(楊道寅)을 부사로 하여 요동을 거쳐 조선에 출사(出使)하도록 하였고, 태창(泰昌)·천계(天啓)의 등극을 알리는 두 조서를 반포하였다.

　　명나라는 1450년(경태 원년)부터 1633년(숭정 6년)까지 조선에 여러 차례 사절단을 보냈다. 사절단의 정사와 부사는 대부분 학식이 풍부하고도 문장 구상이 매우 빠른 문신들을 주로 선발하였다. 그들은 조선에 도착하여 문인들과 시문(詩文)을 주고받으면서 문장으로 벗을 사귀었는데 이를 창화(唱和)라 한다. 사신이 돌아가면 그 이듬해에 조선에서는 그 작품들을 모아 책을 엮고는 그 해의 간지를 붙여 『황화집(皇華集)』으로 출판하였다. 다만 1506년(정덕 원년)의 창화(唱和) 시문은 너무 적어서 모아 엮을 수 없었기에 1493년(홍치 6년)의 『임자황화집(壬子皇華集)』에 합하였다. 그리하여 24차례의 창화를 총 23부의 『황화집』으로 냈다. 이것은 대명 외교사에서 성대한 일이었다.

　　1621년(천계 원년) 신유(辛酉)년에 조선으로 출사한 정사와 부사는 각각 유홍훈와 양도인이고 조선에서 영접한 정사와 부사는 각각 이이첨(李爾瞻)과 이경전(李慶全)이었다. 유홍훈과 양도인, 이이첨과 이경전 4인은 그야말로 학식이 풍부하고 재능이 비범한 문인들로, 그들의 창화시문은 거의 500편이고 『황

1 유홍훈
2 이경전, 「석루유고(石樓遺稿)」

『화집』에서도 으뜸가는 것이었다. 그러나 아쉽게도 이듬해 후금이 명나라 요양을 공격하여 요동 지역이 심하게 타격을 받았고 게다가 그 후에 또 다른 원인이 더하여져 이 책은 조선반도에서 찾아볼 수 없게 되었다.

그 뒤 300여 년 동안 조선의 다른 『황화집』은 고스란히 보전되어 있지만, 유독 이 책은 전해지지 않아서 주석이나 해석 연구에 관한 것도 전해지지 않는다. 전해진 다른 기록들에서도 양국 간의 미묘한 정치 관계로 인해 유홍훈의 모습을 왜곡하거나 명나라 내부의 치열한 궁중 투쟁으로 인하여 유홍훈 사행을 폄훼하였는데, 특히 '탐묵(貪墨)'의 모습으로 훼손한 것이 현저하였다.

1992년에 한중 양국이 수교한 후, 한국 문사학자(文史學者)인 서울대 박태근(朴泰根) 선생이 한국에는 전해지지 않은 300여 년 된 『신유황화집』을 중국에서 발견하고, 뒤이어 요녕대학 외국어학부의 학자와 필자를 초청하여, 이 작품에 대한 주석을 진행하였다. 덕분에 필자는 유홍훈의 노정에 대하여 깊은 이해를 얻게 되었다.

양국 학자들이 공동으로 주석한 『신유황화집』을 통해서 당시 조선과 명나라가 정국의 변화 속에서도 의연히 고수한 인연과 그것에 따라 열린 해상 우호의 길을 엿볼 수 있었다. 이 책은 이와 같은 독특한 가치를 가지고 있기에, 당시 조선과 명나라, 후금과의 역사를 연구하는 데 무엇으로도 대체할 수 없는 문헌적 가치를 가지고 있다고 하겠다.

『신유황화집』에 스며 있는 한중의 인연

달이 뜨고 해가 지면 인연이 시작되고 인연이 끝나기 마련이다. 2012년 봄에 필자는 우연한 기회에 『신유황화집』을 보았다. 이 만남으로 인해 필자는 방대하고 심오한 중화 문화에 대한 깊은 인상과 함께 양측의 우의에 대한 구체적이면서도 뚜렷한 인식을 갖게 되었다.

『신유황화집』은 특별한 배경하에 생겨난 명나라와 조선 상층 문인들의 시문과 창화의 집대성이다. 그 특별한 배경은 세 가지로 제시할 수 있다. 첫째, 당시 명나라와 조선은 모두 다사다난한 상황에 놓였다는 것이다. 만력 후기에 명나라는 안팎으로 곤궁에 처하여 형세가 매우 긴박하였다. 내적으로는 정국이 혼란하여 폭풍처럼 거세게 반란이 일어났고, 외적으로는 여진(女眞) 세력이 끊임없이 강대해져 조정에 공공연히 대항하였다. 둘째, 1592년에 일본이 조선에 대한 침략 전쟁을 일으키자, 조선 선조는 의주(義州)로 피난하였고 명나라에게 원군을 요청하였다. 명나라는 압록강을 건너 조선을 구원하도록 동북을 지키는 총병 이여송(李如松)을 파견하였다. 이여송은 평양 근처에서 일본군과 치열한 전투를 벌인 끝에 일본군을 철저히 격파하여 일본이 투항을 선포하고서 조선에서 물러나도록 하였고, 조선을 회복하게 하였다. 이 때 명나라에서는 신종과 광종 두 황제가 서거하였다. 조선은 치열한 전쟁을 끝낸 뒤 명나라의 은덕을 고맙게 여겨 유홍훈 등 사절단을 각별히 존중하였다. 셋째, 유홍훈이 조선에 도착한 지 얼마 지나지 않아, 요양(遼陽)이 후금에 점령되어 귀로(歸路)가 차단된 탓에 명나라 사신 일행은 해상 통로를 개척하였다.

중국에서 발견된 『신유황화집』에는 시문 479수, 단문(短文) 11편 등 모두 490편이 수록되어 있다. 편찬 과정과 주요한 인물에 대해서는 「서문(序文)」에 명백히 적혀 있다. 그것을 정리하면 아래와 같다.

천계 원년 여름에 한림원 편수 유청악(劉靑岳, 유홍훈), 예부 도급사중(禮部都給事中) 순강양(笋江楊, 양도인)은 새 황제의 명령을 받고 태창 및 천계 두 황제의 2가지 등극 조서를 선포하러 왔다. 이것은 또 종래에 없었던 성대한 예식이었다. 반송사 이이첨은 서쪽에서 돌아와 정리·편집한『황화집』을 묶어 임금에게 올렸고, 임금은 그것을 받아 보고 치하를 하면서, '이 책을 명나라에도 넘겨주어야 할 것이다'라고 생각하고는 서국(書局)에서 인쇄할 것을 명령하였다. 나를 보고 "서문을 쓰라"고 명령하였는데, 나는 스스로 이 영예로운 사명을 완수할 수 있다고 느꼈다.

명나라에는 두 인물이 있는데, 그들은 조당(朝堂)에 나타나지 않으면 정전(正殿)에 나타났다. 직무는 금지 구역의 관직에 친근하였고, 관직은 언론으로 직간(直諫)하는 것으로 이름을 삼았다. 국내에 있을 때면 황제의 책략을 찬미하고 외국에 가면 황제의 현명함과 위대함을 선양하였다. 이것이 바로 두 선생의 직책이다. 하물며 그들은 재학(才學)도 있고 풍치도 있어서 선배들을 충분히 계승하였다. 우리나라에 온 뒤 예악의 절차대로 엄숙하고 공손히 진행하며 좌우앞뒤로 다 예의범절에 맞게 행사하여, 조선 군신들은 매우 큰 충격을 받아 그 반가운 심정은 마치 봉황새를 발견하는 것과도 같았다.

사명(使命)이 끝나고 귀국한 뒤에 우리는 고귀한 예복을 다시 감상하지 못하게 되었다. 조선 인사들은 아쉬워 바라보면서도 타고 간 말을 만류할 수 없었다. 명나라 황제의 은덕을 보답하였지만 그 은덕은 한이 없어서 보답할 길이 없었다. 사절을 만류하려고 하였지만 이미 떠나갔고 돌아보지도 않았다. 우리나라에서 있는 성의와 힘을 다하여 할 수 있는 것은『황화집』을 널리 선양·전파하여, 비록 유희와 일반 서화로 이루어진 영세하고 산만한 문자라도 세상에 오래 전하여 우리 조선 백성이 칭송하고 우러러보는 대상으로 삼아야 하는 것이다. 이것이 바로 우리 임금이 그처럼 지성을 다해 힘쓴 까닭이다.

나는 스스로 다음과 같이 생각하였다. 두 선생이 변경을 떠날 때 이미 적의 동향을 알리는 경고가 있었고 귀국할 때는 요동·심양 지역이 이미 함락되어 도로가 차단되었다. 배를 타고 돌아갈 때 압록강이 아니고 청천강 수로로 갔다.

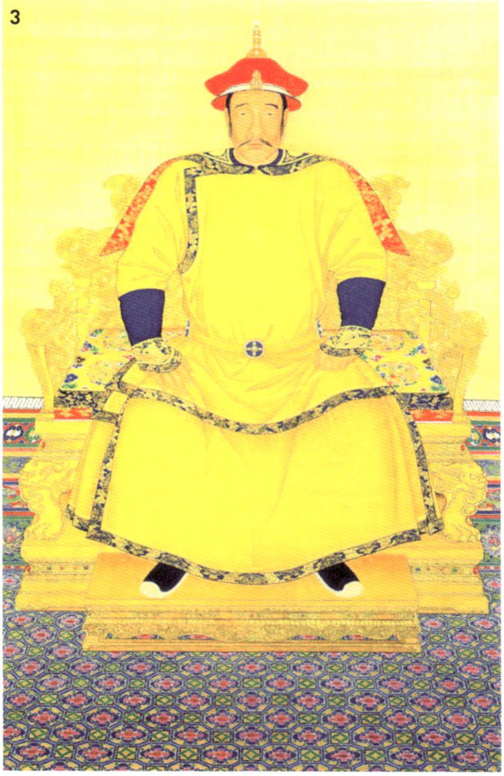
3

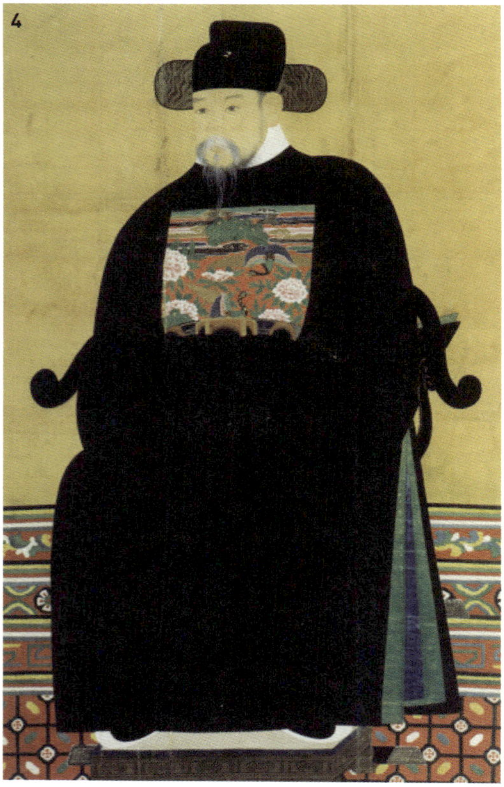
4

사절 표식을 단 배가 앞에서 인솔하고 바다 파도가 조용한 가운데 하신(河神)과 해신(海神)이 앞뒤를 수호해 주기에, 평지를 다니는 것처럼 넓은 바다를 건너 끝내 북경에 도착하였다. 우리는 또한 두 선생이 조정에 들어가 변경의 상황을 보고하고 조정의 위풍을 다시 떨쳐 변경 싸움터를 조용하고 편안하게 만들 것이라고 생각한다. 그렇다면 두 분의 위대한 공적은 후세에 보다 더 길이 빛날 것이다.

조선의 중신인 유근(柳根)이 왕명을 받고 쓴 「서문」에서, 그는 조선과 명의 우의 관계의 연원을 술회하였고, 유홍훈 일행이 조선에서 진행한 외교 활동의 과정을 요약하여 소개하였으며, 그들이 조선과 명 양국 관계에 힘쓴 걸출한 기여를 높이 평가하였다. 구절구절마다 중국 사람에 대한 돈독한 감정과 유홍훈에 대한 존경심이 스며 있으므로, 이 글은 양측 관계사에서 중요한 글이라고 할 수 있다.

조선에서는 국가의 서국(書局)에서 정성을 다해 선택한 종이로 인쇄하고 널리 발행하였는데 한때 많은 이들이 다투어 읽고 전파·칭송하였다. 유홍훈은 자신이 맡은 정치외교적 중요한 임무를 원만히 수행하였을 뿐만 아니라 문화 사절의 역할도 성공적으로 수행해, 양자 간의 문화 교류를 한층 더 확대시켜 주었다.

3 누르하치 초상
4 유근 초상

유홍훈 사절단의 요녕 행적

1621년 늦봄에 유홍훈은 7품 문관이었지만 당시 명나라가 위기를 맞았기에 황명으로 '1품 장복(章服)'을 하사받아 조복(朝服)을 입고 정사의 신분으로 조선으로 출사하였다. 그의 조선에 대한 첫 출사는 명나라와 조선의 관계를 거듭 새롭게 하는 중요한 책무였다.

『신유황화집』은 유홍훈과 양도인 일행이 성지(聖旨)를 받들고 북경을 떠나 울퉁불퉁한 길에서 온갖 고생을 다하면서 산해관, 흥성(興城), 북진(北鎭), 요양, 해성(海城), 안산(鞍山) 등지를 거쳐 단동(丹東)에 도착하여 압록강을 건너 조선 경내에 도달한 뒤 열렬한 환대를 받은 과정을 기록하였다.

몇 수의 시를 통해서 당시의 모습을 돌이켜 보자. 북경을 떠난 후 유홍훈이 쓴 첫 번째 시는 「신유이월봉사조선출도(辛酉二月奉使朝鮮出都)」로, "맑고 좋은 날에 조서를 받고 나는 기린 무늬 관복에 옥패를 달았네. 새 황제의 정삭(正朔)을 반포하려고 조선 개성(開城)으로 출발하고 나는 성지를 받아 일시에 자금성을 떠나 부여로 가네. 한 쌍의 인수(印綬)는 임금의 희열을 보여주며 5월 귀환은 신하의 본분이라. 나는 송구스럽게도 종군(終軍)과 같은 제남 사람인데 어찌 노기(奴氣)가 전멸되도록 차마 하지 않겠는가"라고 읊었다.

유홍훈은 북경을 떠난 뒤 첫 번째 시를 지으면서 황명(皇命)을 받아 출사하는 기쁜 마음을 토로하고 황제의 영명함을 칭송하며 자신이 사명을 수행할 신심을 표현하였다. 5월에 사명을 완수하고 돌아올 날짜를 예측하였는데, 금방 북경을 떠나자 귀환할 생각을 하였고, 고향과 고국에 대한 연모의 심경을 완곡하게 전하였으며, 고대의 저명한 외교가 종군을 본보기로 자신을 격려하였다. 시에서 말한 개성은 고려 왕조의 수도였고, 오늘날의 개성은 판문점과 잇닿아 있는 북한의 유명 관광지이다.

유홍훈 일행은 단동에 도착하기 전에 소석문이라는 곳에서 명나라로 파견된 조선 사신을 만났다. 유홍훈이 쓴 「소석문봉조선사신(小石門逢朝鮮使臣)」이라는 시에서는 상봉과 관련하여 "흰 삿갓에 연록색의 봄 저고리 차림으로 질퍽 거린 도로를 밟아 우리 차 앞에 나섰네. 비척(悲戚)한 표정에 완곡한 인사를 하였는데, 상냥한 모습은 중국 관원과도 같도다. 비가 내리는 중에 그는 무릎을 꿇고 큰 절 하려는 것을 말렸으니 그들은 예의범절에 얼마나 주도면밀하였던가. 선황(先皇)들의 서거를 슬퍼하여 온다고 말끝마다 은근하고 공손한 말투였네. 내가 떠날 때 그들은 양옆을 등지고 얼굴은 나를 향하였는데 내가 지나간 뒤에야 차에 올라 계속 나갔네. 노정에서 우연히 상대방을 만나 매우 깊은 정을 보이며 예절에 하도 밝아 소홀함이나 부족한 점이라곤 하나도 없구나"라고 언급하였다. 유홍훈은 명나라와 조선의 변경으로 가면서 봉성(鳳城)에 도착하기 전에 북경으로 향하는 조선 사신을 우연히 만났는데, 그들은 매우 공손하고 예절에 밝았다. 대화에서 조선 사신은 서거한 두 황제를 조문하려고 북경으로 간다고 하였다. 쌍방은 상호 존중하였기에, 유홍훈은 예의에 빈틈없는 조선 사신을 매우 높이 평가하면서 사신으로서의 풍모를 보였다.

압록강을 건너 조선 경내에 들어선 유홍훈은 「삼월십일도압록강(三月十日渡鴨綠江)」이라는 시를 지어 자기의 기분을 기록하였다. 그것은 "이 날에 배를 타고 바다를 향해 묻거늘, 이 사신이 갈 곳을 선차(仙槎)라 감히 말하겠는가. 강물이 도도히 흐르는 강변에 부두 세 곳이 있지만 지리나 풍속을 보아 명백히 한 집안이구나. 강 위에서 탄 배에 설레는 물결은 대자리와도 같이 고우며 봄철 바람에 시들어지는 백양 가지가 날린다. 영접 나온 관리들이 모인 강변에 가득히 꽂힌 채색 깃발은 노을과도 같구나"라고 하였다.

압록강을 건널 때 쓴 이 시에는 명 조정의 정사로 시문에 대한 자부심과 사명감이 가득 차 있다. 미련(尾聯)의 묘사를 통해서, 당시 명나라 사신에 대한 조선 백성들의 열렬한 환영 분위기와 함께 양국 간 우의 관계의 진지함과 돈독함을 명확히 나타냈다.

조선 원접사 이이첨은 칠언율시 한 수로 창화하였다. 그것은 예의로 작성한 것이지만, 그의 높은 한학 수준과 뛰어난 시문 창작 예술을 보여준다. 「차도압록강운(次渡鴨綠江韻)」이라는 시의 내용은 "바다와 같이 깊은 명 황제의 은혜는 끝없으며 기개가 비범한 사절은 미묘한 선박에 비치리. 오랜 역사를 이어받고 사명으로 삼으니 주나라 초기보다도 지극하네. 옥돌 장식 소함(小匣) 속의 기린 무늬 수놓은 금서(錦書)를 내주며 옥새가 찍힌 국서(國書)에 수놓인 봉황새 꽃무늬가 있을 것이네. 이 둔한 이는 어찌하여 행운아가 되어 이와 같은 좋은 직책을 맡았는지 가장 높은 정열로 우리의 정성된 마음을 구현하리라"고 하였다.

이 시는 이이첨이 유홍훈과 창화한 첫 번째 시였다. 이 시의 5개 운은 유홍훈 시의 그것과 똑같으므로, 매우 높은 수준이 필요한 것이었다. 특히 유홍훈이 시를 마감하면서 마무리 부분을 많은 채색 깃발과 환영 대열로 꾸몄다면 이이첨은 정성을 다해 명나라 사신을 열렬히 영접하는 심정을 표현한 것이므로, 양자의 의미에 매우 알맞게 한 것이라고 할 수 있다.

명과 조선 우호의 새로운 체결

그 당시에 후금의 세력이 빠르게 확장되면서 조선과 명나라의 관계가 조금 미묘해졌다. 조선은 "크고 작은 일은 모두 전례를 따른 다"고 하여 여전히 이전의 예의대로 영접한다고 하였지만, 『조선영접천사도감도 청의궤(朝鮮迎接天使都監都廳儀軌)』를 보면, 이번 영접에는 부실, 감원(減員), 준비 부족, 무시, 불경(不敬) 등과 같은 말이 많이 언급되어, 사람들에게 심각한 인상을 남겼다. "영접이 이전보다 못하다"고 명나라 사신이 말한 내용이 있고, 또한 『조선왕조실록』에도 명나라 사신이 "비할 바 없이 탐욕스럽다"고 한 말이 기록되어 있어, 당시 명나라와 조선의 관계가 조화롭지 않았음을 알 수 있다.

이것은 명나라의 외교 지위가 떨어져 있다는 것을 반영하는 것이고, 다른 한편으로는 조선 조정이 유홍훈을 비롯한 사절단에 대해 믿지도 않고 환영하지도 않았다는 것을 말해 준다. 유홍훈은 비록 관직은 낮지만 명나라 사신의 위엄을 버리지 않고 모든 행동을 격식대로 하면서 "예의에 공손하고 규칙대로 행사하기에 동국인은 감동되어 봉황새를 구경하는 듯하였다"고 알려져 있다. 『신유황화집』에 따르면, 유홍훈은 태학(太學)을 참관을 갈 때 태학생 몇 사람을 만나 서적과 종이를 주었는데, 태학생들이 글을 써서 사의를 표하였다고 하였다. 이 기록은 이전의 『황화집』에 없는 것이었다.

동시에 『황화집』 부전(附傳)에는 유홍훈이 "향락을 절제하고 법규대로 행사하였으며, 서민 차림으로도 격식을 갖추고서 시문이나 책을 읽었다. 사람마다 그들의 인의(仁義)에 대해 찬양하였다"라고 쓰여 있다. 그는 비범한 외교적 풍모와 뛰어난 재간으로 조선 조정과 각계각층 인사들의 신임을 받았고, 그들이 명나라의 위안을 받고 명군과 협동하여 후금을 반격할 결심을 다지도록 하였다.

조선은 비록 여러 가지 면밀하지 못한 사항으로 인해 명나라 사절의 노여움을 사기도 하였지만, "사절에 필요한 일이라면 관반(館伴)과 영접사는 힘써 알선하여 미봉(彌縫)으로라도 하였다"고 하였다. 이처럼 명나라와 조선 인사들의 공동 노력으로, 4월 12일에 조서 반포식이 성대하게 치러졌다.

유홍훈이 쓴 『개독기사(開讀紀事)』에는 조서를 낭독한 성대한 장면과 영접식이 기록되어 있는데, 극적인 서술이 있는가 하면 보다 더 서사시적인 장면도 묘사되어 있어 매우 역사적 가치가 있다. 이와 같은 귀중한 문자들을 통해 당시의 경사로운 장면과 함께 사람들이 분발한 정신 세계를 상상할 수 있다.

이이첨이 유홍훈과 함께 제시(題詩)를 차운(次韻)한 것도 마찬가지로 매우 미학적(美學的)이어서 사료적 가치를 가지고 있다. 시에서는 의식의 장엄하고 열렬한 장면 묘사를 토대로, 성대하고 뜻깊은 예식에서 유홍훈이 보여준 풍모와 기질을 주로 칭송하였다. 그 가운데 두 마디를 거론할 수 있다. 두 대사(大使)는 종묘의 호련(瑚璉)처럼 치국의 인재이고 기수(杞樹)나 재수(梓樹)처럼 건물을 짓는 대들보가 되며, 학식에서는 깊은 뜻을 탐구하여 새로운 견해를 내고 문학에서는 위험한 국면을 만회하여 아름다운 글을 써냈다. 훌륭한 명성은 우리 같은 관원들에게 마음 속으로 공경하게 하고 삼공고관들에게도 마음을 쏠리게 하였다 라는 것이다.

유홍훈과 조선 관련 사신들의 공동 노력에 의해서 마침내 명나라와 조선 간의 갈등은 불식되었으므로, 유홍훈은 조선 측의 신임을 받고 외교적 사명을 원만히 수행하였다.

동북아에 영향을 준 사행길 개척

유홍훈 일행이 조선 경내에 들어와 서울에 도착하기 전에 이미 요양은 후금에 의해 함락되었다. 육지의 사행길이 차단된 바람에 일행은 육로로 귀국하지 못한다는 소식을 접하였다. 유홍훈 등은 해로로 돌아갈 준비를 하고자 조선 국왕에게 선박을 만들어 줄 것을 문서로 요청하였다. 부사 양도인은 조선 원접사 이이첨에게 보낸 편지에서 "미안하지만 귀하가 조서를 속히 영접하면 좋겠다고 귀국의 국왕에게 상주할 것을 부탁한다. 그러면 우리 두 사신은 즉시 길을 다그쳐 왕경으로 향할 것이다. 먼저 이 중대한 일부터 처리하고 난 후에 사신을 호송하여 조선 조정에게 보고할 것을 고려하고자 한다"고 하였다.

명 홍무 연간(1368~1398) 말에 조선 사절단의 사행길을 육로로 변경한 뒤

5 개성 선죽교 전경, 명나라 사절은 늘 선죽교 양쪽의 숙소에 투숙하였다. 유홍훈 일행도 이 다리를 지나 갔다.

부터 명나라는 오랜 기간 동안 해금(海禁)을 실행하였던 탓에 통행을 허락한 기간은 매우 짧았다. 가정 연간(1522~1566) 말에 장기간의 기근을 완화시키기 위해서, 만력 연간(1573~1620)에 임진왜란으로 인해 조선에 군량을 수송하기 위해서 허락한 것이 있을 뿐이다. 따라서 명나라 사신이 갑자기 해로로 변경하려는 것은 명나라나 조선이나 매우 곤란한 일이었다.

다만 조선의 광해군은 이번의 사행길 변경이 해상 사행길을 재개할 기회가 된다고 생각하였다. 그때까지 해로는 개통되지 않아 항로를 잘 몰랐고, 또한 엄격한 해금 때문에 조선도 어디로 도착해야 할 지 모르는 형편이었다. 그렇지만 유홍훈과 양도인을 동반한다면 명나라 사람들의 믿음을 비교적 쉽게 얻을 수 있기에, 광해군은 이번이 매우 중요한 기회라고 생각하고서 곧바로 최응허(崔應虛)를 사은사(謝恩使)로, 안경(安璥)을 서장관으로, 또한 권진기(權盡己)를 진위사(陳慰使)로, 유여항(柳汝恒)을 서장관으로 삼은 두 사절단을 구성하여 수행하도록 명령하였다.

1621년 5월 20일에 22척의 배로 구성된 유홍훈과 양도인 일행의 선단(船團)은 청천(淸川)에서 출발하여 등주(登州)로 향하였다. 귀국 도중에 전쟁으로 피난한 많은 명나라 백성을 만난 유홍훈은 수행원의 권고에 불구하고 연도에 피난민을 수습하여 무게가 무거워 배가 파손될 정도로 피난민을 구하였다. 6월 4일 밤에 명나라 사절들이 탄 배들은 여순구(旅順口)에서 재난을 만나 전부 침몰하였다. 동행한 조선 사절이 쓴 『가해조천록(駕海朝天錄)』에는 "모든 선박이 다 여기에 정박하였다. 밤 중에 거센 바람이 불어 비가 많이 내리고 파도가 거친 데다가 항구가 너무 좁아 배들이 서로 마주 부딪쳐 전부 침몰되어 죽은 자가 너무 많았다. 유사(劉使, 유홍훈)가 물에 빠져 있다가 다행히 수영을 하던 사내에 의해 구원되어 알몸으로 해안에 올랐는데 온 몸이 흙투성이였다"고 하였다.

『만문로당(滿文老檔)』에도 이 해난에 관한 기록이 있어, 이들의 사행에 대해 후금이 많은 관심을 가졌음을 알 수 있다. "6월 7일에 니감(尼堪, 한족)의 한림원 급사중 관원들은 조선 국왕에게 의복을 보냈고 조선의 두 총병관과 한 시랑이 동반해 전송하였다. 돛배 22척이 바다에서 가는 도중에 순풍이 없어 금주(金州) 근처의 섬에 올랐다. 애탑(愛塔)이 30명을 데리고 다다랐을 때 관원들은 혼

자 목선(木船)을 타고 갔기에 붙잡지 못하였고 배를 미처 타지 못한 조선인 52명, 니감인 90명을 생포하였다"고 하였다. 이름을 유흥조(劉興祚)라고 한 애탑은 후금 한(汗)인 누르하치가 아끼던 장군인데, 후금의 파견에 의해 금주를 방어하던 중에 소식을 받고 즉시 움직였다. 아마도 그는 유흥훈을 생포하였을 것이다.

유흥훈은 이후에 시 한 수를 지어 여순구에서 배가 침몰되었을 때의 고통스런 심정을 표현하였다. 곧 "병은 심성에서 난 것이며 위독해서 심해진 것이라. 해외에서 누선(樓船)이 오던 중인데 한 사람은 살았고 아홉 사람은 죽었구나"라고 하였다. 유흥훈은 작은 배를 타고 바다에서 3일 밤낮을 떠다니다가 산동 등주 해변에 도착하였다. 위험을 벗어난 그는 즉시 광해군에게 "여순 일대를 항해하던 중에 이상한 바람에 부딪쳤으나 이 몹쓸 훈은 다행히 죽지 않았습니다. 그 불행은 하늘의 뜻이지 선원들이 힘을 쓰지 않은 것이 아닙니다.…귀국의 갖가지 호의들은 십 중의 구 이미 파도 속에 들어갔지만 현명한 덕성은 간직하고 영

영 잊지 않을 것입니다"라고 편지를 보냈다. 이것은 해난이 선원들이 힘쓰지 않은 탓에 일어난 것이 아니라는 것과 답례 선물들이 없어졌다는 것을 해명하는 것이었다.

역사 자료에는 유흥훈의 탐욕에 관한 기록이 많지만, 위의 기록을 보면 사실은 그렇지 않은 듯하다. 그가 피난민을 수습하지 않았더라면 명나라 해역에 순조로이 도착하였을 것이고, 후금 군대에 생포될 위험도 없었을 것이며, 또한 조선 국왕의 답례 선물도 수장(水葬)하지 않았을 것이다. 그는 위험에서 벗어나자 명나라와 조선 간의 우호 관계를 수호하는 국가의 이익을 생각하였다. 이것은 탐욕자라면 하지 못할 일이다.

유흥훈은 위험과 우여곡절을 겪었지만 끝내 사명(使命)을 수행하였다. 『조선왕조실록』에 의하면, 유흥훈은 천계 원년 6월 16일에 등주에 상륙하였고 다른 조선 사신들도 6월 19일에 등주에 상륙하였다고 전한다. 6월 21일에 등주 병순도아문(兵巡道衙門)의 관원은 명령대로 표식을 들고 조선 사절이 탄 배에 올라 금지 물건을 검열하면서, 배를 몰고 온 외국인 가운데 금지령을 위반한 자들은 도적으로 취급할 것이라고 하였다. 그 과정에서 검열 관원은 조선 측 문서를 보고 감동하였고, 더욱이 유홍훈과 양도인 두 사신의 증명이 있어서 곧바로 문을 열어 안내하면서 예우를 다하였다. 며칠 지나지 않아 그들을 북경으로 전송하였다. 조선 사신도 사행 임무를 완수하였다.

국가가 위난을 당했을 때 유홍훈은 생명의 위험을 무릅쓰고 조선으로 출사하여 해상 실크로드의 옛 항로를 개통하기 위해서 자기의 공헌을 다하여 중국과 조선반도 관계사에서 하나의 미담(美談)을 이루었다. 명나라는 그해 8월부터 "조선의 사행로를 변경시켜 해로로 등주에 도착하게 하고 경사(京師)로 직접 도착하도록 하라"고 하였다. 유홍훈이 귀국한 뒤 옛 항로는 다시 양국의 연락 경로가 되었다.

지금까지 전하는 우의의 인연

조선은 명나라와 교류한 184년 동안 24차례 사신 활동을 기록하였고 23권의 『황화집』을 엮었다. 하지만 유독 1621년 유홍훈이 조선에 출사 하였을 때를 기록한 『황화집』은 사라져 버렸다.

『황화집』은 조선에서 편찬·인쇄한 것으로, 중국에 보전된 것은 매우 적어서, 이 방면의 완전한 자료를 보기는 힘들다. 이것은 위에서 언급한 병화 외에 당시 조선 국왕이었던 광해군의 역사적 지위와도 관계된다. 유홍훈이 귀국한 뒤 1623년(천계 3년) 4월에 조선에서는 "국인은 이혼(李琿)을 폐하고서 그의 조카 능양군(綾陽君) 이종(李倧)을 옹립하고 소경왕비(昭敬王妃)의 명을 받아 국가 사무를 처리하였다"고 하였다. 광해군은 등극 초기부터 왕족과 왕공 대신들의 인정을 받지 못하였다. 때문에 폐위된 뒤에는 역사에 제대로 서술되지 못하였다.

중국에서도 사정은 있었다. 유홍훈은 귀국한 뒤 모친이 세상을 떠났기에 거상(居喪)하였고, 대신 부사 양도인이 북경에 가서 복명(復命)하였다. 그후 숭정제 때 유홍훈은 예부상서, 동각대학사(東閣大學士)에 제수되고 뒤에 재상으로

7 『광해군일기』에는 유홍훈에 대해서 '탐묵'이라고 기록하였지만, 『신유황화집』 등과 비교하면 지나친 부분이 있다.

8 유홍훈은 자신이 편찬한 『옥해찬(玉海纂)』에 당시 해난을 기록하였다.

9 예부터 여순 일대에서는 용오름과 같은 해난사고가 많이 발생하였다. 이 그림은 조선 연행사가 그린 것으로, 선단이 여순 부근 해역에서 용오름을 만난 장면이다.

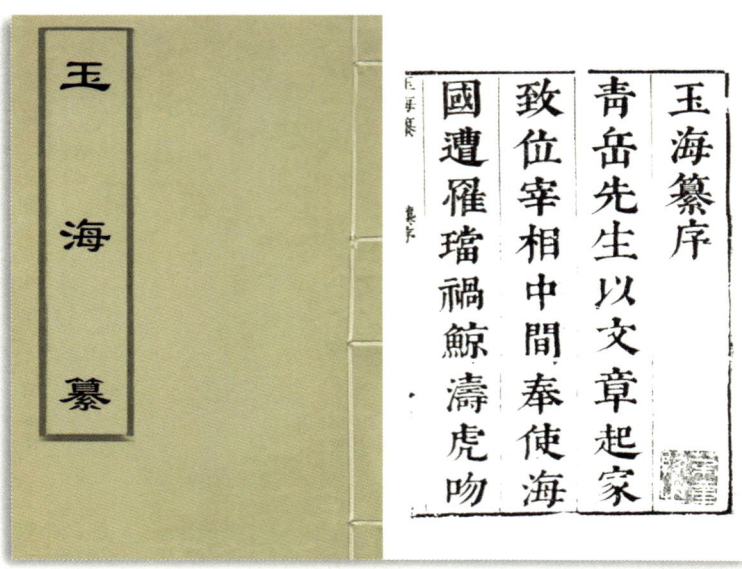

취임하였다. 하지만 복잡한 정치 투쟁으로 유배되어 69세의 나이로 유배지에서 세상을 떠났다. 그렇기 때문에 『신유황화집』도 중국의 역사 자료에서 별로 보이지 않는다.

 박태근 선생은 한국에서는 없어진 『신유황화집』을 중국에서 발견하여 번역을 하고자 하였다. 이 책은 중국에서도 단지 두 판본으로만 전하기에 학자들이 찾아보기는 매우 어렵다. 그는 번역에 함께 참여할 중국 학자를 찾으려고 힘쓰다가 필자를 포함한 양국 4명 학자가 번역과 정리에 착수하였다. 그때에 필자는 『신유황화집』 전체 번역과 주석·비평을 맡고, 그 뒤에 박태근 선생이 출판하기로 약속하였는데, 중문과 한문의 두 판본으로 출판할 예정이었다. 하지만 불행하게도 2년 전에 박태근 선생이 갑자기 세상을 떠났다는 소식을 접하였다. 선생이 작성한 5만여 자의 원고, 조선 지명과 인명에 대한 주석들은 어디로 산실되었는지 몰라 출판을 기약할 수 없다.

『신유황화집』의 번역과 주석에는 책임감을 가진 한중 양국 여러 학자들의 심혈이 담겨 있다. 이 책은 잘못 알려진 두 나라 교류 과정의 실상을 담은 것으로, 앞으로 두 나라가 대를 이어 우의를 이어가는데 가장 좋은 증거라고 할 수 있다.

조선 사신과 필담을 나눈
만천거사

장걸
요녕대학

장
우
령 張又齡

장우령

불명

張又齡

조선 사신과 필담을 나눈 만천거사

　　조선은 청나라와의 문화 교류를 꾸준히 진행하였다. 연행사는 문화 소통의 사명을 띠고 분주히 청나라를 왕래하였다. 특히 18세기 후반에 조선의 북학파 학자들은 연행사로 활동하면서 청나라 학자와 만나 중화 문화를 심도 있게 접하며 조선의 문명 진보를 이끌었다. 그들은 사행 기간 동안 보고 들었던 것을 일기(日記)에 상세히 적었는데, 그것은 오늘날 한중 양국 간에서 당시의 시대상과 양국의 우호 교류사를 연구하는 데 중요한 자료로 자리하고 있다.

　　당시 성경(盛京)이라고 불린 심양성은 청나라의 발원지이자 청나라가 중원을 제패한 뒤 배후 도시였으며, 조선의 사절들이 반드시 지나가야 할 주요 도시였다. 당시의 성경은 조선 사절에게 여러 가지 깊은 인상을 남겼다.

　　성경의 번화한 정경에 대한 묘사는 조선 사절의 일기 속에서 얼마든지 찾아볼 수 있다. 박지원(朴趾源, 1737~1805)은 요양(遼陽)에 대해서 "번화함과 화려함은 봉성의 10배나 된다"고 하였다가, 성경에 와서는 "만물의 번화함과 시가의 번성함이 요양의 10배구나"라고 탄식하였다. 채제공(蔡濟恭, 1720~1799)도 「성경행(盛京行)」이라는 시에서 "십자가 거리에 패루가 우뚝 솟아 있고, 많고 많은 가게들이 동서로 자리하였네. 높이 걸린 간판에서는 금빛이 나고, 비단과 구슬, 옥이 눈을 부시네. 하늘 땅은 갖가지 재화를 만들었고, 기묘한 색채는 밤낮 무지개와도 같구나"라고 읊었다. 홍석주(洪奭周, 1774~1842)는 "월국의 비단과 초국의 황금은 눈을 황홀하게 하고, 말발굽 소리와 차바퀴 소리는 온종일 떠들썩하네"라고 표현하였으며, 서장보(徐長輔, 1767~1830)도 "시장의 진품이 산같이 쌓여 금 간판과 맞닿고, 궁전 기와는 날듯이 옥난간 위에 솟아 있네"라고 읊었다. 김윤식(金允植, 1835~1922)도 「성경」이라는 시에서 "울타리가 옛 성

1 성경 궁궐도

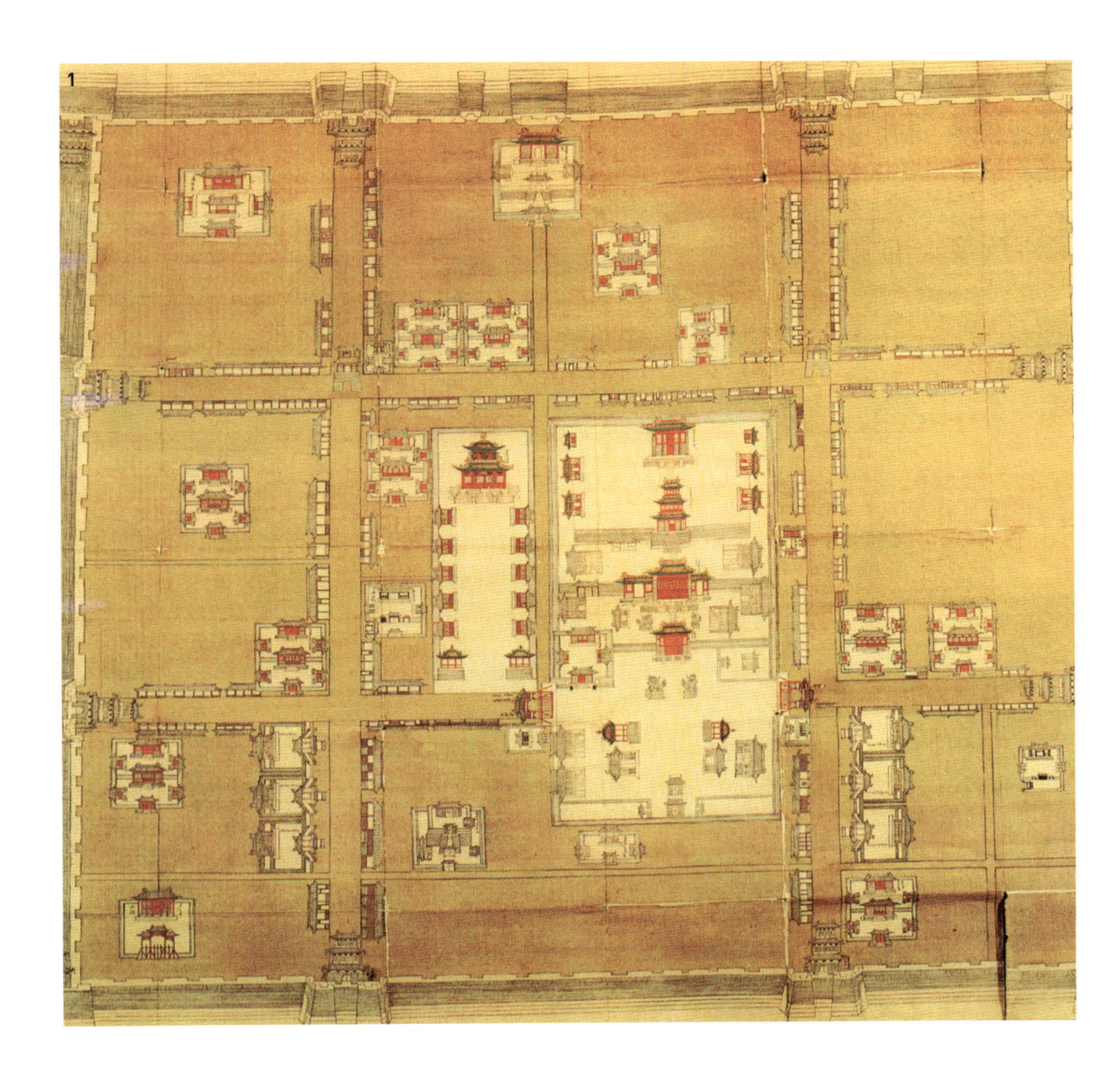

을 지키고, 집집의 금빛이 아침 햇빛을 비추네"라고 하였다.

조선 사절 중에는 당시에 널리 알려진 문인들도 있었다. 그들은 청나라의 정치 변화에 관심을 갖는 한편 청나라 문인들과 사귀는 것을 기쁨으로 여겼다. 1783년(건륭 48년)에 건륭제가 동쪽으로 순행하면서 조상의 묘에 제사를 지냈을 때, 조선에서는 좌의정 이복원(李福源, 1719~1792)을 정사로 삼아 성절(聖節) 및 심양 문안 사절단으로 파견하여 심양에서 어가를 맞도록 하였다. 이만수(李晩秀, 1752~1820, 자는 성중 成仲)는 이복원의 둘째 아들로, 진사에 급제하였지만 아직 관직을 받지 못하였기에 이복원을 수행하여 함께 심양에 갔다. 또한 이복원의 조카인 이전수(李田秀, 자는 군직 君稷)도 동행하였다. 처음으로 청나라에 들어간 이만수와 이전수는 심양의 '만천거사(萬泉居士)' 장유곤(본명 張又齡, 자는 裕昆)과 필담으로 심도 있는 대화를 주고받으면서 뜻이 잘 맞고 허물이 없는 막역지교(莫逆之交)를 맺었다.

그동안 고증한 바에 따르면, 현전하는 청나라의 모든 공문과 동북 지방의 문헌 중에서 장유곤이라는 이름은 찾을 수 없다고 한다. 이만수·이전수와의 교유가 없거나 『입심기(入瀋記)』라는 글에 게재되어 전하지 않았다면, 건륭제 말기에 심양에서 활동하였던 장유곤이라는 만주족 영재의 존재는 알려져 있지 않았을 것이다.

아래는 이만수가 쓴 「유곤진찬병서(裕昆眞讚並序)」의 일부이다.

만천옹(萬泉翁) 30살 때의 초상화를 보니 젊은 풍채가 준수하고 붙임성은 친절해 보인다. 그가 서화를 품평할 때는 양쪽에 꽃과 괴석이 놓여 있고, 좌우에는 반드시 명사와 제자, 고승과 도인도 있을 것이어서, 마치 난정(蘭亭)의 군현(群賢), 죽계(竹溪)의 육일(六逸)과도 같다. 또한 달 아래의 오동나무, 바람 결의 마름 연꽃, 학이 연기를 피하고 고기가 먹물을 삼키는 것과도 같을 것이니, 반드시 깊은 이치를 담은 현담(玄談)이 있고 풍아(風雅)를 안기는 아름다운 글귀도 있을 것이다. 유감스럽게도 동해(東海) 이성중(李成仲, 이만수)은 그 속에 있지 않아, 27년 뒤에야 비로소 공을 만나 집안에 들어가 보니, 비바람에 견디지 못한 시든 꽃과 늙은 버드나무가 있고 침대 머리에는 먼지가 덮인 몇 권의 책이 놓여 있었다. 평생의 친구들, 곧 반청원(潘淸遠)은 고통스럽게 시를 짓고 읊었다가 죽었고, 하영일(何寧一)은 산동에서 벼슬하였으며, 선작모(宣作謨)는 갑자기 빈관(賓館)으로 간 바람에, 홀로 정처없이 돌아다녔기에 세상에서는 다시 만천옹을 아는 사람이 없구나.

이만수는 당시 30세였던 장유곤을 '난정' 현인 중에 왕희지, '죽림'의 칠현 중에 완적(阮籍)으로 찬미하였다.

장유곤은 누구인가? 그의 이름은 장우령(張又齡)이다. 자는 유곤이고, 호는 만천거사이다. 조상은 청나라 초기에 한족 팔기(八旗)인 한군기(漢軍旗)에 편입되었는데, 아버지가 일찍 세상을 떠난 탓에 가정을 돌보기 위해서 학업을 포기하고 장사에 나섰다. 그 뒤 30살 때 이미 '서화를 품평한' 것으로 보아 부유한 생활을 영위하였던 것으로 보인다. 장유곤은 과거로 이름을 날리지도 않았고 벼슬을 하지도 않았으며 저술을 남기지도 않았으므로, 조선의 이만수·이전수와는 우연히 만났을 것이다.

2 왕의승, 〈성경면승도(盛京緬勝圖)〉, 청나라 때 사평 시가지의 번화한 정경
3 왕의승, 〈성경면승도—봉루소하(盛京緬勝圖—鳳樓消夏)〉, 청나라 때 심양 고궁에서 문무백관이 여름나기를 하던 성대한 장면

명사를 찾은 조선 사신

1783년(건륭 48년) 7월 30일에 조선 사절단의 정사 이복원은 총원 248명을 이끌고 심양에서 약 60리 떨어진 십리하보(十里河堡)에서 숙박하였다. 사절단

의 숙소 앞에는 관제묘(關帝廟)가 있었는데, 이전수는 지나가던 관인이 만나러 온다는 말을 듣고 중형(仲兄)을 모시고 만나러 갔다. 길을 지나가던 청나라 관원은 사씨(史氏)로 9품관이었다. 이전수는 대화를 나누면서 사씨 관원이 손에 들고 있던 부채 안의 풍경화 한 폭을 관심을 가지고 보았다. 그림에는 "물가에 전각이 있고, 전각 밖에는 작은 다리, 긴 강, 먼 산이 있는데, 어슴푸레하여 사랑스럽구나"라는 글이 적혀 있었고, 그림 옆에는 칠언절구의 제화시(題畵詩)가 아래와 같이 쓰여 있었다.

朝來空翠濕雲根	아침 수목 푸른 빛이 구름 끝을 적시고
幽徑無人破蘚痕	오솔길에는 이끼 밟은 사람 없구나.
縛個茅亭通水閣	풀로 만든 정자는 수각과 통하고
滿山紅葉未全髠	만산의 단풍은 아직 지지 않았네.

시의 뒷면에도 낙관으로 '모암오형출구불산작화운운 고향제사동서(慕庵五兄出九佛山作畵云云, 古鄕弟査桐書)'라고 적혀 있었다.

이전수는 필담으로 고향(古鄕)은 호이고, 사동(査桐)은 이름인데, 사대수(査大受)의 뒤를 이어 역시 심양에 있고 모암(慕庵)은 산동 사람 이라는 것을 알게 되었다. 이전수가 보기에는 사동이 쓴 이 시는 내용과 서법(書法) 모두 우아하였다. 또한 마지막에 적은 '미전곤(未全髠)'이라는 세 글자는 특별히 깊은 뜻을 담았을 것으로 보였다. 그는 그것이 암암리에 청나라 삭발 제도를 반대하는 뜻이었을 가능성이 매우 크다고 생각하였다. 그리하여 형과 함께 "심양에 들어가는 첫 날에 우선 이 사람부터 만나 봅시다"라고 하였다. 그러나 사동은 요양에서 벼슬을 하였기에, 어가 영접은 불가능하였고 만날 수도 없었다. 이것을 알게 된 이만수와 이전수는 크게 실망하였다.

8월 21일에 이전수는 또 새로운 실마리를 얻었다. 해성(海城)에서 선씨(單氏) 생원 한 사람이 조선 사절단의 숙소에 찾아와 이전수에게 책 한 권을 주었다. 책 이름은 『매헌유초(梅軒遺草)』였는데, 『반매헌시집(潘梅軒詩集)』이라고도 하였으며, 심양 사람이 최근에 만들었지만 그 사람은 이미 죽었다고 하였다. 책

4 조선 사신의
5 심양 지재문 옹성의 권문(券門)

을 살펴본 이전수는 작자의 이름은 반송죽(潘松竹)이었고, 자는 청원(淸遠), 호는 매헌이었으며, 30살에 죽었기에 책 이름을 '유초'라고 하였음을 알게 되었다. 책에는 백여 수의 시가 실렸는데, 시구가 아담하고 사랑스러웠다. 앞부분에는 선작모(宣作謀), 하광생(何廣生)이 쓴 서문이 실렸고, 마지막 부분에는 장우령(張又齡), 주금(週錦), 진곤(陳昆), 곽근(郭瑾) 등이 쓴 발문이 있었다. 서문과 발문에서 진곤과 곽근은 산해관 사람이고, 나머지 네 사람은 모두 심양 사람이라고 하였다. 이전수는 선씨 생원에게 네 사람에 대해서 보다 구체적인 내용을 알아보았다. 그 결과 장우령의 자는 유곤(裕昆)인데, 집 주소는 모르고 단지 주금의 집 주소만 안다는 내용을 들었다. 이전수와 선씨 생원은 다음 날 함께 주금을 찾아 방문하기로 약속하였다.

8월 22일 오후에 이전수는 약속한대로 선씨 생원과 함께 주금의 집을 찾아갔다. 주금은 지재문(地載門) 밖에 거주하였는데, 집에 찾아가자 직접 마중을 나왔고, 서로 인사한 뒤에는 마주앉아 찾아온 목적을 물었다. 이전수는 "우연히 선 선생을 만나 『매헌유초』를 보았는데, 선생이 그 책에 쓴 발문을 읽고는 문장이 좋아서 찾아 왔습니다"고 대답하였다. 이전수가 종이와 붓을 놓고 필담을 요청하자, 주금은 자신에게 물은 질문에 대해서 아주 마지못해 대답하였다. 그 뒤 이전수는 주금에게 장유곤을 만난 적이 있는지를 물었고, 주금은 그의 집을 가본 적은 없지만 집의 위치는 대략 안다고 하면서 두 사람에게 알려 주었다.

은거의 삶을 산 만천거사

8월 23일에 아침을 먹고서 이전수는 이만수와 함께 전날 주금이 알려준 대로 사절단 숙소를 나와 서쪽으로 갔다가 북쪽으로 다시 돌아 골목 왼쪽에 있는 광발호(廣發號) 전당포를 찾았다. 전당포 주인은 "전당포 정문에서 동쪽으로 가면 작은 다리 옆에 황토 담장이 있고, 그 안쪽에서 푸른 백양나무를 열 번째 그루까지 세면 남향으로 열린 문이 있는데, 그곳이 바로 그의 집입니다. 장 선생은 생계를 꾸리기 위해서 늘 소동문(小東門) 안의 북가(北街)를 왕래하여 장춘호(長春號) 점포가 있는 마을에 가기 때문에 아마도 오늘도 집에는 없을 것입니

6 20세기 초반 심양 중가(中街) 전경
7 만천하 강변

다"라고 대답하였다. 주금은 장유곤이 상인이므로, 이전수에게 전당포에 가면 그의 집을 찾을 수 있다고 일러준 것이다.

전당포 주인의 말대로 이씨 형제는 장유곤의 집을 쉽게 찾았다. 이들은 집을 찾은 뒤 "문은 만천하(萬泉河)와 마주하고 있고 가옥은 십여 칸이 되는데, 비바람만 막을 정도여서 가난한 선비라는 것을 알 수 있었다"고 하였다. 장유곤의 집은 매우 일반적인 규모였던 셈이다. 뜰 안에 있는 노부인이 두 형제에게 주인이 안 계신다고 하자, 이전수는 종이와 붓을 달라고 하면서 명함을 남기고 "나중에 다시 오겠습니다"고 하였다. 노부인은 종이와 붓을 가지러 안으로 들어갔지만 바로 나오지 않았고, 잠시 후에 '백발이 성성하고 보통 체격에 시골 티가 심하게 나는' 남자가 걸어 나왔다. 이 광경은 장유곤이 이전수에게 준 첫 인상인데, 매우 평범한 모습이었다.

당시 57세였던 장유곤은 평소에 손님을 만나기 싫어하는 것처럼 보였기에 노부인은 조선 사신 일행에게 거짓말을 하였지만, 이전수가 명함을 남기겠다고 하자, 장유곤은 감동을 받아 만나러 나왔던 것이다. 이만수 형제는 왼쪽 방으로 안내받아 들어갔는데, "4면의 벽 아래에 놓인 고금의 서적 대부분은 서점에서는 볼 수 없는 것들이었다. 찻상도 크고 차 맛도 좋았으며, 깨끗하고 소탈하여 기분이 좋았다"고 하였듯이, 방 안은 온통 책 냄새와 깨끗한 분위기로 가득하였다. 이 때문에 장유곤에 대한 이전수의 인상은 점차 좋아졌다.

주인과 손님은 자리에 앉아 인사말로 몇 마디 나누었다. 그 뒤 이만수 형제는 한어(漢語)가 익숙하지 않다고 하면서, 장유곤에게 종이와 벼루를 내달라고 하면서 필담을 하였다. 이만수는 "저희는 동해의 소생(小生)인데, 처음으로 귀국에 와서 심양의 유명한 사람을 만나기를 원하였습니다.…어제 어떤 분이 『반매헌시집』을 보여주었는데, 선생이 쓴 발문이 수록되었다고 하면서 매우 좋은 문장이라고 하였습니다. 다만 문장만 보고 글쓴이를 만나지 않으면 안된다고 생각하여 오늘 특별히 방문한 것입니다"라고 하였다. 그는 장유곤에게 방문 목적과 배경을 명확히 설명하였다.

장유곤은 종이에 적힌 글을 본 뒤, 연거푸 손사래를 치면서 당치도 않다면서 붓을 들고는 "저는 서민이고 명사가 아닙니다"라고 적었다. 장유곤이 자신을 '서민'이고, 장사하는 '시인(市人)'이라고 하였던 것을 이전수는 어렸을 때 학업을 중단하여 과거에 급제할 수 있는 정도의 공부를 못하였다고 이해하였다. 그런 다음 자신의 형은 진사이고 자신은 수재인 선비 집안 출신이므로, 부득불(不得不) 장유곤의 학식에 의심을 품으면서 떠보기 시작하였다.

이전수는 먼저 '서건학(徐乾學)'이라고 쓰고는 그 사람이 누구인지를 장유곤에게 물었다. 장유곤은 서건학의 세 글자 밑에 '건암(健庵)'이라고 써서 대답하였다. 건암은 곧 서건학의 자였다. 이전수가 다시 '주죽타(朱竹垞)'라고 쓰자, 장유곤은 그 밑에 '이존(彛尊)'이라고 썼다. 이존은 역시 주죽타의 자였다. 이전수가 또 다시 '고녕인(顧寧人)'이라고 썼는데, 장유곤은 몇 자를 더 적어 '염무(炎武), 가장 다문박식하다'라고 썼다. 고염무의 자는 영인(寧人)으로, 그는 청나라 초기에 가장 저명한 학자였다. 두 사람은 여러 차례 필담을 주고받았고, 이전수는 점차 장유곤에 대해서 경의를 나타냈다.

장유곤은 이만수 형제가 자신의 학식을 살피는 것을 눈치 채고는 이야기를 주도하려고 "귀국의 허소번(許素樊)이라는 규수(閨秀)는 여덟 아홉살 때 벌써 시를 짓고 읊을 줄 안다고 하였는데 과연 그러합니까"라고 물었다. 이만수는 '소(素)'자 옆에 '경(景)'자를 쓰고는 "이것은 경(景)자를 잘못 쓴 것입니다. 어찌 그 사람을 아십니까"라고 물었다. 장유곤은 "저는 그 사람의 문집을 소장하고 있습니다"라고 대답하였다. 이만수 형제는 장유곤의 물음과 답변을 듣고는 장유곤이 보통 사람이 아니라는 것을 알게 되었다.

당시 조선은 중국을 '대중화(大中華)'라 부르면서 한편으로 조선을 '소중화

(小中華)'라 하여 중국의 문물을 익히곤 하였다. 상인 출신의 장유곤이 어린 나이에 이미 시를 짓고 읊을 줄 아는 조선의 여성 시인을 알았을 뿐만 아니라 그의 문집까지 소장하고 있었으므로, 조선의 과거에 급제하거나 학문을 연마한 이만수 형제도 그 박식함에 감탄하였던 것이다. 이만수 형제는 더 이상 문단(文壇)과 관련한 질문을 하지 않고 장유곤과 진정한 뜻을 담은 문화 교류를 진전시켜 나갔다.

명사를 알아본 이만수 형제

이전수는 장유곤의 책상 위에 주이존(朱彝尊)이 편찬한 『명시종(明詩綜)』 한 질이 놓인 것을 보았다. 그 책에는 '조선시(朝鮮詩)'가 수록되었는데, 그 가운데 자신의 7대조인 이정구(李廷龜)가 쓴 오언율시가 실렸고, 이정구의 이름 밑에는 '호는 율곡(栗谷)'이라는 주석이 달려 있었다. 이전수는 이 시를 이만수에게 알렸다. 이만수는 바로 붓을 들고는 "이 분은 저의 7대조인데, 호는 '월사(月沙)'라 하셨으므로, '율곡'이라고 한 것은 잘못된 것입니다. 하지만 율곡도 우리 동국의 유명한 성현으로, 성은 이씨(李氏)이고, 이름은 이(珥)이므로, 아마도 성씨가 같기에 잘못 수록한 것 같습니다"라고 적었다. 장유곤은 이것을 보고는 이정구 이름 아래에 적힌 '월사'라는 두 글자로 주를 달면서 "귀하의 선조가 율곡과 같은 성씨인데 본적도 같습니까"라고 물었다. 이전수는 "아닙니다. 제 조상은 원래 중국인이었습니다. 곧 시조는 당나라 중랑장(中郞將)을 지냈는데, 소정방(蘇定芳)을 따라 백제를 평정하고 연안백(延安伯)으로 책봉되었으며, 자손들은 원적지에 있습니다"라고 답변하였다. 장유곤은 곧바로 "가히 대대로 공경(公卿)의 집안입니다", "이씨의 뿌리도 대단합니다"라고 두 문장을 써서 이만수 형제 집안과 중국 이씨와의 관계를 찬양하였다. 이연(李淵)이 당나라를 세웠고 그의 아들 이세민(李世民)도 중국 역사상 현명한 명군이기에 민간에서 "이씨가 뿌리가 대단하다"고 말했기 때문이었다. 이어서 장유곤은 "귀국의 국왕은 철령(鐵嶺) 출신입니까"라고 물었다. 이전수는 "우리 임금은 본적이 완산(完山)이고 함흥에서 왕업을 이루셨는데, 철령이 함흥 주변이기에 잘못 이해되었던 것 같습

니다"라고 필담으로 답하였다.

장유곤은 이만수 형제에게 현재 맡고 있는 관직을 물었고, 이만수는 자신은 진사이고, 동생은 수재라고 알려주었다. 그러자 장유곤은 조선의 과거 제도가 청나라보다 낫다고 하면서 "알고 보니 귀국에서는 논책(論策)으로 취사(取仕)하므로, 반드시 이전의 뜻이 아직 남아 있을 것입니다. 하지만 중국 사람은 팔고문(八股文)에 빠져 있기에 더 볼 것이 없습니다"라고 말하고는 크게 탄식하였다. 그러면서 그는 다시 붓을 들고는 "지금은 관료가 되기가 매우 어려워 학인(學人)이 직임을 맡으려면 30년을 기다려야 하며, 주관(州官)이나 현관(縣官)이 되기는 여전히 어렵습니다. 사림(詞林) 출신은 고결한 것 같지만 부유한 집에서 자라지 않았다면 그것 또한 되기 힘듭니다. 저는 퇴거하여 산림에 살면서 아들을 가르치는 것을 본업으로 삼아 스스로 즐겁게 여기는데, 어찌 명사(名士)의 허명(虛名)을 도모하면서 실제 상황과 맞지 않게 살겠습니까"라고 하였다.

장유곤이 말한 이 문장은 유용하다. 곧 장유곤은 자신이 과거에 응시하지 않은 이유를 이만수 형제에게 교묘하게 설명하였기 때문이다. 청나라 때 과거 고시는 팔고문이라고 하였는데, 고정된 격식이 요구되기에 응시자의 재능과 학식을 모두 나타내기 어려웠다. 따라서 장유곤은 그것을 하찮게 여겨 응시하지 않았다. 그밖에 행여 과거에 급제한다고 하더라도 직임을 받기는 매우 어려웠다. 30년을 기다린다 해도 주현관으로 나아가기 어려운 것이 당시의 실정이었다. '사림 출신'은 진사가 된 뒤에 한림원 서길사(庶吉士)나 시독(侍讀), 또는 편수(編修) 등 문직 관원을 역임한 사람들을 일컫는데, 이 사람들은 수입이 적어 가족을 먹여 살리기도 힘들었으므로, 집에 돈이 있는 자만이 인내심을 가지고 기다려 진급할 수 있었다. 이러한 이유로 장유곤은 장사를 선택하였고, 아들을 가르치며 은둔 생활을 영위하였다.

서로 필담을 나누는 과정에서 이전수는 장유곤에게 "선생에게는 좋은 시문이나 글 (華稿)이 있을 터이니 좀 볼 수 있습니까"라고 제안하였다. 장유곤은 "수 년간 글쓰는 것을 등한시하여 남긴 것이 없으며, 설마 있다고 하더라도 웃음거리가 될 것 같아서 감히 보여 드리지 못한다"고 하였다. 이전수는 겸손해 하지 말라고 하면서, "시나 글은 비록 일언(一言)이나 반 구절만 보아도 전체를 알아볼 수 있으므로, 조금이라도 제시하여 후의를 베풀어주십시오"라고 권하였다. 장유곤은 "만약 있다면 첨삭(添削)을 부탁할 수 있는데 정말로 없다"면서 간절하게 거절하였다. 이전수는 포기하지 않고 정중히 붓을 들고는 "초면이지만 오래된 친구처럼 오늘 필담을 나누었으니, 시와 글을 조금이라도 보면 이 눈이 놀랄 것입니다"라고 적었다. 그는 한 수의 시라도 얻을 수 있다면 정말 만족할 수 있다고 하였지만, 장유곤은 "소년 시절에 남을 따라 배웠는데 지금은 모두 잊었습니다"라고 대답한 다음, 이어서 '오처견(吾妻見)'이라는 세 글자를 써서 이전수에게 그 책을 본 적이 있는 지를 물었다. 이전수는 "이것은 일본의 역사서인데, 이름만 알고 책은 보지 못하였습니다"라고 필답하였다. 장유곤은 자기도 이 책을 본 적이 없는데, 다만 우전성(尤展成, 청나라 초기 문학가 우동 尤侗) 선생이 외국을 읊은 시에서 이 책을 인용한 것을 보았다고 하였다.

이만수 형제는 장유곤과 작별할 때, 이후 다시 만날 수 있는 조치를 취하였다. 곧 장유곤이 두 형제에게 "귀국에는 회화 명작과 서예 명필이 있다고 하는

8 장우령과 이만수 형제의 필담 장면, 현대화가 곽덕복 그림

為人謀而不忠乎第乃雖逃山東轉輾異雖心平
似惡小人遇合豈必有歲存于至洞耶七日誅
往弄華似文餽我贊儀敬令上
居右伏冀叱存此非不義之物故敢斗膽分
惠叱備一夕之餐知
兇有士幸毋見郤為禱明日早晨約諸子
旦過舍一叙叫訂
公兄學長先生   弟㳟子敬書

데, 한 두 장을 보여줄 수 있겠습니까"라고 제안하자, 이전수는 "저희들이 가져온 것이 없지만 돌아가서 일행에게 물어보고 있다면 꼭 보여드리겠습니다"고 하였다. 이전수가 장유곤에게 왕사정(王士禎)의 『향조필기(香祖筆記)』를 빌려달라고 하자, 장유곤은 흔쾌히 승락하였을 뿐만 아니라 스스로 『매헌유초』까지 함께 빌려주었다. 그러면서 "이 문집은 아직 많은 부분을 교정하지 않아 착오가 많은데, 다행히 대필(大筆)을 만났으니 시정해주십시오"라고 썼다. 이전수는 사양하지 않고 기분 좋게 제안을 받아들였다. 장유곤과 이만수 형제는 시간이 있으면 장유곤이 조선 사절단의 숙소에 와서 만나고 장유곤이 집에 없을 때는 조선 손님을 초청하여 광발호 전당포나 성 안의 장유호(長裕號), 또는 장춘호(長春號)에서 이야기를 나누자고 약속하고 헤어졌다.

이전수는 장유곤의 집을 떠난 다음에 그 날 일기에 아래와 같이 썼다.

몇십 일째 이리저리 돌아다녔지만 한 사람도 보지 못하였다. 이 사람은 비록 마음에 들지 않고 또한 본인 스스로도 부족하다고 한다. 도시 사람의 풍채는 조금 밖에 없지만, 대화를 나누면서 번번히 기쁘게 하였으며, 특히 방 안의 도서는 안목을 트게 하였다. 오늘 중형(仲兄)과 함께 마주 보고 즐거웠다.

이전수가 장유곤의 학식을 '안목을 트게 하였다'라고 표현한 것은 절반의 정답이고, '비록 마음에 들지 않았다'라고 쓴 것은 완전한 착오이다. 그 뒤의 빈번한 왕래를 통해서 비로소 상인 장유곤의 학식이 과거에 급제한 사람이나 진사라는 명분을 가진 사람들보다 명사라는 것을 깨달았기 때문이다.

청과 조선 문인의 격의 없는 교유

장유곤의 자술(自述)에 의하면, 그는 집에서 장사를 돌보아 줄 사람이 없었기에 멀리 돌아다닐 수 없었다고 하면서, 평생 심양에 있었을 뿐 북경이나 심지어 천산(千山)조차도 가보지 못하였다고 하였다. 그가 받은 교육은 대체로 사숙(私塾)이었는데, 선생은 성씨가 영(英)이라고 하는 기인(旗人)으로, 그는 '임사로

(林四老)'에게 배웠다. 임사로는 이름이 임본유(林本裕)로, 강희제와 옹정제 때 심양 안에서 이름난 문인이었으며 『요재전집(遼載前集)』의 저자였다.

　8월 26일에 이전수가 장유곤을 방문하러 가려고 할 때, 하늘이 도와 주지 않은 탓에 문을 나서기 전부터 비가 내리기 시작하였다. 그는 방 안에서 한참을 고민하면서 초조해하였는데, 갑자기 장유곤이 내방한다는 말을 들었다. 그는 급히 나가서 장유곤을 맞고는 집 안으로 안내하며 인사를 나눈 다음에 필담을 시작하였다. 그는 먼저 "홀연히 찾아오시니, 너무 반갑습니다"라고 쓰고는 자신의 기쁜 마음을 나타냈다. 이어서 소동문 밖의 유극유(劉剋柔) 교관을 아는지, 그의 글 솜씨는 어떠한지 등을 물었다. 장유곤은 그 사람을 만난 적은 있고 그는 집에 약간의 서적을 소장하고 있다고 하면서 글 솜씨는 잘 모른다고 대답하였다. 이전수가 붓을 들고서 "지금 누가 가장 뛰어난 문장가입니까"라고 묻자, 장유곤은 "우매한 저는 집에만 있어서 누가 뛰어난 지는 확실히 몰라 감히 멋대로 대답하지 못합니다"라고 화답하였다. 이전수는 한 걸음 더 나아가 "중국에서는 주이존을 문학의 대가라고 하는데 과연 그렇습니까? 모서하(毛西河)의 박식함은 고대(古代) 학자들 못지 않다고 하지만, 논설은 송나라 유학과 상반되는데 당신은 어떻게 생각합니까"라고 물었다. 주이존과 모기령(毛奇齡, 모서하의 별명)이 세상을 떠난 지 얼마되지 않았으므로, 장유곤은 붓을 들고서 "건국 초기의 작자들 중에서 권위 있는 자로는 위숙자(魏叔子, 이름은 禧), 후방역(侯方域, 자는 朝宗), 시우산(施愚山, 이름은 潤章), 왕어양(王漁洋, 별호는 士禎), 왕둔옹(汪鈍翁, 이름은 琬)을 들 수 있습니다. 죽타(竹坨, 주이존의 호)는 저서가 많기는 하지만 실제 이 분들보다는 못합니다. 모서하는 주자(朱熹)를 헐뜯는 데 열중하였는데, 그것은 평생의 가장 큰 결점입니다"라고 썼다.

　장유곤이 보았을 때, 주이존은 저서가 비록 많지만 필치는 위희(魏禧), 후조종(侯朝宗), 시윤장(施潤章), 왕사정과 왕완(汪琬) 등보다는 못하였다. 모기령은 박학다식하였지만 평생 주희를 공격하였기에 자신의 명성에 영향을 미쳤다. 장유곤은 다시 보충하여 "위와 후 두 사람의 문집은 금지령이 내려져 전해진 것이 없습니다"라고 썼다.

　위희와 후조종은 청나라를 반대하는 투쟁에 나서 사상적으로 청나라의 통

치를 인정하지 않았으며, 그것을 작품에도 표현하였다. 건륭제는 『사고전서(四庫全書)』를 편찬하면서 문자옥(文字獄)을 크게 일으켜 청나라를 반대하는 사상을 담은 서적을 전국적으로 몰수해서 소각하였기에, 장유곤은 두 사람의 문집은 현재 금지령을 해쳤다고 설명한 것이다.

건륭제 때 고증학이 크게 일어나면서 청 조정에서 추숭하였던 정주이학(程朱理學)은 학자들에게 냉대를 받았다. 이전수는 조선의 학자로 이러한 현상을 민감하게 보았다. 그 때문에 그는 장유곤에게 "우리 동국은 한결같이 주자학을 존숭하는데, 최근의 청나라 문집을 보니 풍자하거나 비난하는 논설이 간혹 나옵니다. 청나라 학자들은 육씨(陸氏)를 더 존중합니까"라고 질문하였고, 장유곤으로부터 '존주불존육(尊朱不尊陸)'이라는 다섯 글자의 답을 필담으로 받았다. 그 뜻은 대체로 정확한 편이다. 이전수는 다시 붓을 들고는 "근래에 서학(西學)이 대세인데 선생 역시 이렇게 말씀하십니까"라고 물었다. 장유곤은 "야소천주교(耶蘇天主敎)입니다. 전서(全書)를 보지는 못하였지만 그 이치는 『중용(中庸)』, 『대학(大學)』과 같은 바가 있습니다"라고 대답하였다. 장유곤 역시 천주교 서적을 읽은 적이 있고 표방하는 이치도 유가 서적과 같음을 인식하였다. 그 날 이전수는 일기에 다음과 같이 느낌을 적었다.

이날 그 사람과의 토론은 표면적인 대화에 지나지 않아 그가 있는 그대로를 다 나타내지 않았다. 다만 몇 마디의 말로 자신의 정체를 드러냈는데, 늘그막에 낡은 집에서 세상을 보면서 감개가 많다는 것이었다. 고금의 서적도 널리 섭렵하였는데, 누가 심양성에 명사가 없다고 하겠는가.

9월 초사흘에 이만수·이전수 형제는 다시 장유곤을 방문하였다. 최근에 자주 방문한 탓에 서로는 이미 친숙하였다. 자연히 이전수는 이야기의 주제를 옛 사람의 시문에서 당시 청나라의 구체적 상황으로 바꾸었다.

장유곤은 건륭제 중반 무렵에 청나라가 천산(天山) 남북 지역을 통일하고 이리장군통할(伊犁將軍統轄)을 설치하는 등 "영토 2만여 리를 개척하였습니다"라고 말하였다. 이전수는 "만약 영토가 2만 리나 된다면 서역 제국을 모두 포함한 것인데, 그것은 혹 뜬소문일 것입니다"라고 말하면서 의심하였다. 장유곤은 "그것은 소문이 아니라 사실입니다. 안서부(安西府)를 설치하고서 많은 주와 현을 신설하였는데, 〈왕회도(王會圖)〉로 고증할 수 있습니다"라고 긍정적으로 답변하였다. 1773년(건륭 38년)부터 청나라는 천산북로(天山北路) 파리곤(巴里坤)에 진서부(鎭西府)를 설치하였고 우루무치(烏魯木齊)에 적화직예주(迪化直隸州)를 설치하였으며, 다른 곳에는 부강(阜康), 창길(昌吉), 수래(綏來), 의화(宜禾), 기대(奇臺) 등의 현을 나누어 설치하였다. 이러한 관서가 설치된 지 얼마 지나지 않았기에 조선 사람들이 잘 몰랐던 것이다. 하지만 멀리 동북쪽에 살고 있던 상인 장유곤은 만리 밖에 설치된 관서를 잘 알고 있다고 말하여, 조선 사절에게 청나라의 강대함을 선전하고 아울러 자신이 풍부한 지리적 지식을 갖추고 있음을 과시하려고 하였다.

대화의 분위기가 한창 무르익고 어느덧 식사 시간이 되었으므로, 장유곤은 "소박한 술상을 차리겠습니다"라고 하면서 이만수 형제를 대접하였다. 장유곤은 술을 몇 잔 마시자 입담이 더 늘어났다. 이전수는 장유곤의 기분이 매우 좋은 것을 보고는 내친김에 "우리나라는 궁핍하고 서적도 매우 적은데, 선생의 책상 위에 있는 『경의고(經義考)』와 『능엄경(楞嚴經)』을 볼 수 있는 은혜를 베풀어주시면 그 답례로 몇 가지 토산품을 드리겠습니다. 서로 사이좋게 지내왔기에 부끄러움을 무릅쓰고 부탁하니 승낙해주십시오"라고 요청하였고, 장유곤은 흔쾌히 승낙하였다.

『경의고』와 『능엄경』 두 책을 볼 수 있게 된 이전수는 장유곤에게 다시 책 속의 내용을 물었다. 그는 붓을 들어 "'수능(首楞)'은 무슨 뜻입니까"라고 물었는데, 장유곤은 "부처는 32상인데 수상(首相)을 볼 수 없으므로, 최상의 의미를 넘지 못한다는 뜻입니다"라고 답하였다. 이전수는 또 "걸식은 무슨 도리를 말합니까"라고 써서 물었다. 장유곤은 "불서(佛書)와 시주 물품은 같은 뜻이므로, 베풀지 못할 것이 없습니다. 두 분께서 몇 책이 필요하다고 하니, 제가 어찌 베풀지 않을 수 있겠습니까"라고 익살스럽게 대답하였다. 세 사람은 크게 웃으면서 만남을 유쾌하게 끝냈다.

9월 11일에 조선 사절단의 정사 이복원은 안질(眼疾)이 재발하여 사절단 의원에게 침을 맞았으나 호전되지 않았다. 이만수 형제는 통주(通州)에서 만든 안약이 특효라는 소식을 듣고는 사절단 통사관(通事官)에게 시내에 가서 구해 오라고 시켰는데 구하지 못하였다. 사정이 급하게 되자, 이전수는 장유곤에게 도움을 요청하였다. 장유곤은 신속하게 저녁 식사 후에 통주 안약을 가져왔다. 그 약은 진품(眞品)이었는데, 이전수는 돌아와서 "세안(洗眼) 처방까지 알려 주었으므로, 그 자상함에 진실로 감동하였습니다"라고 심정을 적었다.

이전수는 거듭 고마움을 표하면서 장유곤에게 집안 내력을 물었다. 장유곤은 붓을 들어 "선조는 산동 등주적(登州籍)으로, 명나라 말기에 경번(耿藩), 곧 경정충(耿精忠, 청나라 초기 번왕)을 따라 심양으로 와서 내무부 한군(內務府漢軍)에 편입되어 경작과 공부를 본업으로 삼았습니다.…아버님이 세상을 일찍 떠나셔서, 저는 고아가 되었는데, 어려서 가정이 빈곤하여 배움의 기회를 잃고 할 수 없이 장사를 하여 살림을 유지해 오고 있습니다. 지금은 다행히도 빈약하지만 가산을 소유하고 있어서 앞 세대의 죄악을 피하고 있습니다"라고 썼다. 장유곤의 학식은 대체로 장사를 하면서 스스로 배웠던 결과였다.

이만수 형제는 장유곤의 학식에 더욱 탄복하였다. 이만수는 "선생은 불서, 의학 원리, 제자백가 등에 통달하지 않는 것이 없고 수학에도 깊은 지식이 갖추었으니, 참으로 온갖 사물에 능통한 통재(通才)입니다. 사주팔자인 자평(子平)의 방법도 알 것 같으므로, 저의 하찮은 팔자를 좀 봐 줄 수 있는지요"라고 물었다. 장유곤은 그 말을 듣자마자 곧바로 "사주는 정미세, 신해월, 계묘일, 임술시"이라고 썼다. 이만수 형제는 그것을 보고 자신도 모르게 포복절도하였다.

그림 속 사람도 알아 본 두 나라 명인

상인 출신인 장유곤은 문화를 사랑하여 상업으로 번 자산을 서화의 소장에 쏟았다. 그 탓에 고대에 활동하였던 저명한 서화가의 작품을 구입하여 당시 심양에서는 보기 드문 수장가로 자리하였다.

8월 27일에 이만수 형제는 두 번째로 장유곤의 집을 방문하였다. 이전수는 장유곤에게 "가작필첩(佳品筆帖)이 있습니까"라고 물었고, 장유곤은 소장하고 있던 서예 진품의 일부를 보여주었다. 그것은 「순화첩우군부자권(淳化帖右軍父子卷)」, 「현비탑(玄秘塔)」, 「동기창림황정경(董其昌臨黃庭經)」, 「송설첩(松雪帖)」 등인데, 모두 보통의 작품이 아니었으며, 특히 「현비탑」과 「동기창림황정경」은 매우 귀한 것이었다.

'현비탑'은 「현비탑비(玄秘塔碑)」로, 당나라의 이름난 서예가 유공권(柳公權, 778~865)이 쓴 작품이다. 유공권은 안진경(顔眞卿)과 함께 '안류(顔柳)'라고 불렸다. 그가 쓴 「현비탑비」는 「대달법사현비탑명(大達法師玄秘塔銘)」의 약칭으로, 비는 841년(회창 2년)에 건립되었는데, 배휴(裵休)가 쓴 비문에는 불교를 선양하는 내용과 함께 대달법사 단보(端甫)가 당시 황제로부터 총애와 우대를 받은 내용이 담겨있다. 필법은 굳세고 기개가 있어서 역대 서예가들의 추앙을 받은 작품이었다.

장유곤이 소장한 서예 작품을 감상하면서 이만수는 부러움을 감출 수 없었다. 그는 붓을 들고는 "'현비탑'은 최고의 작품으로 안공(顔公)의 명성에도 손색이 없는데 동태사(董太史, 董其昌)의 작품은 동국에 적지 않게 있지만 모조품이 너무 많습니다. 유독 이 비첩은 진(晋)나라 글씨의 진수를 담고 있기에 얻기가 매우 힘든 것입니다"라고 감탄하였다. 그는 당나라 서예가 유공권의 작품인 「현비탑비」를 안진경의 작품으로 오인하였던 것이다. 장유곤은 이만수가 무안할까 봐 염려하여 그의 잘못을 지적하지 않고 대신 화제를 바꾸고자 붓을 들어 "귀국에서는 누구의 글씨가 유행합니까"라고 물었다. 이전수는 필답으로 "우리나라에는 사인(士人) 이광사(李匡師)가 있는데, 필법은 수백년 동안에도 보기 드뭅니다. 이미 나이가 80이나 되었는데도 여전히 종요(鐘繇), 왕희지(王羲之)에 가깝다고 평가되었지만 아쉽게도 지금은 세상을 떠났습니다"라고 대답하였다.

11 「현비탑첩(玄秘塔帖)」

9월 8일에 이만수 형제는 조선 사절단 관원 유경명(柳景明)과 함께 장유곤의 집을 방문하였다. 유경명은 사절단 가운데 서예가였는데, 장유곤이 이전수를 통하여 그의 서예 작품을 얻을 수 있도록 자기 집을 방문해줄 것을 요청하였기 때문이다. 장유곤이 직접 안내하자, 일행은 집 주인이 정성을 다해 만남을 준비하였음을 알아챘다. 그들이 "동쪽과 서쪽의 벽에 여러 폭의 명인 서화가 걸려 있고 남쪽 벽에는 지금의 황제 친필이 걸려 있었다. 탁자, 벼루, 곤로, 공기 들은 매우 깨끗하고 산뜻한 감을 주었다"라고 적었기 때문이다. 특히 집 주인의 책상 위에는 따로 고색이 창연한 향로 하나가 놓여 있었는데, '명조선덕연간(明朝宣德年間)'이라는 글자가 새겨져 있었다. 명인의 서화, 건륭제의 친필, 선덕 연간의 향로를 볼 때, 장유곤이 소장하고 있는 작품은 매우 진귀하였다.

유경명은 이미 이만수 형제로부터 장유곤이 집에 많은 진품 서예 작품을 소장하고 있음을 들었기에, "미원장(米元章), 심석전(沈石田), 조송설(趙松雪), 구십주(仇十洲)의 서예도 보기를 원합니다"라고 하였다. 하지만 장유곤은 "심석전의 것은 그림만 있고 조송설의 건은 모조품이 가장 많습니다"라고 대답하였다. 이어서 그는 심석전이 그린 그림 두 폭을 꺼내어 손님들에게 보여주었는데, 한 폭은 〈담묵산수도(淡墨山水圖)〉였고, 다른 한 폭은 〈금현도(錦莧圖)〉였다.

이만수 형제와 유경명은 〈담묵산수도〉는 심석전의 진품일 뿐만 아니라 그가 그린 그림 중에 가작이라고 평가하였다. 하지만 심석전의 〈금현도〉에 대해

장우령 243

12

서는 서로 의견을 달리하였다. 장유곤은 모조품일 수도 있다고 평가한 반면, 이전수는 설령 심석전의 원작이 아니라고 하더라도 이름 있는 작가가 모사한 것이므로, 결코 '보통 금현'은 아니라고 주장하였다.

심석전의 그림 두 폭을 살펴본 뒤에, 장유곤은 대재(戴梓)의 〈초부문경도(樵夫問經圖)〉도 내보였다. 대재는 청나라 때에 활동한 이름난 무기 제작 전문가였다. 그는 '위원장군(威遠將軍)'이라고 불린 화포를 제작하였는데, 강희제는 갈이단(噶爾丹)을 정벌할 때 이 화포를 사용하였다. 1691년(강희 13년)에 대재는 궁중 시 위(侍衛)와 서양인이 공모하였다는 모함을 받아 관외(關外)로 유배된 뒤, 그림을 팔아 생계를 유지하였다. 대재가 유배자 신분이었기에, 이만수 형제는 장유 곤으로부터 그의 이름을 처음 들었다. 이전수는 대재의 필법이 북종(北宗)과 유사하다는 인상을 받았다.

장유곤은 대재의 작품에 대한 손님의 반응이 그리 좋지 않은 것을 눈치 채고는 그들에게 다시 〈어옹도(漁翁圖)〉 한 폭을 보여주었다. 이 그림은 보기 드문 '지두화(指頭畵)' 작품으로 '필치에 기세가 있고 고풍이 난다'는 평가를 받은 것이었다. 손님 세 명은 이 그림을 보고는 놀라고 기뻐하며 모든 눈길을 화면에 집중하였다. 그림 속에는 너덜너덜한 옷에 삼으로 만든 신을 신은 한 노인이 오른손에 생선 꾸러미를 들고 왼손에는 낚싯대를 쥐고 있으며 수염과 눈썹은 흔들릴 듯 말 듯하다. 노인에게는 산촌 어느 곳의 풍모가 담겨 있었다. 그림 위에는 '여산부문사의(閭山傅雯寫意)'라는 글자도 쓰여 있었다.

장유곤이 마지막으로 손님에게 보여준 그림은 횡폭의 그림이었다. 그림에는 약 30살 쯤 되어 보이는 한 사람이 있는데 용모는 청수(淸秀)하고 오동나무 밑에서 책을 손에 쥐고 앉은 모습이었다. 앞에는 태호석(太湖石) 한 덩어리가 있고 여러 꽃이 송이송이 피어 있었다. 앞쪽의 홍색 난간 아래에는 연꽃이 활짝 핀 연못이 있고 그 사이로 작은 물고기들이 놀고 있었다. 연꽃 속에는 한 소동(小童)이 벼루를 씻고 있으며 뒤쪽에 앉은 한 소동은 불을 붙여 차를 끓이고 있었다. 두루미 한 마리가 머리를 뒤로 돌려 깃털을 다듬고 있는데, 사람의 모습이 어슴푸레하게 보였다.

손님 세 사람은 그림을 감상하면서, 그림 안의 사람이 어디선가 본 적이 있는 것 같았다. 하지만 어디서 만났는지 생각이 나지 않았다. 그들이 의문을 던지자 장유곤은 크게 웃으며 "이것은 저의 30살 때 행락도(行樂圖)입니다"라고 하였다. 대답을 들은 손님들도 모두 같이 웃었다.

  이만수 일행이 글씨와 그림을 감상하고 품평한 뒤에 장유곤은 이만수 형제에게 "몇 폭의 그림 가운데 두 분께서 가작 한 폭을 골라 시문을 붙여 가치를 올려주시면 어떻겠습니까"라고 요청하였다. 이만수는 바로 장유곤의 〈행락도〉에 시문을 써 주고 싶다고 하면서, 그들 사이의 우정을 토로하였다. 그것이 바로 이 글 맨 앞부분에서 소개한 「유곤진찬병서(裕昆眞贊並序)」이다. 200년 후에 심양 사람들은 이 글을 통해서 당시 만천거사의 풍모를 상상할 수 있었다.

  조선 문인 이만수와 이전수는 심양의 '만천거사' 장유곤과 의기투합하여 마음을 통하였다. 그들은 짧은 기간 동안 국적과 신분, 언어 등 교류하는 데 놓인 장애를 허물고 허물없이 지내면서 서로를 지기와 지우로 생각하면서 19차례나 서로 방문하였다. 이로써 두 나라 사이의 인문 교류의 왕래 기록을 세웠고 우호 교류의 아름다운 미담은 후세에 전하고 있다.

제 2 장

요녕은 서울로

문화로 본
한국과 요녕성의
인연

서 울 은   요 녕 으 로

**전승에 담긴
인연**

연행록의
요녕과 조선

**그림으로 전하는
인연**

〈봉사도〉에
담긴
한중 우호의 길

전승에 담긴 인연

장일규
동국대학교

연행록의 요녕과 조선

연행록, 요녕과 조선을 담다

　이전의 여느 왕조처럼, 조선은 건국 직후부터 중국에 꾸준히 사신을 보냈다. 사신은 '조천사(朝天使)'·'연행사(燕行使)'라고 하였는데, 명대의 사행을 조천사라고 불렀던 반면, 연행사는 청대의 사신을 일컬었다. 이들은 수개월 동안 사행에 나서며 여러 견문을 차분히 기록하였다. 다만 조천사들은 주로 기행시(紀行詩)를 작성하였던 반면, 연행사는 대체로 기행문(紀行文)을 남겼다. 연행사가 작성한 기행문은 '연행록'이나 '연행일기'로 불린다.

　조선 사신은 대체로 연 3회, 총 1천 8백회 사행 길을 왕래하였다. 중국으로 가는 사행단은 1374년(고려 공민왕 23년)부터 압록강을 건너 북경을 거친 다음 운하를 따라 남경에 이르는 육로를 이용하였지만, 1619년(조선 광해군 11년)에 후금의 누르하치가 요양을 점령한 뒤 1637년까지는 요동반도에서 묘도군도를 거쳐 산동반도에 이르는 해로를 사행 길로 삼았다. 명나라가 멸망한 다음인 1644년(인조 22년)부터는 다시 압록강을 건너 연경에 이르는 육로를 왕래하였다. 조선 사신은 육로와 해로를 오가면서 요녕 일대와 연경 일대에 이르는 모습을 연행록에 상세히 담았다.

　현재 전하는 연행록 가운데 김창업(金昌業, 1658~1721)의 『노가재연행일기(老稼齋燕行日記)』, 홍대용(洪大容, 1731~1783)의 『담헌연기(湛軒燕記)』, 박지원(朴趾源, 1737~1805)의 『열하일기(熱河日記)』는 '조선 3대 연행록'이라고 평

1 김창업, 〈추강만박도(秋江晚泊圖)〉

가된다.

『노가재연행일기』는 김창업이 1713년(숙종 39년)에 쓴 기행문이다. 『노가재연행록(老稼齋燕行錄)』·『연행훈지록(燕行塤篪錄)』으로도 불리는데, 현재 9권 6책의 한문 필사본과 6권 6책의 한글 필사본이 전한다. 김창업은 동지사겸사은사의 정사(正使)로 연경으로 사행하는 형 김창집(金昌集)과 동행하면서, 1712년 11월 3일부터 1713년 3월 30일까지 총 146일 왕복 6,028리의 사행 일정을 일기 형식으로 담았다.

홍대용은 1765년(영조 41년) 11월부터 1766년 봄까지 삼절연공(三節年貢)겸 사은사의 서장관인 작은 아버지 홍억(洪檍)을 수행하고서, 귀국 직후에 사행 과정을 6권 6책의 필사본 『담헌연기』로 엮었다. 글의 구성은 특별히 일기 형식이 아닌 자신이 관심을 가진 주제를 중심으로 이루어졌다.

『열하일기』는 1780년(정조 4년)에 박지원이 작성한 연행일기이다. 박지원은 청 건륭제의 만수절(萬壽節)을 축하하는 진하사겸사은사의 정사인 8촌형 박명원(朴明源)을 따라 연행 길에 올라 연경을 거쳐 열하에 이르렀던 일정을 수록하였다. 노정은 5월 25일부터 10월 27일까지 약 5개월 동안 진행되었는데, 다른 연행록과 달리 연경에서 열하를 오갔던 왕복 1천 4백여 리의 과정도 상세히 담았다. 특히 일기 형식의 연행록, 주제별 형식의 연행록 모두를 참고하여, 사행 길의 전 과정을 일기로 충실히 기록하면서도 자신의 인상을 담은 주제별 글도

연행록의 요녕과 조선   251

함께 실었다.

　조선 사신이 작성한 연행록은 현재 약 6백여 종이 전하는데, 대부분은 청나라를 다녀온 사행의 기록이다. 연행록에는 5백 명 안팎으로 이루어진 사절단의 구성과 활동뿐만 아니라 명·청과의 외교 관계, 요녕과 북경 일대 문물과 풍속 등이 그대로 담겼는데, 특별히 사행 길에서 만난 여러 사람들과의 교유 내용도 수록되었다. 그들은 대체로 연경 사람들이었지만, 조선과 가까운 요녕 일대의 사람도 적지 않았다.

요녕에서 조선의 흔적을 찾다

　압록강에서 연경에 이르는 사행 길은 지난한 길이었다. 조선 사절단은 산을 넘고 강을 건너기도 하였지만, 김창업이 표현한 것처럼, 때로는 "언덕에 올라 바라보면, 지나온 1백 리의 굽고 곧은 길이 모두 눈 안에 들어올 정도"로 광활한 들판도 지나야 하였다. 그들은 "산이 없기 때문에 부는 횡풍(橫風)에 고생하였는데, 온화한 날씨 덕분에 고생하지 않았다"고 강조할 만큼 추위와도 싸우며 사행의 임무를 완수하고자 하였다.

　김창업은 연경에서 돌아올 때 일행과 떨어져 의무려산(醫巫閭山) 청안사(清安寺)와 관음사(觀音寺)를 방문하였다. 그는 이곳에서 1537년(중종 32년, 명 가정 16년)에 조선으로 사행하였던 공용경(龔用卿)이 청안사를 유람하면서 쓴 '벽류(碧流)'라는 석각을 확인하였고, 관음사 주변에 쓰러져 있던 비에서는 공용경

2 천산
3 김홍도, 〈연행도(燕行圖)〉 조공

과 오희맹(吳希孟)이 자신의 이름을 새긴 흔적을 발견하기도 하였다. 압록강에서 한양에 이르는 사행 길 역시 두 나라를 연결하는 주요한 통로였기에, 명·청 사절단의 흔적이 제법 남았다. 김창업은 개성의 박연폭포(朴淵暴布) 하류에서 명 사신 허국(許國)이 사행 중에 쓴 '회란석(回瀾石)'이라는 글자를 찾았고, 평산(平山)의 옥류천(玉溜泉)에서도 주지번(朱之蕃), 유홍훈(劉鴻訓) 등이 쓴 '청천선탑(聽泉仙榻)', '옥유영천(玉乳靈泉)', '영암옥류(靈巖玉溜)' 등의 글씨를 보았다.

홍대용도 신광녕(新廣寧)을 떠나 소관음굴(小觀音窟)에 이르러 바위 집에 먹물 자국이 온전히 남은 조선 사람의 이름을 보고는 '옛 친구들을 만난 듯'한 감정을 느끼곤 하였다. 박지원 역시 소릉하(小凌河)를 건너기 전에 "예전에 사행이 다닐 때 이곳에 이르면, 비장(裨將)이 반드시 이 비석에다가 '모일 모시에 관(關)에서 나왔고 모일 모시에 이곳을 지난다'고 써 놓기도 하였다"고 하면서, 글씨가 남은 이유를 밝히기도 하였다.

조선 사신은 연행 길 곳곳의 공참(公站)에 있는 조선관(朝鮮館)에서 피로를 풀며 이전 사행의 흔적을 따라 새로운 자취를 남겼다. 자연히 조선 사신의 사행 길은 요녕 사람들에게는 큰 흥밋거리가 되었다. 아이들은 연행 중인 조선 사신을 보고는 '고려'라고 외치곤 하였고, 백성은 사신 행렬이 언제 어디를 지났는지도 훤히 알았다.

요녕 사람들이 조선의 사정에 밝았던 것은 지금의 요녕성 일대에 조선 사람의 흔적이 곳곳에 남았기 때문이었다. 일화 하나를 살펴보기로 하자.

4 의무려산
5 엄성, 홍대용 초상

> 노파가 와서 "부모는 우리나라 사람으로 정축년에 포로가 되어 이곳에 온 다음에 자신을 낳았는데, 지금의 나이는 69세다"라고 하였다. "어머니는 본래 서울 장의동(藏義洞)에 살았고, 아버지는 광주산성(廣州山城) 사람이며, 남편은 영안도(永安道) 태생으로 오래전에 죽었다"고 하면서, "지금은 손녀 하나에 의지하여 사는데, 우리나라 방식으로 침채(沈菜)와 장을 만들어 그것을 팔아서 살아 간다"고 하였다. 우리 말을 하는 것만 해도 귀한데 '장의동'이라는 글자는 더욱 신기하여 약과, 종이, 부채를 주었다. 노파는 이전의 사행 때도 때 마다 나타났다. …저녁밥에는 동치미가 나왔는데 우리 것과 맛이 같았다. 노파에게 산 것이다(『노가재연행일기』 권2, 임진년 12월 15일 갑자)

김창업은 영원성(寧遠城)을 지나다가 노파를 만났다. 그녀는 원래 한양의 장의동에 살았던 조선 여인으로, 함경도 출신의 남편과 결혼하였다가 1637년에 영원성에 왔다. 69세의 나이였지만, 조선 사신의 사행마다 나타난 탓에 조선 사절단에게는 잘 알려졌다. 그녀는 이국에 온 조선 사람에게 동치미를 만들어 팔았는데, 동치미 맛은 조선의 그것과 다름이 없을 정도였다. 김창업은 '장의동'이라는 익숙한 지명을 듣고는 감동하여 조선에서 가져온 물건을 그녀에게 선물로 주었다.

김창업은 북경에서 통관(通官)을 하고 있는 문이선(文二先)의 아내를 봉성(鳳城)에서도 만났고, 문이선은 김본(金本)의 아들이었는데, 김본은 조선 사람으로 통관(通官)이 되었기에 죽을 때 문이선에게 조선에서 가까운 봉성에 묻어 달라고도 하였다. 이렇듯 요녕성 일대에는 조선에서 온 사람들이 제법 모여 살았다.

박지원은 사행 길에서 더 많은 조선의 후손을 만났다고 기록하였다. 조선 수통관(朝鮮首通官) 오림포(烏林哺)의 아들인 호행통관(護行通官) 쌍림(雙林)을 만났고, 열하에 머물 때는 귀주안찰사(貴州按察使)로 근무 중인 조선 사람 기풍액(奇豊額)을 만났다고 하였다. 그는 중국 사람들이 보배롭게 여기는 '고려주(高

4

5

연행록의 요녕과 조선 255

麗珠)'를 모자 끝에 단 기풍액의 모습을 특기(特記)하였다. 이처럼 요녕성 일대에 정착한 조선 사람은 일부가 관리로 진출하기도 하였지만, 동치미를 담근 노파처럼, 일부는 조선의 감동(甘冬) 젓갈인 자색의 새우젓을 만들어 팔기도 하였는데, 새우젓은 대릉하 일대에서는 노상에서 팔 정도로 흔한 음식이었다.

요녕의 자연과 풍속을 비교하다

조선 사절단은 압록강을 건너면서 부터 본격적으로 중국 사행 길에 오르게 되었다. 그들은 산과 강, 들판과 바다가 어우러진 요녕의 자연과 마주하였다. 수목이 빽빽하고 고개가 겹쳐 있는 조선의 산길을 지나던 사절단 일행은 아득히 넓은 요동들에 감탄하였다. 김창업은 새벽에 떠난 사행 길에서 해가 돋는 것을 바라보면서 "햇살이 사방으로 퍼져 마치 바다처럼 일렁거렸다. 아마도 들이 넓어 그런 모양이다"라고 하여, 바다처럼 햇살이 막히지 않은 요동 들판의 크기에 놀랐다. 홍대용도 "요동에서 서쪽으로 3백 리를 가면 대륙이 바다처럼 한없이 넓어 해와 달이 들에서 떴다가 들에서 진다"라고 탄식을 내뱉었다. 박지원 역시 "대체로 해 돋는 광경은 천변만화(千變萬化)하여 사람마다 보는 것이 같지 않을 뿐만 아니라 반드시 바다에서 구경할 것만도 아니다. 나는 요동 들판에서 날마다 해돋이를 보았는데 하늘이 개서 구름이 없으면 해가 그리 크지 않아 보인다. 열흘을 두고 보아도 날마다 같지 않다"라고 요동 들판의 광대함을 표현하며, 하나의 산도 없이 하늘 끝과 땅 변두리가 맞닿은 요동 들판을 '한바탕 울어 볼 만한 곳'이라고 묘사하였다.

요녕의 들판이 넓은 만큼 그곳의 산세도 두드러질 수밖에 없다. 김창업은 중후소(中後所)에서 전둔위(前屯衛)를 지나면서 비스듬히 뻗어 내린 토산 외에도 간혹 푸른 봉우리가 있는데, 수 십백리 멀리서도 보인다고 서술하였다. 박지원은 십삼산(十三山)을 산줄기가 뻗은 것도 없고 끊어진 곳도 없이 별안간 큰 벌판 가운데에 열세 무더기의 돌로 이루어진 봉우리가 날아와 앉은 것 같다고 묘사하고는 '마치 여름 하늘에 피어오르는 구름 봉우리와 같다'고 찬탄하였다.

요녕의 자연에 익숙해진 사절단 일행은 요녕의 지리를 조선의 그것과 비교하였다. 김창업은 구련성(九連城)을 떠나 송골산(松鶻山)에 이르러 조선의 관악

산보다 기이하고 수려하다고 비교하였고, 봉황산(鳳凰山)은 크기가 조선의 수락산만 하지만 깎아 세운 듯이 가파른 모습은 조선의 여느 산과 조금도 닮지 않았다고 서술하였다. 이어서 산해관 주변의 산봉우리와 산세를 조선 한양의 도봉산, 양양의 낙산(洛山), 통천의 총석(叢石) 등과 견주기도 하였다. 요녕 지세에 대한 그의 관심은 연경을 향할 때는 물론 귀국할 때도 이어져, 창려현(昌黎縣) 근처를 지나면서 기묘하고 장대하며 천 길의 낭떠러지를 이룬 산봉우리를 보고는 금강산 비로봉에 올라 구룡연(九龍淵)의 계곡을 바라보는 기분을 느꼈다고 토로하였고, 천산(千山)의 산세를 보고는 높이는 삼각산에 미치지 못하지만 이전에 이곳을 지났던 월사(月沙) 이정구(李廷龜, 1564~1635)가 말한 "삼각산과 도봉산을 합하면 이 산과 대등할 것이다"라는 말을 들어 비교하기도 하였다.

요녕 지리에 대한 감탄과 비교는 홍대용과 박지원에게도 계속 나타났다. 홍대용은 봉황산을 보고는 "관문 안팎 2천 리에 오직 창려의 문필봉(文筆峰)만이 그런대로 비교가 될 수 있을 뿐, 우리나라의 도봉·금강·청량·월출 등은 기묘하고 험준하기로는 이름이 났지만 봉황산만은 못하다"고 요녕의 산세를 예찬하였다. 박지원은 요녕 지세에 특별한 의미를 부여하기도 하였다. 아래의 기록에서 확인해보자.

> 봉황산을 바라보니, 전체가 돌로 깎아 세운 듯 평지에 우뚝 솟아 있다. 손바닥 위에 손가락을 세운 듯, 연꽃 봉오리가 반쯤 피어난 듯, 하늘가에 떠도는 여름 구름인 듯, 빼어난 산봉우리를 도끼로 자른 듯 형용하기는 어렵다. 다만 맑고 윤택한 기운이 모자라는 것이 흠이다. 내가 일찍이 우리 한양의 도봉산과 삼각산이 금강산보다 낫다고 한 일이 있다. …어떤 이는 "빛과 바람이 공중에 어려 있으니 왕기(旺氣)이다"라고 하였는데, 왕기(旺氣)는 곧 왕기(王氣)이다. 우리 한양은 실로 억만 년을 누릴 용이 서리고 범이 걸터앉은 형세이다. 그 신령스럽고 밝은 기운이야말로 당연히 범상한 산세와는 다를 수밖에 없다. 지금 봉황산 형세가 기이하고 뾰족하고 높고 빼어나서 도봉·삼각보다 지나침이 있지만, 어려 있는 빛깔은 한양의 여러 산에 미치지 못한다(『열하일기』 「도강록(渡江錄)」 6월 27일 갑술).

258 한중 관계사 요녕성편

박지원은 김창업이나 홍대용처럼, 봉황산을 조선의 도봉산, 삼각산, 금강산 등과 견주었다. 다만 수많은 봉우리로 이루어진 금강산은 도봉산이나 삼각산만 못한데, 그것은 도봉산과 삼각산이 바로 억만 년을 누릴 용과 범이 서려 있는 지세를 갖춘 한양에 자리하였기 때문이라고 강조하였다. 한양은 바로 왕기가 서린 곳이므로, 자연히 봉황산은 형세가 기묘하지만 한양의 여러 산에는 미칠 수 없었던 셈이다.

조선 사신은 요녕의 자연에 감탄하면서도 조선의 지세를 부각하였다. 그것은 조선 문물에 대한 자부심을 강조하는 경향으로도 나타났다. 아래의 기록을 살펴보기로 하자.

'유박아(柔薄兒)'는 우리의 상화떡(霜花餅)처럼 밀가루로 만들었는데, 우리의 만두처럼 가장자리가 쭈글쭈글하다. 이것은 옛 만두로, 돼지고기와 마늘을 다져서 만들며 그곳의 떡 중에서 가장 맛이 있었다. 또한 밀가루로 둥근 빵을 만든 뒤에 돼지기름이나 양기름에 튀기면 우리나라의 강정처럼 가볍고 연하여 씹기도 쉽다. 진품은 설탕 가루에 버무려서 만들었다. 품질이 좋고 나쁜 차이는 있지만 가게에서 파는 것은 모두 이런 따위이며 흰떡은 보고자 해도 볼 수 없었다. 영원위(寧遠衛)나 풍윤현에는 모두 동치미가 있었는데, 우리의 동치미 맛과 비슷하였으며, 풍윤현의 것이 좀 더 나았다. 북경의 통관 집에서 만든 김치를 보니, 역시 우리나라의 방법을 모방한 것인데 그 맛이 꽤 좋았다. 이 밖에 갓김치, 배추김치는 가는 곳마다 있었는데 맛이 조금 짰지만 가끔 맛이 있는 것도 있었다. 또 갖가지 장아찌도 있었는데 맛은 좋지 않았다(『노가재연행일기』 권1, 「산천풍속총록(山川風俗總錄)」).

김창업은 사행 길에서 여러 음식을 먹어 보고는 조선 음식을 언급하였다. 곧 요녕성의 '유박아', 기름에 튀긴 빵, 동치미, 김치, 장아찌 등을 만두, 떡, 동치미, 강정, 김치, 장아찌 등 조선의 음식과 비교하였다. '유박아', 빵, 동치미, 김치 등은 별미이지만, 장아찌는 그렇지 않다고 상세히 설명하였다. 이밖에도 그는 곶감, 백어(白魚), 눕지(重脣魚), 숭어, 두부 등도 조선의 그것과 견주었고,

6 요동 들판 전경
7 산해관 노룡구

특히 "우리나라의 콩장·약밥·전약(煎藥) 같은 것을 그들이 매우 좋아한다"라고 하면서, 양절(兩浙)의 사람들이 조선의 쌀밥을 먹어 보고는 기름지다고 예찬하였음을 강조하기도 하였다.

한편 김창업은 요녕성의 여러 사찰을 찾은 뒤, 청안사를 금강반암(金剛般菴)의 수락성전(水落聖殿)이나 도봉산 회룡사(回龍寺)와 비교하면서 넓고 큰 모습은 청안사가 뛰어나다고 기록하였다. 박지원도 삼강(三江)에 이르러 강물에 떠 있는 두 척의 배를 보고는 "모습은 우리나라 놀잇배와 비슷한데, 길이나 넓이는 그만 못하지만 제도는 퍽 튼튼하고도 치밀한 편이다"라고 평가하였고, 아골관(鴉鶻關)부터 가끔 마주한 마을의 높고 흰 패루(牌樓)를 거론하면서 청나라 사람들의 상례와 자신이 문상(問喪)한 과정을 자세히 적기도 하였다.

조선의 미래를 꿈꾸다

조선과 명·청의 사신은 유학적 소양을 갖추고 문예에 뛰어난 당시 최고의 지식인이었다. 한편으로 그들은 국정의 현안을 다루는 주요 관인이기도 하였다. 자연히 사행 길에서 겪은 여러 경험은 외교는 물론 현실 문제를 극복할 수 있는 방안으로 충분히 활용될 수 있었고, 활용되어야 하였다. 조선 사신은 문헌이나 이야기를 통해서 명·청의 문물에 상당한 지식을 가졌으므로, 그것을 확인하고서 연행록에 상세히 기록하여야 하였다.

김창업은 중국의 축성 제도가 조선의 그것과 같음을 이미 알고 있었기에, 사행로 주변의 여러 군사 시설에 적지 않은 관심을 가졌다. 특히 요동 장성(長城)을 바라보고는 "성의 높이는 한 장(丈) 정도인데, 잡석(雜石)으로 쌓아 올린 것이 마치 우리나라의 성과 같았다. 다만 건축의 외벽이 지붕을 넘어선 부분인 여장(女墻)은 벽돌로 쌓았으며, 절벽으로 험준한 곳에는 군데군데 성벽을 쌓지 않았고, 성 밖으로 산기슭이 높은 곳에는 모두 봉화, 즉 연대(煙臺)를 설치하였다. 조그마한 골짜기까지도 모두 보이도록 하여 적병(賊兵)이 은신하지 못하도록 하였으니, 설치가 참으로 장대하고도 치밀하다"라고 청나라 군사 시설을 구체적으로 묘사하였다.

한편으로 그는 사행 길에서 두 마리 소를 나란히 메어 밭을 가는 모습을 보

8 봉황산

고는, 밭갈이 기구는 조선 산촌에서 사용하는 것과 같다고 놀라면서, 당시에 산해관 밖에서는 여전히 예전 고려의 풍습이 남아 있는가라고 반문하였다. 또한 베틀(績車), 물레(紡車), 씨아(攪車), 북(梭) 등의 직조(織造) 기구도 살폈는데, 어떤 것은 조선의 그것과 비슷하지만 조금 더 큰 편이고, 어떤 것은 구조가 조선 것과는 다르지만 편리하고 힘이 덜 들게 만들었다고 자세히 묘사하였다. 아울러 노새 두 마리가 메밀을 갈아 가루로 만드는 모습에서는 기계가 편리하고 기묘하여 순식간에 제법 많은 가루를 만든다고 찬탄하기도 하였다. 그 밖에도 '우리나라 열 사람의 몫을 하는' 여러 공장을 살피고는 기계의 편리함을 강조하기도 하였다.

청나라 문물에 대한 조선 지식인의 관심은 홍대용과 박지원에게도 이어졌다. 홍대용은 꺾임이 직각에 맞춘 듯하고 곧음이 먹줄에 맞춘 듯하여 조금도 비뚤거나 기운 모습이 없는 풍윤현의 2층 누각을 사례로 삼아 벽돌로 쌓은 성벽의 견고함을 칭송하였다. 또한 조선이 수입하는 관모(冠帽) 대부분을 제작하는 모자 공장을 찾아 민첩하게 일하는 중국 사람들을 보고서 "비록 공장의 말단 기술자라고 하더라도 부지런하고 엄격하여 우물쭈물 넘기려고 하지 않으니, 참으로 따라갈 수 없는 일이다"라고 하면서 조선의 현실을 탄식하기도 하였다.

박지원 역시 김창업의 지적처럼, 바퀴 셋 달린 요차(搖車)에 대해서 발을 움직이는 공력은 아주 적으면서도 제법 많은 가루를 내는 편리함을 강조하였고, 홍대용의 지적처럼, 하나의 네모진 틀로 만 개를 찍어낼 수 있는 벽돌의 장점을 특기하였다. 그는 이에 더하여 무거운 돌을 깎아 축조한 조선 성곽, 진흙으로 만들어 일정하지 않은 조선 구들, 화력을 높이기 위해서 많은 소나무만을 소비하여 온 산을 벌거숭이로 만드는 조선 가마, 무거운 기와를 얹었지만 바람을 제대로 막지 못하는 조선 가옥 등을 거론하며, 나르기 쉽고 쌓기 쉬운 벽돌에 대한 찬탄을 감추지 않았다. 또한 궁벽한 두메 산골에서도 울긋불긋 그림을 아로새긴 그릇을 사용하는데 비록 깨져도 버리지 않고 밖으로 쇠못을 쳐서 다시 쓰는 청나라 사람들의 모습을 거론하면서, 조선이 스스로 만들지 않고 요녕성의 공장에서 만든 털모자만을 사용한 탓에 해마다 10만 냥의 은을 낭비하고 있음을 심각하게 비판하였다. 이러한 단점과 폐단을 없애기 위해서 박지원은 다음과 같이 노력해야 한다고 주장하였다.

① 물건을 파는 장사꾼들은 큰 소리로 싸구려를 부르기도 하지만, 푸른 천을 파는 이는 손에 든 작은 북을 흔들고, 머리를 깎는 이는 양철판을 두드렸으며, 기름 장수는 바리때를 치기도 하였다. …소리가 쉬지 않으므로 집 안에서 작은 아이들이 달려 나와 이들을 부르기도 하고, 큰 소리로 외치지 않아도 두드리는 소리만 들으면 파는 물건을 알기도 한다(『열하일기』, 「일신수필(馹汛隨筆)」 시사(市肆)).

② 나라의 쓰임에 수레보다 더한 것이 없다. …우리나라에도 수레가 없지는 않지만, 바퀴가 온전히 둥글지 못하고 바퀴 자국이 틀에 들지 않으므로 수레가 없는 것과 같다. 사람들은 늘 "우리나라는 길이 험하여 수레를 쓸 수 없다"고 하는데, 이것은 무슨 말인가? 나라에서 수레를 쓰지 않으니까 길이 닦이지 않았을 뿐이다. 수레가 다니게 되면 길은 저절로 닦이게 될 것이니, 어찌 길의 좁음과 산길의 험준함을 걱정하겠는가? …중국에도 검각(劍閣)의 아홉

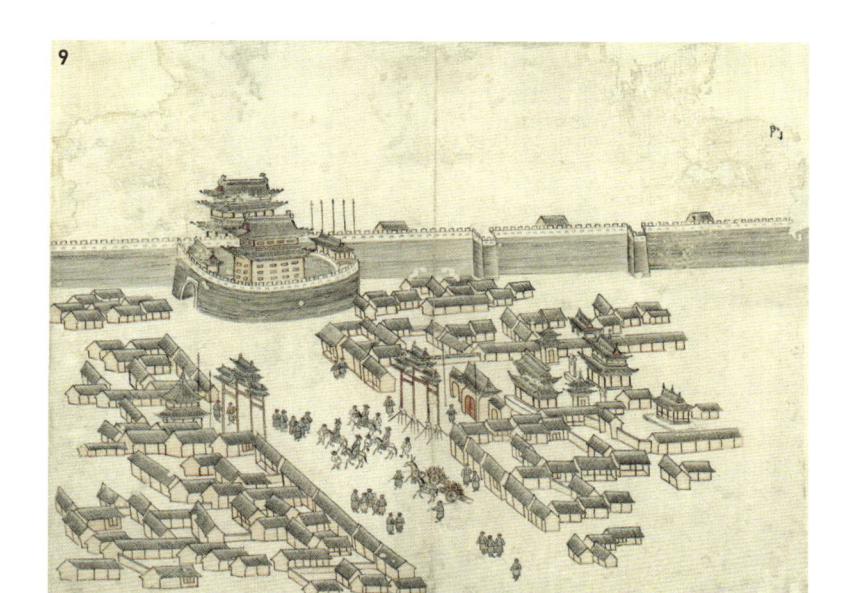

9   김홍도, 〈연행도(燕行圖)〉 조양문
10 벽돌로 쌓은 중국 건물
11 중국 베틀
12 중국 벽돌 가마

연행록의 요녕과 조선   263

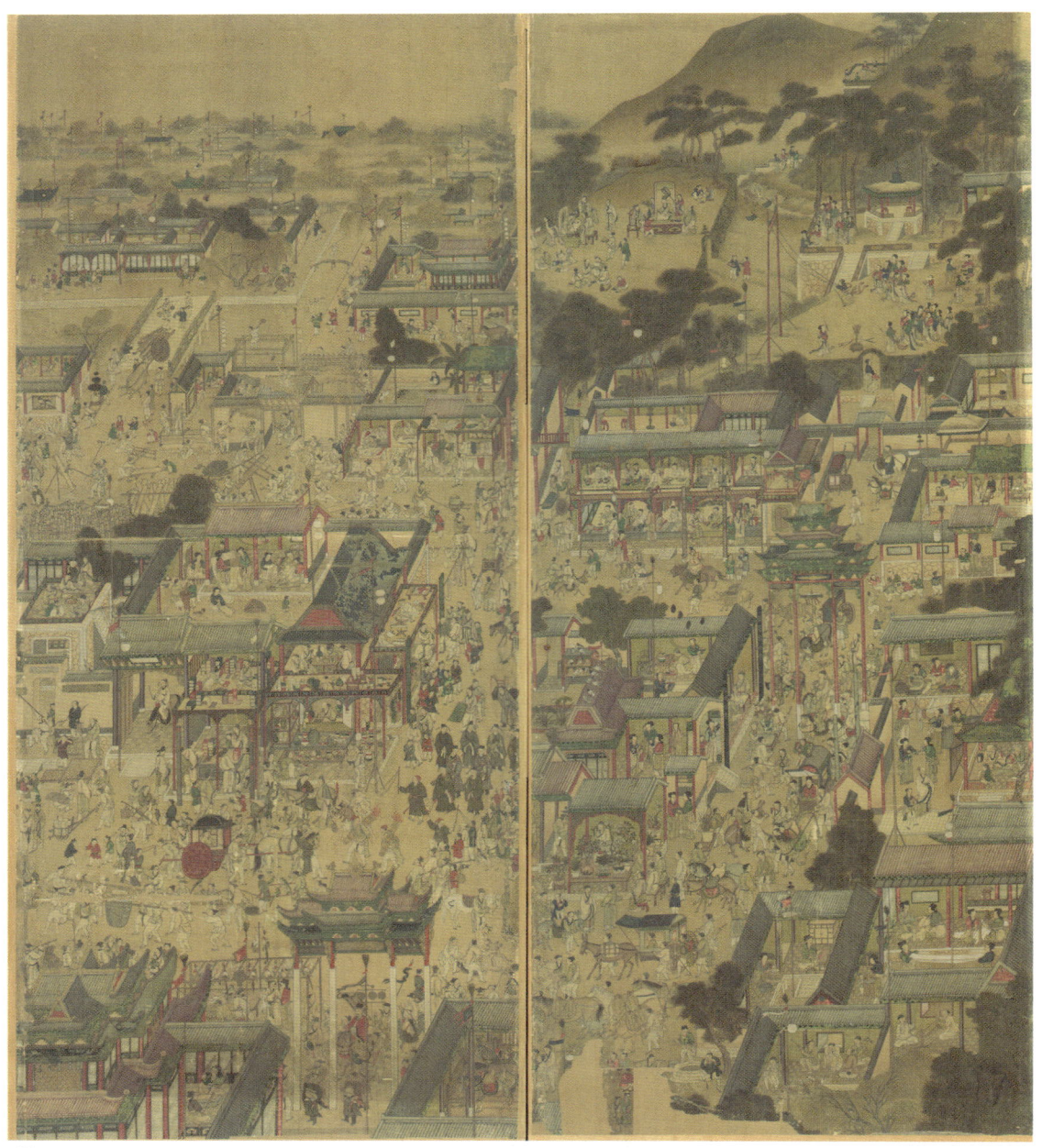

13

굽이 험한 잔도(棧道)와 태행(太行)과 양장(羊腸)의 위태로운 고개가 없지 않지만 역시 수레가 가지 못하는 곳은 없다. …그렇기에 중국은 재산이 풍족할 뿐만 아니라 한 곳에 지체되지 않고 골고루 유통(流通)되는 것은 모두 수레를 쓴 이익이다. …사방이 겨우 몇 천 리 밖에 안 되는 나라에 백성의 살림살이가 이렇게 가난한 것은 한 마디 말로 표현한다면 수레가 국내에 다니지 못하기 때문이다. 어떤 이가 "수레는 왜 다니지 못하는 것인가"라고 묻는다면, 역시 한 마디 말로 "사대부(士大夫)들의 허물이다"라고 대답해야 한다. 왜냐하면 그들은 평소에…윤인(輪人), 여인(輿人), 거인(車人), 주인(輈人) 등을 떠들어대지만 끝내 그것을 만드는 기술이나 움직이는 방법은 도무지 연구하지 않는다. 이것은 글만 읽었을 뿐이므로, 참된 학문에 무슨 이익됨이 있겠는가? 아아, 슬프도다. …나는 날마다 눈에 나타나는 놀랍고 반가운 것들을 수레 제도로 미루어 짐작할 수 있으며, 또한 어렴풋하게나마 몇천 년 모든 성인의 고심(苦心)을 알 수 있다. …뜻있는 이가 잘 연구하여 그 제도를 본받는다면 우리나라 백성들이 처한 가난병도 얼마쯤 고칠 수 있을 것이다(『열하일기』, 「일신수필」, 거제(車制))

13 〈태평성시도(太平城市圖)〉, 조선 사회가 지향하는 이상 사회를 닮은 중국 성시의 모습으로 복식, 가옥 등은 중국풍이지만, 풍속과 기물은 조선의 것으로 묘사하였다.

물건을 파는 자는 누구든지 소리만 듣고도 어떤 물건을 파는지 알 수 있을 정도로 쉬지 않고 외친다. 자연히 상업은 발전할 수 있었다. 박지원은 상업의 발전은 물화의 유통에 달렸다고 보면서, 수레 바퀴를 제대로 만들고 수레를 적극 이용하여야 한다고 주장하였다. 그는 수레 제도만 잘 정비해도 조선의 백성이 가난에서 벗어날 수 있다고 확신하였다. 그는 귀국하여 수레 제도를 전하고자 한다면서 중국의 수레 제도를 정리하여 『열하일기』에 상세히 기록하였다.

연행록, 한중 우호의 가교

연행록에는 당시 조선이 중국을 바라보는 모습이 담겼다. 다만 그 모습은 조선과 명, 조선과 청의 정치적 이해 관계에 따라 적지 않은 영향을 받았다.

김창업은 김상헌(金尙憲, 1570~1652)의 증손이다. 그는 증조부의 영향을 받아 숭명사상(崇明思想)을 강조하면서 조선이 문화국임을 애써 자부하였다.

홍대용은 "만주 사람은 얼굴이 분을 바른 듯 희고 깨끗하고 아름답고 예쁜 사람이다"라고 표현하였다. 또한 그는 길가에서 능숙하게 말똥을 줍는 요녕성 사람을 보고는 농사에 힘을 기울이는 부지런함과 알뜰한 마음가짐을 언급하기도 하였다. 나아가 청나라의 양명학과 천주학을 다루면서 서양의 문물을 자세히 소개하였다.

박지원은 "요동들은 청나라가 반드시 지켜야 할 터전이므로, 천하의 병력을 기울여서라도 이곳을 지킨 뒤에야 천하가 편안할 수 있을 것이다"라고 요녕의 가치를 강조하였다. 아울러 청나라에 대한 조선 사람의 인식도 거론하였다. 아래의 기록을 살펴보기로 하자.

① 대개 천하를 위하여 일하는 자는 진실로 백성에게 이롭고 나라에 도움이 될 일이라면, 그 법이 비록 이적(夷狄)에서 나온 것일지라도 거두어서 본받아야만 한다. 더욱이 삼대(三代) 이후의 성스럽고 현명한 제왕과 한·당·송·명 등 여러 나라가 본래 가졌던 고유한 원칙이야 더 말할 필요가 없다. 성인이 『춘추』를 지으실 때, 물론 중화를 높이고 이적을 물리치려고 하셨으나 그렇다고 이적이 중화를 어지럽힌다고 분개하여 중화의 훌륭한 문물제도마저 물리쳤다는 말은 듣지 못하였다. …중화의 전해오는 법을 모조리 배워서 먼저 우리의 유치한 습속부터 바꿔야 한다(『열하일기』, 「일신수필」, 7월 15일 신묘).

② 책문 밖에서 다시 책문 안을 바라보니, …어디를 보든지 시골티라고는 조금도 없다. …청나라의 동쪽 변두리도 오히려 이러한데, 앞으로 더욱 번화할 것을 생각하니, 갑자기 한풀 꺾여서 여기서 그만 발길을 돌릴까하는 생각이 들어 온 몸이 화끈해진다. 그 순간에 나는 "이는 시기하는 마음이다. 내가 본래 성미가 담박(淡泊)하여 남을 부러워하거나 시기하거나 하는 마음은 조금도 없었는데, 이제 한번 다른 나라에 발을 들여놓자, 그 만분의 일도 보지 못하고서 벌써 이러한 망녕된 마음이 일어남은 무슨 까닭인가"라고 깊이 반성하였다. 때마침 한 소경이 어깨에 비단 주머니를 걸치고 손으로 월금(月琴)을 뜯으며 지나간다. 나는 크게 깨닫고 "저 사람이야말로 평등안(平等眼)을 가

진 사람이 아니겠는가"라고 생각하였다(『열하일기』「도강록」 6월 27일 갑술).

중화의 문물 제도는 오랜 세월 동안 중국 고유의 원칙에 따라 형성되었다. 따라서 문물제도의 형성과 관련하여 굳이 이적의 여부를 구분할 필요가 없다. 오히려 그것을 구분하려는 마음은 '시기하는 마음'이다. 박지원은 보이지 않는 월금을 연주하며 태연히 걸어가는 소경처럼, '평등안'을 가지고 적극적으로 배워 조선의 현실을 개선해나가야 한다고 주장하였다.

그는 심양에서 청나라 사람과 밤을 새워 나눈 필담의 내용도 소개하면서, "우리 고향 사람들도 더러는 반딧불을 주머니에 넣기도 하고 송곳으로 정강이를 찌르며 글을 공부하면서 아침에 나물 밥, 저녁엔 소금 찬으로 가난을 견디는 이가 많다.…가게를 내고 물건을 사고 팔아 생활하는 것을 남들은 비록 하류로 치지만, 생각하기에 따라서는 나를 위하여 하늘이 한 개의 극락계(極樂界)를 열고 땅이 이러한 쾌활림(快活林)을 점지하는 것과 같다.…농사와 사환(仕宦)의 두 길에 비하여 그 괴롭고 즐거움이 어떻다고 할 수 있는가"라고 하여, 장사에 힘쓰는 청나라 사람의 말을 빌어 자신과 같은 지식인이나 농사를 짓는 이, 장사에 힘쓰는 이를 나누어 가늠할 필요가 없음도 애써 강조하였다. 오히려 그러한 구분보다는 '지성(至性)'으로 사람을 사귀는 청나라 사람의 태도가 더 중요하다고 칭송하였다.

조선 사신은 요녕성에서 중국을 처음 마주하였다. 사행 길에 오르기 전에 그들은 기록과 이야기를 통해서 중국을 그려보았지만, 요녕성에서 그들은 상상의 일부를 맞추기도 하고 고치기도 하였다. 그것은 박지원의 지적처럼, 현실 문제를 외면한 채 글에만 빠져 있었기 때문이다.

"세 닢을 주고 집을 사고 천 냥을 주고 이웃을 사며 좋은 이웃은 돈으로도 바꿀 수 없다"는 중국 속담처럼, 요녕성은 여전히 한중 두 나라 교류의 중요한 통로이다. 연행록의 필자들은 요녕성을 통해서 한중 두 나라의 과거를 확인하면서 미래를 꿈꾸었다. 한중 두 나라의 우호 교류를 확대하려면, 연행록 필자들이 토로했던 소회를 염두에 두면서 '법고창신(法古創新)'과 '지성(至性)'을 마음에 담아 한중 역사문화에서 요녕성의 위상을 이해하여야 한다.

그림으로 전하는
인연

무빈
중국중외관계사학회

<봉사도>에 담긴 한중 우호의 길

이름난 대신들이 배출되었던 청나라 강성 시기의 많은 대신들 중에서 아극돈(阿克敦)은 주목받을 만한 인물이다. 그는 만족 출신으로, 팔기(八旗)의 하나인 정람기(正藍旗) 소속이었는데, 가정 배경이 하나도 없었지만 문무 분야에서 상당한 성과를 이루었다. 25살 때 회시(會試)와 전시(殿試)를 거친 뒤 첨사부 첨사(詹事府詹事), 예부시랑, 한림원 장원학사(掌院學士), 광서순무(廣西巡撫), 형부상서, 도찰원 좌도어사(都察院左都御史) 등의 요직을 역임하였고, 옹정제 때는 종군(從軍)으로 서강(西疆)에 출정하였으며, 준갈이(准噶爾) 경계를 논의하여 정할 때에는 훌륭한 의견을 많이 제안하기도 하였다. 또한 실록, 회전(會典), 방략(方略), 『팔기통지(八旗通志)』, 『대청일통지(大淸一統志)』 등 중요 공문서들에 대한 편집·수정 작업에서도 뛰어난 재능을 나타냈다.

의 역사 기록에 의하면, 1645년(순치 2년)부터 1880년(광서 6년) 까지 236년 동안 조선에 온 청나라 여러 사절단의 사행 횟수는 151회에 달하였다. 아극돈은 강희제 말기부터 옹정제 초기까지 8년 동안 양국 사이를 4차례나 왕복하였다. 이러한 횟수는 실로 보기 어려운 일이었으며, 한중 역사의 기록들에서도 보기 드문 일이었다. 아극돈은 '흠차(欽差)'의 사명을 원만히 수행하였을 뿐 아니라 조선의 향토 문화를 취재하여 『동유집(東遊集)』에 28편의 시문(詩文)을 담았으며(『덕음당집(德蔭堂集)』 권6 수록), 20폭으로 구성된 <봉사도(奉使圖)>를 제작하였다.

1 아극돈 초상화

그것은 강희제 말기부터 양국 관계가 우여곡절의 상황에서 벗어나 지속적으로 발전하기 시작하여, 옹정제와 건륭제 때 들어서 새로운 관계가 정립되는 등 비교적 양호한 상태로 유지되었기 때문이다. 아극돈과 그의 주도 하에서 제작된 『동유집』과 〈봉사도〉는 양국 간의 관계가 지속적으로 발전하였다는 것을 보여주는 산물이다.

청나라 때 조선과의 문화 교류 상황을 살펴보면, 그것은 주로 양국 사이를 오갔던 외교 사신들에 의해서 진행되었다. 양국 사신은 외교적 사명을 수행하는 동시에 문화 교류의 매개 역할도 하였다. 그들은 사행길에서 보고 들은 것과 문화 교류 내용을 시문, 수필, 소설 등 문학 작품과 회화, 서예 등 예술 작품으로 기록하여, 양국 간 문화 교류에 중대한 기여를 하였다. 아극돈의 『동유집』과 〈봉사도〉는 청나라와 조선 간의 외교 예법과 예식이 점차 정규화하고, 왕래가 갈수록 빈번해지면서 우의가 부단히 심화되어 가고 있는 과정을 보여주는 것이어서, 역사적으로나 예술적으로나 큰 매력을 담고 있다.

2 강희제의 말년 모습
3 열하 행궁 태의원 어선방
  약재와 약구도(藥具圖)

천리 길로 공청을 보낸 선의

1717년(강희 56년, 숙종 43년)에 조선 숙종은 심한 안질에 걸려 청나라에 '공청(空靑)'이라는 약을 구해 달라고 요청하였다. 공청은 간장의 열을 식히고 눈의 각막을 맑게 하여 혈액 순환을 좋게 하는 약재로 매우 얻기 어렵고 특이한 광석(礦石)이다.

강희제는 공청을 구해 달라고 요청한 일을 매우 중시하였다. 즉시 한림원 시독학사(侍讀學士) 아극돈과 난의위치의정(鑾儀衛治儀正) 장정매(張廷枚)에게 "조선 국왕 이돈(李焞)은 차분하고 법을 잘 지켜 만민의 사랑을 받아 40여 년간이나 태평의 복을 누려 왔는데, 그동안 이러한 사람은 없었기에 짐은 많이 칭송하고 싶다. 예부의 주청을 열람해 보니 왕이 안질 때문에 공청을 구하러 왔다고 한다. 짐이 몹시 걱정이 되니 행재소의 너희들이 곧 공청을 가지고 가서 하사할 것을 명한다. 이것은 각별한 은덕이다. 여러 가지 예절을 고려해야 하지만, 너희들이 도착하면 국왕은 관례에 구애받지 말고 아무데서나 만날 수 있다는 황명(皇命)을 전달하라"고 조령(詔令)을 내렸다.

강희제 후기에 청과 조선 양국은 상호 왕래에서 새로운 국면을 열었다. 청나라는 국가의 통일을 완성하고 전국에 대한 통치를 공고히 하였다. 또한 명나라의 잔여 세력이 모두 소멸하여, 조선과 청나라 사이의 근본적 문제가 다 해결되었으므로, 청나라는 조선에 대한 통제도 늦추면서 회유책을 취하였다. 조선도 청나라에 대한 이전의 관념을 바꾸기 시작하여, 조공의 책무도 잘 이행하였으므로, 양국 관계는 점차 개선되었다.

당시 청나라는 정치가 안정되고 경제도 번영하면서 국력이 강성해져, 대국다운 이미지를 과시하기 위해서 '많이 주고 적게 받기'라는 이념으로 여러 일들을 하였다. 과거 조선에 대해서 가혹한 요구와 불신, 압제를 하였던 것을 바꾸고 우호 관계를 더욱 돈독히 하기 위해서 여러 회유책을 폈던 것이다. 은혜를 베풀기 위하여 조선에서 올 물품도 여러 차례 삭감해 주기도 하였다. 1711년에 백금 1천 냥, 홍표범 가죽 142장을 면제시켜 주었고, 1718년에는 조선에서 보내야 하였던 사은 방물을 다음에 보내도록 하기도 하였다.

강희제가 숙종이 요청한 약을 구입하는 것을 중요하게 여긴 이유는 양국 간

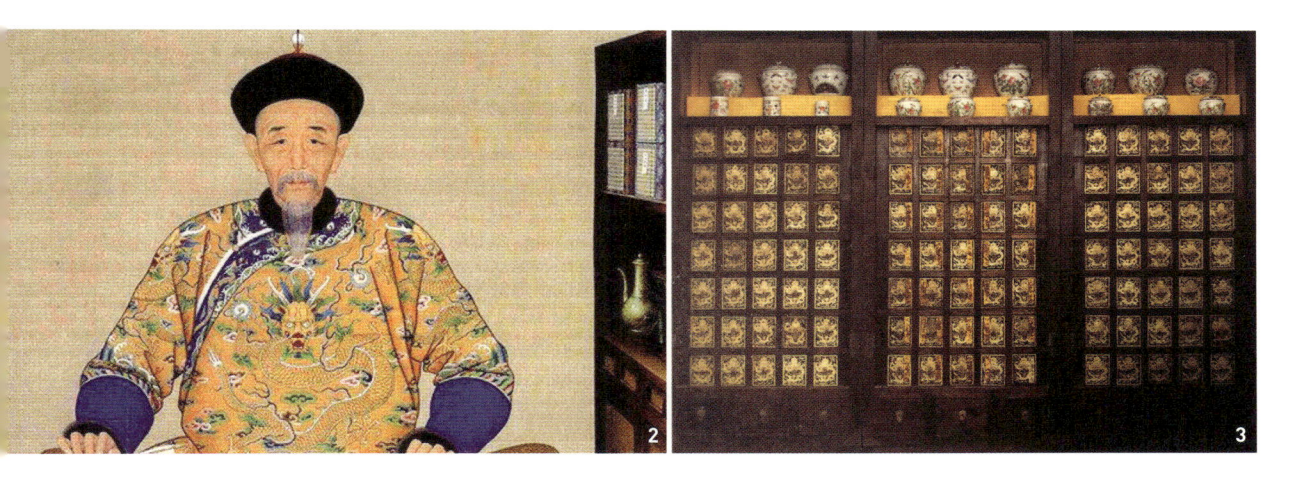

의약 분야의 교류가 유구한 역사를 가졌기 때문이었다. 양국 간 의학 분야 인적 교류는 매우 빈번하였다. 명나라 홍무제 때 복건성 도사 양종진(楊宗眞)이 고려로 건너가 의료업에 종사하던 중 고려의 전의(典醫)로 임용되었다. 1407년(영락 5년) 9월 명나라에 파견된 조선 세자의 수행원 가운데에는 의사인 판전의감사(判典醫監事) 양홍달(楊弘達) 등이 포함되어 있었다. 1425년(홍희 원년) 7월 명나라 태의(太醫) 장본립(張本立)과 요동의생(遼東醫生) 하양(何讓)이 조선의 초청을 받고 세종의 병을 치료하기 위해서 어의들과 함께 치료 방안을 상의하고 또 처방을 전수하기도 하였다. 1427년(선덕 2년)에는 의사 왕현(王賢)이 또 다시 세종의 병을 치료하기 위하여 조선에 왔던 일도 있었다. 이와 같은 기록들은 일일이 다 헤아릴 수가 없을 정도이다. 청나라 때 도 조선과의 의약 교류는 여전히 밀접하였다. 조선 경종은 어려서부터 체질이 약해 질환이 많았는데, 1722년에 강희제가 몸소 태의 여러 명을 조선으로 보내 경종의 질환을 진료하도록 하였다.

조선 숙종의 안질에 대해서 강희제는 측근 대신들에게 황명을 내려 우호적인 사명을 속히 수행하도록 하였다. 그리하여 나이가 33살 밖에 안된 아극돈은 정사를 맡아 급히 첫 조선 사행을 시작하였다.

왕복 2개월이 걸린 약 배달

아극돈이 조선으로 출행하던 때는 마침 청나라가 강성해지기 시작한 시기였고, 청나라가 관내에 들어가기 전에 조선과 치렀던 두 차례의 전쟁으로 비교적 긴장하였던 양국 관계가 많이 개선된 시기였다. 강희제 말기에 이르러 양국은 안정된 관계의 궤도에 들어가, 조선은 '사대'와 '신사최공(臣事最恭)'의 예를 갖추었고, 청나라도 조선을 천자 제후 관계의 본보기로 여겨 많은 혜택을 주었 다.

이때 강희제가 조선을 회유하려는 의도는 점점 뚜렷하게 나타났다. 1711년에 강희제는 조선의 세공(稅貢)을 감면시켜주는 동시에 지방 관리에게 조선 사절들을 위해 사행길을 따라 설치되어 있는 관사(館舍)를 보수하라고 명령하였는데, 이것은 '먼 곳에서 찾아오는 손님들에게 혜택을 베풀어 주자'는 의미였다. 1713년에 강희제는 조선 사절단 중 화살을 잘 쏘는 사람을 창춘원(暢春園)으로 불러 한번 쏘아 보도록 하였다. 연습 후에 청나라 통관은 몰래 조선 사절 김창업(金昌業)에게 "이러한 예는 지금까지 없었던 일로 조선에 대한 황제의 사랑"이라고 말하였다. 조선 사행단의 부사군관(副使軍官)인 최덕중(崔德中)은 "심양은 두 개의 산에 끼여 있는데, 동은 우리나라와 인접하고 서는 몽골과 접경하며 남은 요하에 임하고 북은 융적과 접하고 있다. 만일 우리나라와 몽골과 친하지 않는다면 전혀 지킬 수 없는 곳이다. 그래서 청국 황제가 우리 동국을 우대하고 몽골과 인친 관계를 맺었다"고 분석하였다.

위와 같은 배경에서 보면, 숙종에게 공청을 하사한 것은 강희제의 '각별한 은덕'이며 비공식 외교 활동으로 말할 수 있다. 특히 젊은 아극돈을 선발해서 정사 자격으로 사행을 시킨 배후에도 강희제의 깊은 뜻이 담겨져 있었다고 하겠다.

아극돈은 1712년 한림원 편수(編修)에 임명되어 입사의 길에 들어서기 시작하였고, 다음해 10월에는 일강기거주관(日講起居注官), 그 다음해에 내정에 들어간 지 얼마되지 않아 조선 출사의 정사로 임명되어 순조롭게 관료의 길이 열리기 시작하였다. 그의 운명이 급격히 변화된 것을 통하여, 그 가족의 변천을 살필 수 있음은 물론 나아가 청나라 조정이 만주인을 관리로 임용하는 시각이 바뀌고 있다는 것을 알 수 있다.

아극돈의 성씨는 장가(章佳)인데, 장백(長白)의 세가에 속하고 원 거주지는 장백산 악목혁색라(額穆赫索羅) 지방이다. 악목혁색라는 아목화소로(俄穆和蘇魯),아막혜(俄莫惠)라고도 하며 동해여진와집(東海女眞窩集)의 속지로, 청나라 때 아극돈성(阿克敦城, 지금의 길림성 돈화시)에 위치하였다.

1677년 청나라 조정에서는 황명으로 장백산을 제사지내는 산으로 정하고 주변 1천여 리를 입산금지 구역으로 획정하였다. 고대 중국의 동악 태산, 서악 화산, 북악 항산, 중악 숭산, 남악 형산 등 오악(五岳)의 전례에 따라 장백산을 신(神)으로 숭상하였다. 영고탑 장군의 위임을 받아 파견된 관리가 매년 봄과 가을에 길림에 가서 망제(望祭)를 지내곤 하였다. 아극돈성은 입산금지 구역 내에 있었기 때문에 2백여 년간 거의 황무지로 되어 있었다. 청나라 황실은 이 땅이 발상지라고 여겨 보호를 실시하였던 것이다.

특히 주목할 것은 청나라 초기 악목혁색라 좌령(佐領)을 설치하였는데 주둔지는 아극돈성(또는 악다리성 鄂多里城, 악동성 鄂東城, 오동성 敖東城)이었다. 공교롭게도 성의 이름은 아극돈의 이름과 같았다. 이 말은 만주어로, 견고하다, 실하다, 보루라는 뜻을 지니고 있다. 전해오는 아극돈의 저서 『덕음당집』에는 '장백산 아극돈 저작'이라고 쓰였다.

장가씨의 시조 목도파(穆都巴)는 아들 다섯 형제를 데리고 원래 거주하던 합랍(哈拉)을 떠났는데, 이후 다섯 형제들의 후손들은 각각 번창하였다. 큰 아들 목곤합랍(穆昆哈拉)은 와이객십라이불(瓦爾喀什羅爾佛) 지역으로 이주하였다. 누르하치가 무력으로 세력을 키울 때 장가씨 일가족들은 잇따라 귀순하였다. 아극돈의 4세조 장가·호로호창길내(章佳·瑚魯瑚昌吉蕭)는 팔기에 가입하여 정람기에 들어갔다. 그뒤 호로호창길내의 후손들 중에는 중앙과 팔기에서 관직을 지낸 자들이 많았다. 아극돈의 부친 아사합(阿思哈)은 일찍이 3등 호위(護衛)가 되어 상당한 수준의 팔기 귀족이 되었다.

청나라가 중국 본토로 들어간 초기, 팔기군의 전투력을 키우기 위해서 한동안 팔기 자제들에게 과거 시험에 참가하는 것을 제한하였다. 그 뒤 청나라의 통치가 점점 공고히 되자 팔기 자제들의 과거 응시를 허가하였고, 1687년에는 만족과 한족을 구분해서 고시하던 제도까지 폐지하고 팔기 자제와 한족이 함께 향시(鄕試)에 응시할 수 있게 하였다. 구체적인 채용 인원은 '만주인, 몽고인은

4

勒瑚里泊
三仙女浴布

5

長白阿克敦撰
曾孫那彥成校刊

합격한 사람 10명을 채용하고, 한인은 5명을 삭감하고 5명을 채용한다'고 하였다. 이 숫자는 만주인·몽고인의 합격한 숫자가 한인 인원 수의 2배로 된 것을 보여준다. 이전과 같으면 시위와 하급 문관인 필첩식(筆帖式)은 팔기 자제, 특히 만주 기인(旗人)이 벼슬로 진급하는 주요한 경로였는데, 과거로 입사하는 것이 하나의 큰 흐름이 되었다.

우선 팔기의 만주·몽고 기인 자제들에게는 입사 후 문학을 숭상하거나 과거에 투신하는 기풍이 빠르게 형성되었다. 그 근본적인 이유는 그들이 부유한 생활 조건을 가지고 있으므로 과거에 응시할 물질적인 보장을 지니고 있었기 때문이다. 제일 먼저 과거에 응시를 하는 자는 많은 논밭을 소유한 '팔기장좌(八旗將佐)'의 자제였다. 아극돈의 부친 아사합은 3등 호위로 정5품 관원이었기에 당연히 자식을 응시시킬 조건을 갖추었다. 아극돈은 나이가 젊고 똑똑하며 책 읽기를 매우 좋아하는 데다가 심지어 가산을 팔아 서적을 사들여 집안에 장서가 매우 풍부할 정도였다.

다음으로 만주·몽고 팔기 자제가 과거에 응시하여 입사하는 것은 군공을 세우는 것보다 훨씬 더 쉬웠다. 청나라 초기의 대규모 전쟁이 종료되면서 일반 병사들은 군공을 세울 기회가 적어졌고, 특히 강희제 시기에 대만을 통일시킨 후 경제 회복과 발전 시기에 들어서 만주·몽고 팔기인들이 군공으로 입사하기가 과거에 비해 상당히 어렵게 되었다. 따라서 전쟁을 통하여 얻지 못하는 것은 오로지 시험장에서 보완할 수밖에 없었다.

그 다음으로, 청나라 조정에서는 만주·몽고 팔기 자제의 등용 인원수에 대해 우대 혜택을 주고 그 자제들에게는 적극적으로 응시하도록 격려하였다. 청나라 초기에 그 자제들에 대한 등용 인원수는 과거 고시가 여러 번 중단되면서 자주 변동되었지만, 후에는 대체로 '팔기 만주·몽고의 인원수는 60명, 늠생(廩生) 60명, 증생(增生) 60명이며 연간 2번씩'으로 고정되었다. 당시 동생(童生) 고시에 응시한 한족의 채용률이 약 50:1 정도밖에 안된 것을 보면, 팔기 자제의 동생 채용률은 이보다 훨씬 높았을 것이다.

마지막으로, 청나라 황제들은 만주·몽고 팔기 관원을 임용할 때 점점 과거 출신자들을 더 중시하였다. 만주 팔기인 중에서 옹정제가 신임하였던 악이

4 『만주실록(滿洲實錄)』의 만주족 장백산 기원 전설
5 『덕음당집(德蔭堂集)』

태(鄂爾泰)와 건륭제가 중용하였던 아계(阿桂)는 모두 과거 고시 출신으로 수석 군기대신(軍機大臣)을 맡았다. 가경제 때 나언성(那彦成), 도광제 때 영화(英和)와 목창아(穆彰阿)는 모두 진사 출신이었다. 이것은 강희제 때 아극돈 등을 임용한 것을 보면 추측이 가능하다. 바로 아극돈이 일강기거주관으로 임명되던 그 달에 강희제는 대학사 등을 보고 "짐이 조선인이 쓴 글을 보니 훌륭한 것이 너무 적다. 그들은 중국의 지리 명칭을 묘사할 때 도로가 아주 험하다던가, 혹은 관애(關隘)나 혹은 잔도 따위만 언급하였다. 그러나 현재는 정비를 다해 놓았고 모두 큰 통로가 되었는데 어디 험한 곳이 있겠는가? 그것은 모두 기록에만 근거하고 자신이 직접 경험을 안 하였기에 사실대로 쓰지 않은 것이다. 조선 국왕은 공손하고 예의에 바르며, 우리 조정에서 파견한 사신들도 본분을 바로 지키고 일체의 선물을 요구한 적도 없다. 명나라 때 사절을 한 사람만 그 나라에 보내도 걸핏하면 수만의 비용을 썼는데 어찌 먼 곳을 위로할 수가 있었겠는가"라고 말하였다.

이것은 강희제가 당시의 폐단을 이야기한 것이고, 또한 조선을 출사할 사절들이 어떻게 행동을 해야 하는가에 대한 원칙을 제시한 것이라고도 할 수 있다. 아극돈은 시강학사(侍講學士)로 승급된 후, 강희제 곁에서 시종을 한 지도 10여 년 되었기에 강희제의 의사를 이해하였을 것이고, 조선으로 출사하는 과정에도 황제의 의도를 구현할 줄 알았을 것이다. 그는 비교적 아름답고 감미로우며 기세 높은 글을 써내야 하는 한편으로 사행길을 빨리 다녀와야 하였기에, 바로 떠나야 한다는 것을 알아 차렸다.

아극돈이 조선에서 경사(京師)까지 3천 5백 리나 되는 여정을 2개월이라는 짧은 시간에 다녀왔다는 것은 천신만고를 겪었다고 말할 수 있는데, 그는 그 과정에서 사행길과 관련된 시문 6편을 남겼다. 무장세가(武將世家) 출신인 아극돈은 문관으로 입사하였지만 무장의 기풍을 잃어버리지 않았으므로, 조선으로 출사할 그의 문무를 겸비한 품성이 강희제의 마음에 들었다고 할 수 있다.

성대한 예절로 진행된 사행

아극돈의 네 번이나 되는 조선 출사는 청나라와 조선 두 나라가 매우 밀접하고 우의가 깊어진 시기에 이루어졌다. 그런데 조선에 출사하는 청나라 관원이 매우 많고 또 출사의 횟수가 제한된 상황에서 아극돈만이 네 차례나 조선으로 출사 할 수 있었을까? 아극돈은 조선에 공청을 보내 주고 북경으로 돌아온 지 사흘만에 쉬고 바로 두 번째로 조선의 한양을 향해 출사하였다. 다른 사람뿐만 아니라 당사자인 아극돈조차 쉽게 이해할 수 없는 일이었다.

조선의 『숙종실록』에 의하면, 아극돈 일행이 공청을 보낸 시기는 1717년 가을과 겨울 사이였다. 일행은 10월 19일에 압록강을 넘어 그 달 27일에 한양에 도착하여 공청을 받쳤다. 11월 5일에 한양을 출발하여 12일에 평양에 도착한 다음 압록강을 건너 북경에 도착하였다. 그러나 그해 12월 6일에 효혜황태후(孝惠皇太后)가 경성(京城)에서 병으로 서거하였기에 강희제는 아극돈에게 다시 부고를 전하기 위해 조선으로 출사하라고 명령하였다. 이와 관련하여 『조선왕조실록』에는 "청국 황태후가 서거하였다. 청은 사절로 아극돈, 장정매를 파견해 부고를 전하였다. 이 것은 아극돈 등이 북경에 들어갔다가 3일 만에 다시 우리 동국으로 사행한 것이다"고 하였다.

아극돈이 다시 조선으로 사행을 하는데 대하여 조선 국왕은 '필연코 곡절이 있다'고 여겨, 영접자에게 그 원인을 "속히 알아 보라"고 명령하였다. 원접사 이건명(李健命)은 국왕에게 그 결과를 "청 황제는 아극돈이 조선을 왕복하는 동안 우리 실정을 잘 파악하였고 또 타인을 보내면 폐단이 생길까 봐 여전히 아극돈 등을 보낸 것입니다"라고 보고하였다. 그제야 조선 국왕은 마음을 놓았다. 아극돈 일행은 1718년 정월 4일에 한양에 들어가 부고 예식을 끝내고 정월 8일 귀국길에 올랐다.

조선에서 북경까지는 3천 5백여 리였는데, 아극돈은 연이어 두 차례나 출사하고 모두 2개월만에 귀국하였으므로 그 노정은 1만 리 정도 되었다. 사행 길에서 아극돈은 「제석(除夕)」이라는 시를 남겼는데, 그 중에는 "천산 바라보며 탁주 한잔 마셨더니, 2개월 만에 무려 만리 길을 다녔구나"라는 구절이 있다. 아극돈이 1718년 정월 3일 한양에 도착하였으니 1717년 섣달 그믐날은 당연히 여행길에서 보냈을 것이다. 시간으로 따져볼 때 공청과 부고를 전달한 기간이 2개월이므로 '2개월 만에 만리길을 다녔다'라는 것도 사실에 맞는 말이다. 이 시문은 청나

6 〈아극돈과정도(阿克敦過庭圖)〉, 1718년, 망곡입소(葬鵠立所) 그림

라와 조선 사이의 우호 친선 관계가 긴밀해지기 시작하였다는 증거인 셈이다.

1722년 4월에 아극돈은 세 번째로 조선에 출사하였다. 『청성조실록(淸聖祖實錄)』을 확인하면 아래와 같다.

4월 을묘삭 갑자(초10일). 황명으로 내각학사(內閣學士) 아극돈을 정사로, 2등 시위(侍衛) 불륜(佛倫)을 부사로 명하여 조선 국왕 이윤(李昀)의 남동생 이금 (李昑)을 세제(世弟)로 책봉하기 위해 보내면서 조선 국왕 이윤에게 다음과 같이 조령(詔令)하였다. "짐은 부자 순위로 황위를 계승하였는데, 이것은 국가의 정상적인 절차다. 형제 순위로 계승하는 것은 임시적인 방도이다. 이제 국왕의 주청을 보니 오래된 병환으로 후대 계승이 어려워 친동생 연성군(延礽君) 이금을 세제로 책봉할 것을 요청하였다. 그 심정과 언사가 매우 간절하여 짐은 요청을 간곡히 허락한다. 대신을 파견해 조명(詔命)을 받들고 이금을 조선 국왕의 세제로 책봉하고 동시에 비단과 화폐 등을 하사하도록 한다. 다만 왕은 동생 이금에게 충성은 인간의 도리이므로, 항상 충성심을 가지고 가족의 흥성에 힘쓰고 나라의 안녕을 보존하도록 당부하라. 만약 국왕이 운이 트여 후사가 생긴 다

면 다시 주청하라"고 하였다.

조선의 『경종실록』에 의하면, 아극돈의 조선 출사에 "수행원이 75명이나 되었는데, 이는 전례에 없던 일이다"라고 하였다. 다시 말해서 아극돈의 3차 사행은 청나라에서 파견됐던 사절단들 중에 인원수가 가장 많았다.

1724년 (옹정 2년) 12월에 청나라는 서거한 조선 경종을 사제(賜祭)하고 신왕 영조를 책봉하기 위하여 각라 서로(覺羅舒魯)와 아극돈을 파견하였다. 이것은 아극돈이 네 번째로 조선에 출사한 것이다. 『청세종실록』에 다음과 같이 기록되어 있다.

12월 무자(19일), 산질대신(散秩大臣) 각라서로와 한림원 학사 아극돈을 파견해 서거한 조선 국왕 이윤을 사제하도록 하였고 시호는 각공(慤恭)이라 하였다. 조선 국왕의 세제 이금을 조선 국왕으로 책봉하였다. 조서 내용은 다음과 같다. "형님인 국왕 윤이 서거하여 짐은 몹시 슬퍼한다. 희순왕비(僖順王妃) 김씨는 그대가 총명하고 친구와 잘 지내며 도량이 넓고 인자하며 항상 남다른 훌륭한 덕성을 가지고 있어 만민의 사랑을 받고 있으므로, 왕위 계승을 책봉해 달라고 요청하였다. 짐은 만민의 의사를 존중하여 그 요청을 허락한다. 금번 관원을 파견하여 조서를 받들고 그대를 조선 국왕으로 책봉하여 국정을 계승·관리할 것을 그대의 나라에 알리며, 그대의 아내 서씨를 국왕비로 책봉하고 내치를 보좌하도록 한다. 그리고 그대와 왕비에게 조서와 비단 등 선물을 하사한다. 그대는 항상 조정 사무에 삼가하고 정성으로 왕위를 지키며 충순을 계승·발양하고 국가에 충성을 다하라"고 하였다.

조선 경종이 1724년 8월 25일에 서거하자, 조선 조정은 9월 1일에 부고 사절단을 구성하였는데, 사절단은 한 달이 지난 10월 6일에야 한양을 떠나 연경으로 향하였다. 이어 옹정제는 12월 19일에 각라서로를 정사로, 아극돈을 부사로 하는 사절단을 파견하여 경종에게 사제하고 영조를 책봉하였다.

공청을 바쳤을 때부터 부고를 전달하였던 때까지, 그리고 다시 책봉하였던

280 한중 관계사 요녕성편

때까지 네 차례나 조선에 출사한 것과 함께 아극돈의 관직도 부단히 앞을 향해 발전하였다. 그는 황명을 받아 조선 숙종의 약을 주고 돌아와서는 첨사가 되었고, 그 다음에는 내각학사로 발탁되었으며, 강희제의 명령을 받아 영조를 세제로 책봉한 뒤에는 병부시랑에 발탁되었으며, 제4차로 조선에 출사한 뒤에는 예부시랑 겸 병부시랑으로 자리를 옮겼다.

이처럼 짧은 몇 년 동안에 아극돈의 관직은 부단히 상승하였을 뿐만 아니라 양국 외교계에서도 높은 명성을 얻게 되었다. 왕창(王昶)이 쓴 「태자태보협판대학사형부상서문근공아극돈행장(太子太保協辦大學士刑部尙書文勤公阿克敦行狀)」에 의하면 "공은 용모가 당당하고 준수하며 차림이 엄하고 단정하면서 진퇴에서 융통성이 있고 예의에 밝았으므로, 외국인이나 대신들이나 서민들이나 모두 공을 사랑하면서 존경한다"고 하였다.

〈봉사도〉에 담긴 두 나라의 우정

아극돈은 청나라와 조선 교류의 우호 사절로 그 이름은 영원히 중국과 조선반도 교류의 역사에 아로새겨질 것이다. 특히 중요한 것은 그가 제작한 시화집 〈봉사도〉가 18세기 전반 조선의 정치·경제·군사·사회 풍속·희극 문화, 그리고 우호 문화 교류, 청나라 초기의 시문·회화·서예 예술 등을 연구하는 데 매우 보기 드문 귀중한 자료가 된다는 것이다.

현재 파악된 자료에 의하면, 아극돈이 주도하여 편집한 〈봉사도〉는 지금까지 발견된 중국 사신이 조선 출사에 관한 내용을 묘사한 단 하나밖에 없는 도록으로 알려져 있다. 다만 도록의 제작 과정에 관한 자료가 부족한 탓에 남아 있는 사료에서 부분적인 실마리를 찾아 낼 수밖에 없다.

1724년에 아극돈이 네 번째로 조선에 출사할 때, 조선 화공에게 명세표를 주고 명제화(命題畵)를 얻은 적이 있다. 이 명세표에는 산수도, 방외도(方外圖), 승려도사도, 하천 선박, 산천임목(山川林木), 경작도, 논밭과 소와 개, 남녀소아(男女小兒), 옥사화목(屋舍花木), 문인 의복 등의 내용들이 들어 있었다. 명세표를 볼 때, 그 모든 것은 나중에 작성된 〈봉사도〉와 직접적 관계가 있다.

7 〈봉사도〉 일부
8 〈봉사도〉 일부

특히 아극돈이 조선 화공에게 "반드시 이름난 화가가 그린 것으로 달라"고 한 것으로 볼 때, 당시에 그는 이미 귀국 후에 〈봉사도〉를 그리기 위한 준비를 하였던 것이라고 할 수 있다. 따라서 다음과 같은 결론을 얻을 수 있다. 아극돈은 총기획자이자 화폭별 장면의 설계자이다. 곧 그는 조선으로 출사할 때 계획적으로 〈봉사도〉의 각 폭별로 시를 지어 붙이기로 하고 조선 화공들에게서 조선과 관련된 일련의 회화 자료를 얻었다.

1725년 6월, 곧 네 번째로 조선에 출사한 이듬해에 아극돈은 〈봉사도〉를 장정(裝幀)하여 화첩으로 만들었다. 〈봉사도〉는 아극돈과 조선 화공들, 그리고 청나라 사절단의 화공 정여(鄭璵)에 의해 공동으로 완성된 작품으로, 문화 교류에서 조금도 거짓이 없는 결정체이자 진귀한 보배이다.

아극돈의 아들 아계가 기록한 내용에 의하면, 부친이 "작품이 나오기만 하면 모두가 앞을 다투어 베끼고 읊기도 하였으며, 보배라고 칭찬만 받은 것이라면 곧 모두 나누어 주고 더는 염두에 두지 않았다"(『덕음당집』「서문(序文)」)라고 하였다. 강희, 옹정, 건륭 세 황제 때 문학계의 지도자인 아극돈의 시문 작품은 많은데, 그는 늘 즉시 나누어 주다가 왜 조선행의 시문에 대해서는 그처럼 귀중히 여기고 또 시문 28편에다가 화폭을 배합해서 20폭짜리의 〈봉사도〉 두루마리 그림 대작(大作)을 제작했을까?

관련 사료를 근거로 다음과 같이 네 가지 이유를 추정할 수 있다. 첫째, 청나라 통치가 안정되어 가는 상황에서 아극돈이 "문장 덕분에 사관(史館)에 진출하고 조정으로부터 지우(知遇)를 받고 있다"는 인연으로 네 차례나 조선을 출사한 것은 확실히 보통 경력과 다른 것이다. 아극돈의 아들 아계는 『덕음당집』「서문」에서 "시문은 선공(先公)이 중요하게 여기는 것도 아니었지만, 벼슬하기 전과 후, 경력의 험준하거나 평탄한 것을 충군애국으로 명성과 취지를 연마하는 것과 비교해 보면 그 줄거리를 알아볼 수 있다"고 언급하였다.

또한 아극돈은 조상의 가르침 하에 중외의 경계도 없고 변방이라는 정서의 영향도 적게 받았다. 그는 첫 사행 시 「쾌재정(快哉亭)」에 "오늘날 중외의 분계가 없지만 예부터 흥망의 개변(改變)은 있었다"고 하였고, 「만숙의주(晚宿義州)」에서는 "요동 산악을 다녀보니 옛것이 지금도 이어지누나. 조선의 중요한 도시

9 청군 출정과 사냥용 천막을 그린
〈평정서역전도(平定西域戰圖)〉

하나 천험(天險)을 껴 있네.…성조의 은덕은 끝이 없고, 해의 곁에서 은혜가 파도에 들리라"라는 시구들을 썼다.

둘째, 청 황제의 특사로 만주 관원 아극돈은 요동이라는 용흥(龍興)의 땅을 지나 조선에 출사하였으므로, 당연히 이 산천에 특별한 친근감을 느끼는 동시에 보통과 다른 개인적인 체험이 형성되었다.

아극돈은 초기 출사 때 봉황산(鳳凰山)에서 "봉황산에서 말 타고 동으로 향하니, 야외 숙박은 내지와 완연히 다르구나. 천으로 친 막사가 겨우 햇빛을 가리고, 풀로 만든 가옥이 바람을 막지 못하네"라는 시를 지었다. 아극돈이 출사할 때 쓴 첫 번째 시에서 "봉황주(鳳凰州)에서의 1박은 조선인이 풀을 베어 집을 치고, 그 앞에 천막을 쳤다"고 스스로 주석도 하였다. 뿐만 아니라 그의 시문과 배합한 회화의 전체를 보면 출사할 때의 고생에 대해 하나도 감추지 않고 줄곧 분발하여 앞을 향하는 기세를 가지고 있었다.

〈봉사도〉를 보면, 만주족 고유의 거주 방식을 알아볼 수 있다. 만주족 뜨락은 늘 나무 울타리가 쳐져 있는데, 이것은 선대인들이 산림지역에 거주하던 관습을 이어받아 잡목으로 울타리를 만들어 영지가 형성되었기 때문이다. 조상들로부터 물려받은 제도로 청군은 대규모로 출정하거나 사냥을 할 때 대개 이와 같은 방식으로 천막을 설치하였다.

아극돈은 조선을 왕복하는 여정을 통하여 '풍물이 매일 아침 새로워지는' 것을 보고 '백성들의 환호 소리가 끝없다'는 것을 체득하였다. 이러한 느낌은 그가 조선의 산천 인문을 좀 더 깊이 이해하도록 하였고, "여기 와 보니 내 어찌 떠나겠는가. 저녁 바람에 장시(長詩)를 읊고 지나간다"라는 시구를 남겼으며, 특히 돈독한 우정을 형성하였다. 같은 시에서 표명한 것과 같이 "아이들은 낯이 익어 기쁘고, 관리들은 평소에 알고 있다"라고 하였는데, 바로 이와 같은 깊은 감정을 가지고 있었기에 〈봉사도〉를 제작할 수 있었다.

셋째, 조선 출사와 관련된 아극돈의 시에서는 감정과 사의(寫意)에 더 치중한 면이 있지만 그가 주도하여 제작한 〈봉사도〉는 산천과 그림의 뜻을 서술하는 동시에 양국 간 왕래에 관한 예절과 제도를 더 많이 치중해서 묘사하였다. 건륭제 때 청과 조선 양국 사절들의 사행과 관련하여 조선 국왕의 만주족에 대한 좋지 않은 감정은 많은 변화를 가져왔는데, 곧 '화이차별(華夷差別)'은 '화이일체(華夷一體)'로 변화되었다. 이때부터 양국의 왕래가 정상적인 궤도에 들어섰다. 이렇듯 〈봉사도〉에 그려진 궁정 내외의 예절과 의식에 대한 묘사는 문헌 기록의 부족함을 보완해 주었다.

〈봉사도〉와 『조선도감도청영접천사의궤(朝鮮都監都廳迎接天使儀軌)』를 비교해 보면, 조선에서 사신을 영접하는 기본 예절과 의식은 대체로 다 음과 같다.

〈과강도(過江圖)〉에는 깃발 2폭과 분홍색 꼭지의 살구빛 비단 양산 2개가 있고 청나라 사절 수행원들과 조선의 영접 관원들이 양쪽에 서 있으며, 별도로 그린 선박 위에는 혼자 앉은 아극돈의 주변에 홍색 술에 용무늬의 삼각형 남색 장폭 기치가 바람에 날리고 있다. 강 건너에는 가지각색의 깃발이 날리고, 조선은 이미 흠차 임시휴게소와 호피가마를 준비시키고서 관원들이 대열을 지어 영접하고 있는 것이 그려져 있다. 이것은 양국의 친근한 관계를 말해준다.

『조선도감도청영접천사의궤』에는 강 위에서 처음 만날 때의 예물 명세가 적혀 있는데 "천사와 영접사가 강에서 처음 만날 때 정사, 부사에 대한 예물 명세는 각각 표피 1장, 인삼 5근, 화석(花席) 5장, 후유지(厚油紙) 2건, 면 주(綿紬) 5

필, 서연(書硯) 1면, 백면지(白綿紙) 10권, 황모필(黃毛筆) 20대, 유연 묵(油煙墨) 10개, 우롱(雨籠) 3개, 백첩선(白貼扇) 10개"라고 적혀 있다.

그 뒤 여정 중에는 의주, 평양, 개성 등지에서 영접 연회와 선물이 있었다. 그것과 호응하는 〈봉사도〉에는 각종 색깔로 큰 산, 명천(名川), 고적, 산간마을, 화목 등을 묘사하였고, 또한 여러 예절과 의식에 대한 서술도 더하였다. 시문이 그림으로 해석되었으며, 자연히 그림이 시문에 의해 이루어진 아름다운 지경에 도달하였다. 한양으로 들어섰을 때 일련의 예절과 의식 절차는 더 고조되었다. 아극돈은 조선으로 출사할 때마다 성대한 영접을 받곤 하였다. 그가 마지막으로 출사할 때 조선에서 건넬 선물을 둘러싸고 "기미(21일) 영접도감당상(迎接都監堂上) 신사철(申思喆) 등이 '부칙(副敕) 아극돈이 정유년(1717)에 공청을 들고 왔을 때는 전례에 따라 은 4천 냥을 주었고, 무술년(1718)과 임인년(1722)에 다시 왔을 때는 정유년의 전례대로 주었는데, 이번에는 전례대로 주면 안 될 것이다'라고 말하였다. 임금은 '이미 전례가 되어 있는데 이번에 갑자기 변경하여 만일 그들이 화를 낸다면 국가가 망신을 당할 수도 있으므로, 차라리 시초에 주는 것이 더 좋을 것이라고 하여 주면 된다'고 말하였다"고 하였다.

〈회정도(回程圖)〉에서 아극돈은 전별 예식을 상세히 묘사하였는데, 청나라 사절이 배를 타고 강을 건너 귀국할 때 원접사, 관반(館伴) 등을 비롯한 조선 관원들이 절하며 작별하고 강 건너 편에서는 청나라 지방관들이 가마를 놓고 영접하는 모습이었다. 그림에 "장거리 여행길에 비바람이 길손 얼굴 휩쓸고, 말 타고 만중산(萬重山)을 넘었다. 마주보니 정성스런 마음 알리고 압록강변에서 작별하고 헤어지는구나"라는 시를 써 넣었다.

넷째, 강희제와 옹정제 2대에 걸쳐 조선과의 관계가 날로 밀접해져, 양국 간의 우호 관계도 점차 돈독해졌다. 이에 아극돈은 〈봉사도〉의 중요성을 더욱 느끼게 되었다. 1752년(건륭 17년), 곧 〈봉사도〉가 화첩으로 완성된 지 27년 뒤에 이미 태자소보(太子少保), 좌도어사(左都御史), 보군통령(步軍統領)을 지냈던 아극돈은 여전히 문학계와 정치계의 인사들에게 '옛 도면을 보여주면서' '이름난 공경'들과 '여러 영재'들에게 시문을 구하였다.

그 시문들은 대체로 아극돈이 네 차례 조선에 출사한 공적, 아극돈의 시와

10

路入朝鮮第一
程萬山殘照帶
邊城林盤鬱蒼
多雖識威雨運
深故國情雁鶩
渡依城郭寒
古堂復明近通
江滄海潮逸出白
山清浪壘微風
起先搖淺岩生
潯答天響圓合
日少邊情
克敦

重山相看卻有殷勤意鴨綠江
遠遠相送
克敦

10 〈봉사도〉의 〈과강도〉
11 〈봉사도〉의 〈회정도〉
12 〈만국래조도〉

〈봉사도〉에 담긴 한중 우호의 길

〈봉사도〉를 찬양한 것인데, 아극돈은 그것들을 화첩에 부기(附記)하였다. 그의 조선 사행 시를 읽고서 왕주(王澍)는 "무릉 지방의 어부가 꽃동산으로 들어간 것과 같은 심정"이라고 하였고, 심덕잠(沈德潛)은 "사색에서 시가 나고 색깔로 그림이 그려진다. 수차례의 출사 경력에서 원대한 모략이 생겼구나"라고 하였으며, 유통훈(劉統勳)은 "장관이었던 여행을 그림 속에 재현하고 초탈한 정서로 먼 새외를 회고하도다"라고 읊었으며, 진세훈(陳世勳)은 "화폭마다 경력을 묘사한 것이며 풍속과 경치가 눈앞에 있는 듯하다"라고 하였다. 전유성(錢維城)은 "서정을 그리지 않고 동행만 그리니 세인이 그 미묘함을 모를 것이다"고 하였고, 개복(介福)은 "경력을 그려 면담하는 정을 보이고 등잔 밑에서 교담(交談)하는 모습이 생생하는구나"라고 하였으며, 추일계(鄒一桂)는 "봉사도를 능란하게 만들었으며 사행 기록에 잘 배합하는구나"라고 하였다.

위에서 열거한 찬미 시구들에서 아극돈의 〈봉사도〉가 매우 진귀한 가치를 가지고 있다는 것과 『동유집(東遊集)』에 올린 그의 28수 시구가 〈봉사도〉로 변천된 과정을 보여주고 있다.

마지막으로 언급할 것은 아극돈의 〈봉사도〉는 그의 생전에 오로지 친필 원고만 있었고 출판은 이루어지지 않았다는 것이다. 아극돈이 세상을 떠난 지 얼마 지나지 않은 1756년에 청나라는 〈만국래조도(萬國來朝圖)〉(1761) 등 대형 그림을 제작하였다. 또한 궁정 화가들은 건륭제의 분부에 따라 조선을 비롯한 주변국들이 신년이나 만수절에 청나라에 조하(朝賀)하거나 칭송할 때 계속해서 화폭을 제작하였고, '사이빈복 만국래조(四夷賓服 萬國來朝)'라는 번창한 광경을 지나치게 과시하였다.

건륭 성세에 '만국조하'식 화풍의 영향으로 말미암아, 진실된 사료를 기초로 제작된 〈봉사도〉의 운명에 여러 사람들은 "이리저리 흩어져 몇 번이나 유실되었다가 겨우 잔존되었다"고 탄식하였다. 다행스럽게도 100여 년 후에 이 친필 원고는 아극돈의 5세 손자에 의해 되찾아진 뒤, 9세 손녀에 의해서 대물림으로 소장되어 오다가, 최근에 중국민족도서관 장서로 소장되어 한중 우호의 중요한 증거로 자리를 잡았다.

결국 〈봉사도〉는 청나라의 시문·회화·서예 예술이 한데 집대성된 작품으로, 구하고 싶어도 구할 수 없는 빛나고 진귀한 예술적 진품이며, 청나라와 조선의 관계사, 조선의 사회 문화 · 정치 · 외교 예의 · 민속 · 민간 상황 등을 연구하는 데 매우 중요한 사료집이자 중국과 조선반도 우호의 상징이라고 할 수 있다.

作者介绍（按文章顺序排序）

中国

李泽绵
铁岭市李成梁研究会副会长、铁岭县文化体育广播电视局剧目工作室主任
中国戏剧文学学会会员、中国谱牒学研究会会员、辽宁省作家协会会员、铁岭师范专科学校客座研究员

主要著作
《铁岭历史纪年》《李成梁及其家族》《李成梁研究》《李成梁家族诗文选编》《铁岭文化研究丛书》《辽宁地域文化通览·铁岭卷》《大明将军》《楼兰遗梦》等

毕宝魁
辽宁大学中文系教授
辽宁大学中文系文学硕士
中国唐代文学学会理事、中国韩愈研究会理事、中国王维学会副会长、沈阳文史馆研究员、中国传记文学学会理事

主要著作
《中国古代文化史知识》《奸谋·奸行·奸祸》《东北古代文学概览》《移祚兵枭——朱温》《新注花间集》《官场倾陷》《王维传》《李商隐传》《李清照》《唐宫娇女——太平公主》《中国历代士人生活掠影》《唐诗三百首译注评》《宋词三百首译注评》等

张杰
辽宁大学历史文化学院教授
辽宁大学历史系硕士、中国人民大学历史学博士研究生导师
辽宁大学清史研究所所长、辽宁大学学术带头人、辽宁大学"东北边疆与民族子课题"首席专家

主要著作
《满蒙联姻》《清高宗·乾隆帝·弘历》《辽河流域宗教文化》《清代科举家族》《清代东北边疆的满族》《满族要论》《韩国史料三种与盛京满族研究》《清朝三百年史》等

武斌
南开大学哲学系毕业
曾任辽宁省民间艺术家协会主席、辽宁社会科学院副院长、辽宁省文联副主席、沈阳故宫博物院院长、沈阳市文史馆副馆长、中国中外关系史学会副会长

主要著作
《丝绸之路全史》(二卷)、《中华文化海外传播史》(三卷)、《现代中国人——从过去走向未来》《中国文化史概说》《中医与中国文化》《二十世纪中国时尚史》等，另有随笔集《望湖书屋纪事》《漫步在哲学家小路》等

韩国

崔溶澈
高丽大学校中文系教授
韩国红楼梦研究会会长
高丽大学中文系毕业
台湾大学文化博士
历任高丽大学中国学研究所所长、民族文化研究院院长、韩国中国小说学会会长、东方文学比较研究会会长

主要著作
《金鳌神化的版本》《剪灯新话三从译注》《<红楼梦>的传播和翻译》《<红楼梦>完译》

朴用万
韩国学中央研究院责任研究员
毕业于忠北大学国语国文学科
在韩国学中央研究院韩国学大学院取得了文学博士学位

主要著作
《朝鲜国王的一生》《李承休的宾王录的特点和文化层面的形象化》

林映吉
成均馆大学大同文化研究院研究员
毕业于成均馆大学汉文学科
在成均馆大学取得了东亚学科文学博士学位

主要著作
《19世纪前半期燕行录的特点与朝·清文化交流的趋势》
《清朝文人黄爵滋与朝鲜文人之间的友谊》
《择里志精译版》

张日圭
东国大学研究教授
国民大学校国史学科毕业
国民大学校国史学科文学硕士、博士
新罗史学会副会长、孤云学会会长、社团法人东北亚崔致远研究会理事长、亚洲海洋史学会研究理事

主要著作
《崔致远的社会思想研究》《张保皋大使的活动和当时的文化史研究》《通过金石文研究新罗史》《日帝强占期言论的新罗形象歪曲》

필자소개

*가나다순

한국

최용철(崔溶澈)
현재 고려대학교 중어중문학과 교수
한국홍루몽연구회 회장
고려대학교 중어중문학과 졸업
대만(臺灣)대학 문학박사
고려대학교 중국학연구소 소장, 민족문화연구원 원장,
한국중국소설학회 회장, 동방문학비교연구회 회장 역임

주요 저서 및 논문
『금오신화의 판본』, 『전등신화 삼종 역주』, 『홍루몽의 전파와 번역』,
『홍루몽 완역』 등 다수

박용만(朴用萬)
현재 한국학중앙연구원 책임연구원
충북대학교 국어국문학과 졸업
한국학중앙연구원 한국학대학원 문학박사

주요 저서 및 논문
『조선의 왕으로 살아가기』(공저, 돌베개, 2011) 등 저역서 10여 종
「이승휴(李承休)의 빈왕록(賓王錄)의 특징과 문학적 형상화」 등
논문 47편

임영길(林映吉)
현재 성균관대학교 대동문화연구원 연구원
성균관대학교 한문학과 졸업
성균관대학교 동아시아학과 문학박사

주요 저서 및 논문
『19세기 前半 燕行錄의 특성과 朝·淸 文化交流의 양상』
「淸 문인 黃爵滋와 朝鮮 문인의 교유」 외 논문 다수
『완역 정본 택리지』(휴머니스트, 2018) 외 공역서 4권

장일규(張日圭)
현재 동국대학교 연구교수
국민대학교 국사학과 졸업
국민대학교 국사학과 문학박사
신라사학회 부회장, 고운학회 회장, 아세아해양사학회 연구이사
사단법인 동북아최치원연구회 이사장

주요 저서 및 논문
『최치원의 사회사상 연구』, 『장보고 대사의 활동과 그 시대에 관한
문화사적 연구1·2』, 『금석문을 통한 신라사 연구』

중국

이택면(李澤綿)
현재 철령시(鐵嶺市) 이성량연구회 부회장
철령현(鐵嶺縣) 드라마제작실 주임
중국희곡문학학회 회원
요녕성작가협회 회원

주요 저서 및 논문
『철령역사기년』, 『이성량 및 그 가족』, 『이성량연구』,
『요녕지역문화통람』, 철령권 등

필보괴(畢寶魁)
현재 요녕대학 중문학과 교수
요녕대학중문학과 문학석사
중국 당대(唐代)문학학회 이사
중국한유(韓愈)연구회 이사, 중국왕유(王維)학회 부회장, 심양
문사관 연구원, 중국전기(傳記)문학회 이사

주요 저서 및 논문
『중국고대문화사지식』, 『동북고대문학개람』,
『중국역대사인(士人)생활스냅』 등

장걸(張杰)
현재 요녕대학 역사문화학 교수
요녕대학역사학 석사, 중국인민대학역사학 박사
요녕대학 청사(淸史)연구소 소장

주요 저서 및 논문
『만몽(滿蒙)통혼』, 『한국사료3종 및 성경만족 연구』, 『만족요론』 등

무빈(武斌)
현재 요녕성 문화예술계연합회 부주석
요녕성 민간예술가협회 주석
중국중외관계사학회 부회장
천진 남개대학(天津南開大學) 철학학부 졸업
요녕성 사회과학원 부원장, 심양고궁박물원 원장,
심양시문사(文史)관 관장 역임

주요 저서 및 논문
『실크로드전사』, 『중화문화해외전파사』(3권), 『중국문화사개설』 등

后记

　　漫漫燕行路，半部东亚史。从远古至当代，中国与韩国两国友好交往的历史，如同这条长达数千公里的燕行路一样，饱含着加深两国友情的愿景、增进民间友谊的厚望，绵长而深固。

　　回望数百年来明清两朝与朝鲜王朝的友好交往，辽宁境内是使者们的经行之地，拥有着独特的历史景深，在这里展开了两国友好交往的历史长卷，书写了大量真情互动的感人故事。对这段历史的整理与再现，能够唤醒中韩两国民众对这段往事的认知，激活两国人民友好交往、相扶相济的历史基因，更好地续写两国友好的生动故事，巩固两国人缘相亲、文缘相通，千百年来形成的深厚友谊。

　　在辽宁省外事侨务办公室的大力协助下，辽宁省中韩友好协会、（社）韩中文化友好协会，主持编撰了本书。辽宁省重要的历史文化学者、画家、摄影师等多名专家人士倾心参与，历时五个月，共同制作完成了这部《中韩缘史·辽宁篇》的中文部分。

　　这部分书稿站在书写历史、承启未来的视角，重点关注了与辽宁相关的、助力两国友好的人士，记述他们的人生行迹与历史贡献，通过他们的人生华彩、作品精华，去反刍燕行经历的历史意义与作用。同时配以珍贵图片，表述发生在燕行古道、这条中韩"丝绸之路"上的精彩故事，剪裁出辽宁省与韩国历史友好交往的闪光片断，希望它能成为促进辽宁省与韩国经贸、旅游和文化交流的一个推手。

　　这部分书稿的编撰和出版得到了主办、协办单位的大力支持，得到了辽宁省、抚顺市、辽阳市、丹东市、锦州市、铁岭市等地相关单位在人力、物力、资料方面的鼎力帮助,也得到了韩方学者的无私援手,在此表示衷心感谢!同时,也对为本书付出努力的中方专家、学者、画家、编辑人员及所有参与人员表示真诚的谢意!

本书内容涉及面广,工作浩繁,成书的时间相对短暂,虽经多次的研讨和修改,仍难免有疏漏和不足,还望热心读者给予指正。

《中韩缘史·辽宁篇》编委会